学校德育

顶层设计实践案例

周凤林 ◎ 主编

华东师范大学出版社

·上海·

图书在版编目(CIP)数据

学校德育顶层设计实践案例/周凤林主编. —上海:华东
师范大学出版社,2018
ISBN 978 - 7 - 5675 - 7571 - 4

Ⅰ.①学… Ⅱ.①周… Ⅲ.①德育-教案(教育)-汇编
Ⅳ.①G41

中国版本图书馆 CIP 数据核字(2018)第 058450 号

学校德育顶层设计实践案例

主　　编　周凤林
责任编辑　刘　佳
特约审读　余　旖
责任校对　郭　琳
装帧设计　卢晓红

出版发行　华东师范大学出版社
社　　址　上海市中山北路 3663 号　邮编 200062
网　　址　www.ecnupress.com.cn
电　　话　021 - 60821666　行政传真 021 - 62572105
客服电话　021 - 62865537　门市(邮购)电话 021 - 62869887
地　　址　上海市中山北路 3663 号华东师范大学校内先锋路口
网　　店　http://hdsdcbs.tmall.com

印 刷 者　常熟高专印刷有限公司
开　　本　787毫米×1092毫米　1/16
印　　张　21.75
字　　数　312 千字
版　　次　2018 年 5 月第 1 版
印　　次　2025 年 7 月第 10 次
书　　号　ISBN 978 - 7 - 5675 - 7571 - 4/G·11012
定　　价　66.00 元

出 版 人　王　焰

学校德育需要顶层设计

　　学校德育顶层设计经历 20 年的探索和实践,《学校德育顶层设计论》(以下简称《论》)、《学校德育顶层设计 18 问》(以下简称《问》)、《学校德育顶层设计实践案例》(以下简称《案例》)相继出版,从理论到实践形成了比较完整的学校德育顶层设计体系。

　　1998 年,参加詹万生教授主持的全国教育科学"九五"规划国家重点课题"整体构建学校德育体系的研究与实验"的子课题研究,促使我在整体构建学校德育体系方面有所探索和实践。2009 年,我开始尝试学校德育顶层设计的研究,作为华东师范大学兼职教授,"学校德育顶层设计的理论与实践"是我在教育部校长培训中心主要教学内容。2010 年、2015 年、2018 年我主持三期"上海市中学德育管理与研究实训基地",学校德育顶层设计作为基地主要研究课题之一。2015 年,"学校德育顶层设计的理论与实践研究"课题,入选上海市嘉定区第五批学术技术带头人重点选聘项目。

　　学校德育顶层设计是德育领域新的研究课题,算是在做"拓荒"的工作,初定这个课题就深感责任重大,倍觉艰难。当《问》、《论》和《案例》杀青时,并没有激动、喜悦和成就感之情,只是多了一份担心:能给德育工作者带来启发吗？所以不敢奢望大家从中吸取多少养分,只是期盼各位同仁对该课题能够持续关注,为进一步增强德育工作的针对性和实效性做出我们的应有努力。

　　《问》、《论》和《案例》的自序之所以共用同一题目,源于学校德育需要顶层设计的重要性和必要性。

　　学校贯彻党的教育方针,坚持以中国特色社会主义理论为指导,加强学生的思想道德建设，深入进行爱国主义、集体主义、社会主义和中华民族精神教育，大力加强公民道德教育，积极营造有利于学生健康成长的良好舆论氛围和社会环境，广大青年学生的综合素质不断提高，热爱祖国、积极向上、团结友爱、文明礼貌成为当代中国未成年人精神世界的主流。然而，当我们冷静审视和思考学校德育工作，应当看到学校德育还没有形成较为科学、系统、规范和相对稳定的教育体系，不同程度地存在德育目标"过高""过大"、内容脱离学生实际、脱离社会实际的情况，影响了学校德育的实效性。学校德育需要注入育人价值，进行顶层设计，构建学校德育体系，是进一步增强学校德育实效性的关键。

立德树人是学校教育的宗旨，教育者的神圣使命，贯穿于学校教育教学的全过程和学生日常生活的各个方面，渗透于智育、体育、美育和劳动教育中，对青少年的健康成长起着导向、动力和保障作用。学校德育顶层设计就是要牢牢把握好"立德树人"核心教育理念，整体构建学校德育体系，从目的、内容、方法上解决好"培养什么人"、"用什么培养人"和"怎样培养人"的问题，这既是深化教育领域综合改革所必须研究的教育的本质性问题，也是深化教育改革所要实现的目的性要求，更是进一步加强和改进学校德育工作的需要。

"用什么培养人"是教育的内容。学校的教育内容是由多方面构成的，一般可以分为知识性教育、养成教育和能力教育这几个大的方面，而社会主义核心价值体系和优秀民族文化在我们教育的内容中占据着主要地位，社会主义核心价值体系教育是教育时代性的必然要求。恩格斯曾经说过：人们总是从他们"所依据的实际关系中"，"从他们进行生产和交换的经济关系中，吸取自己的道德观念"，社会主义社会的生产关系和社会关系决定了学校教育的"立德"任务，同时这种关系也从根本上保证了"立德"任务的实现。社会主义核心价值体系构成"德"的核心内容，核心价值决定了一系列基本价值的原则和根据，是价值关系中最深层的价值元，在"德"的形成中起决定性作用；中华民族优秀传统教育是教育的历史性的基本要求，教育的基本功能之一就是传承性，传承优秀的民族文化基因，继承和发展民族文化的核心精神，是中华民族生生不息的文化延续和传承对教育的基本要求，是"德"的文化符号和历史标识。青少年学生只有普遍认同民族精神和时代精神，才能在心灵深处构筑起强大的理想、传统精神和道德价值的支撑，形成良好的道德品质和行为习惯，培养起对民族文化的归属感和认同感,爱国才有基础。

"怎样培养人"是教育的方法,也就是用什么方法达到"立德树人"的目的,解决"德"怎么"立","人"如何"树"的问题。在新的形势下,育德的方法手段需要进一步改革,这是科学育人的要求。科学育人是指按照科学的方法来育人,科学的方法就是符合教育规律、符合学生身心发展规律的方法。不同年龄段青少年学生有着不同的认知能力和身心特点,需要采取教育的方法是不同的,科学的方法和手段就是根据不同年龄段的基本特征,采用不同的方法来进行教育;同时还要特别注重教育规律是由多方面的规律组成的,不能仅仅注重了知识性规律而忽视了能力和道德形成规律,更不能简单地用知识性规律来代替能力性规律和道德形成规律,用能力知识和道德知识来代替能力培养和道德养成。[①]

学校德育顶层设计要坚持育人为本、德育为先,围绕立德树人的根本任务,把社会主义核心价值观贯穿于大、中、小学各学段,落实到教育教学和管理服务各环节,覆盖到所有学校和受教育者,形成课堂教学、社会实践、校园文化多位一体的育人平台,不断完善中华优秀传统文化教育,形成爱学习、爱劳动、爱祖国活动的有效形式和长效机制,培养德智体美全面发展的社会主义建设者和可靠接班人;要适应青少年学生身心特点和成长规律,深化未成年人思想道德建设和大学生思想政治教育,构建大中小学有效衔接的德育课程体系和教材体系,创新中小学德育课和高校思想政治理论课教育教学,推动社会主义核心价值观进教材、进课堂、进学生头脑;要完善学校、家庭、社会三结合的教育网络,引导广大家庭和社会各方面主动配合学校教育,以良好的家庭氛围和社会风气巩固学校教育成果,形成家庭、社会与学校携手育人的强大合力。

学校德育是一项系统性工作,整体构建学校德育体系是每一个教育工作者特别是校长必须面对和解决的课题。从学校层面上系统考虑德育各环节和各要素的关系及作用,注入育人价值,系统构建学校德育。学校德育顶层设计具有应用性、操作性的特点,强调执行力,在执行中注重细节,实施精细化管理,注重各环节之间的互动与衔接。学校德育顶层设计要有整体性。统筹考虑学校

---

① 优大林.坚持立德树人根本导向 把握科学育人基本规律[J].今日教育,2013,(12).

德育的各层次、各环节和各要素，以增强学校德育工作的科学性、系统性、针对性和实效性。学校德育顶层设计过程中要强调民主性，学校德育顶层设计是高端的设计，绝不是校长"拍脑袋"的设计，应当是自下而上、自上而下的民主集中的设计，是基于学校实际和学生的顶层设计。学校德育顶层设计关注价值性，德育的各环节和各要素要与学校的办学理念及培养目标相关联、相匹配、相衔接，要体现育人价值。学校德育顶层设计要具有操作性，学校顶层设计的德育思路要清晰明确，可实施、可操作，具有可行性。

学校德育顶层设计关乎学校德育实效性。其根本在于做之前就要想好：为什么？是什么？怎么做？事实上做所有事都应如此！说来易，做却难！然而，为之则难者亦易矣；不为则易者亦难矣！

校长是学校德育顶层设计的第一责任人。

本书案例选自于 16 所学校。17 位撰稿人都是我主持的"上海市中学德育管理与研究实训基地"学员，有高中（完中）、初中（九年一贯制）学校，也有职业学校，公办学校，民办学校。案例既是学员们三年德育实训基地学习的成果总结，更是对自己学校德育工作全面而系统的梳理。

每个案例包括"学校简介"、"理性思考"、"德育工作"、"特色德育"和"专家点评"等部分。其中"理性思考"部分侧重于回答学校德育"依据什么做？""为什么这么做"的问题。"德育工作"从"目标与内容"、"途径与方法"、"管理与评价"六个方面回答学校德育"怎么做"的问题。"特色德育"回答的是每一所学校各自德育的特色是"怎么做"的问题。希望能给予教育同仁们在学校德育顶层设计方面一定的借鉴，更希望学者、专家和广大读者提出宝贵意见，以做更深入的研究和实践。

本书付梓之际，真诚感谢上海市嘉定区教育局原副局长汪卫平老师，他们在百忙之中为本书提出了修改意见。我要真诚感谢我的太太牛月华女士，她多年来对我工作的热情鼓励和全力支持，才使我能够全身心投入工作和研究。

周凤林

2018 年 2 月 18 日于上海嘉定

目 录

培养公民意识　夯实人生基础

上海市嘉定二中德育顶层设计　文／丁　馨　文朝有

〇 学校简介

上海市嘉定区第二中学坐落于有着 1500 年历史的文化古镇——嘉定区南翔镇,学校创办于 1925 年,1964 年被评为嘉定区重点中学,2008 年被评为嘉定区实验性示范性高中。学校凭借"钟灵毓秀""卧薪尝胆"的吴越文化之内涵,秉承"教化嘉定""兴庠重教"之民风,吸纳千年古镇"仙鹤南翔"之灵气,积淀了深厚的文化底蕴,奠定了可持续发展的基础。

学校现有学生 1 255 人,教职工 149 人。学校占地面积 64 724 平方米,建筑面积 23 851 平方米,绿化面积 35 864 平方米。学校经过 80 多年办学实践的积淀和提炼,形成了"文化立校、格物修身"的办学理念,致力于培养"有公民意识、有文化素养、有国际视野、和谐发展"的一代新人,努力建设"教师队伍高素质、教育教学高质量、管理运作高效率、校园文化高品位、办学条件高标准"的现代化高中。

学校是上海市一期、二期课改实验基地,在新一轮教育改革发展中,学校以学生发展为本,深入开展语文自主阅读、物理创新实验、多元化艺体教学等教学改革。2012 年被上海市教委列为"特色普通高中建设项目学校",目前学校以全国教育科学"十一五"规划教育部规划课题——"高中物理课堂小实验的开发与应用研究"为引领,把科技创新教育融于学校教育之中,进一步发挥科技创新教育在教育教学领域中的功能和作用,使科技创新教育成为学校素质教育的特色。

学校致力于培养学生的国际视野,与德国、新加坡、新西兰、韩国、中国香港、中国澳门等国家和地区的多所学校建立友好关系,定期组织师生开展交流互访活动。

学校现为全国青少年创新教育实验学校、全国创造教育实验基地、中国教育学会"现代学校联盟行动计划"首批加盟学校、上海市文明单位、上海市中小学行为规范示范校、上海市中小学课程教材改革研究基地、上海市花园单位、上海市安全文明校园、上海市体育传统项目学校、上海市科技教育特色示范学校、华东师大普教研究基地、华东师大教育实践基地等。

近年来,学校以"厚德"文化建设为核心,以彰显科技教育办学特色为突破口,为教师发展搭建平台,为学生成长提供空间,逐渐形成了能够体现个性魅力和办学特色的学校文化,不断提升了学校的软实力,有效促进了学校的内涵发展。

▇ 理性思考篇

培养公民意识　夯实人生基础

在《中共中央国务院关于进一步加强和改进未成年人思想道德建设的若干意见》(以下简称《意见》)、《上海市中长期教育改革和发展规划纲要(2010—2020 年)》(以下简称《规划纲要》)、《上海市学生民族精神教育指导纲要》和《上海市中小学生命教育指导纲要》等重要文件精神的引领下,嘉定二中结合学校"十三五"规划建设,在"文化立校、格物修身"的办学理念引领下,以公民教育为主线,整体构建学校德育体系。学校依据办学目标和学生的生理、心理特征,整体制订合理的德育目标,通过家庭生活、学校生活和社会实践体验,让学生在实际生活中体验、感悟反思,内化形成个人的道德意识和思想品质,从而成长为合格的公民。

一、公民教育的必要性

当前中国社会快速转型,学校传统德育需要进一步拓展创新,加强实效,走出困境。2011 年中国价值教育年会的主题为"价值教育与公民培养"。北京师范大学研究生院副院长石中英教授的价值教育理论认为,教育应从"全人"教育的角度,立足学生的"现在、明天、未来""学习、生活、做人、做事",从全球化、现代化、国际化的视野,拓宽学校德育的新领域。价值教育实质是作为"人"的价值教育,实质就是公民的价值教育,"价值教育与公民培养"理论不仅充分体现了当代教育应担负的强烈的社会责任,同时也进一步明确了价值教育的根本着眼点就是培养合格的公民。

学校教育承担着培养具有现代公民意识、遵守社会公德的合格公民的重任,它不仅关系到每个孩子的健康成长,更关系到整个社会的发展。新课标下的"品德与生活""品德与社会"教材也加进了一些公民教育的内容。公民教育已成为时代发展的必然要求。高中阶段是学生个性形成、自主发展的关键时期,对提高国民素质和培养创新人才具有重大意义,所以嘉定二中以"培养公民意识,夯实人生基础"作为学校的德育总目标。

二、公民教育的概念界定

公民教育就是将青少年和社会成员培养成合格的社会公民的教育,围绕唤起公民意识、树立公民精神和培养公民能力三个维度展开。其基点是认定公民的独立、平等、合法地位,认定公民作为法定政治权利和义务的主体,享有宪法所赋予的权利,勇于并有能力承担责任,尊重和捍卫程序规则。

公民道德教育是通过家庭、学校、社会等渠道进行的。学校是实施公民道德教育的主渠道。学校有责任培养学生成为一个独立公民,使其能够运用智慧和知识去追求和创造美好生活。嘉定二中从2007年开始,尝试进行公民教育,通过对学生进行公民意识、公民精神和公民能力的教育,不仅丰厚了学生的中华民族文化传统底蕴,而且开拓了学生在全球文化熏陶下的国际视野。学校通过文本解读、实践体验、主题教育等教育方式引导学生获得认知和感悟:你是很重要的,社会就是由一个个的"你"组成的;一个现代公民改造社会的最佳途径,就是掌握本领,运用智慧,经由程序,参与民主政治,享有宪法权利,履行宪法义务,创造美好生活,成为和谐社会的建设者。

三、公民教育的基本原则

1. 主体性原则。学生是教育的主体,更是发展的主体、体验的主体,学生的品德形成和社会发展,是在各种实践中通过自身和外界的相互作用来实现的。为此,学校教师在"公民教育"主线的引领下,逐步由单纯的知识传授者向学生学习活动的引导者、组织者转变,尊重学生的主体地位,调动学生的内在动力,将德育内化为身心发展的需要。

2. 实践性原则。德育课程目标主要通过教师指导的各种教育教学实践活动来实现,实践活动是教和学的中介。学校教师根据教育教学内容将活动的过程、方法、技能与知识融合起来,寓德育于活动之中,有目的地为学生创设恰当的情境,引导学生积极参与学校、家庭和社区的活动,在活动中体验,在体验中提高道德水平,学生在不断参与各项实践活动中,获得了大量的知识和经验。

3. 整体性原则。整体性原则又称系统性原则,管理者在工作中将对象看作是一个由众多要素有机地结合起来的系统,从整体着眼看待各个部分和部分之间的关系,使局部服从整体,实现工作效果最佳化。学校以公民教育为主线,整体构建德育体系:一是德育内涵的整体性,二是德育实施过程的整体性,三是不同年级纵向的整体性,四是教育资源的整体性。

4. 生活化原则。教育家杜威提出"教育即生活""学校不能和生活脱节"。德育要从脱离学生生活的状况中转变过来,成为面向学生生活的教育,就要从过去的理想化、政治化、模式化的框架走向生活化,才能真正让学生在生活中深刻认识自我和社会,从切身的体验中学会识别美与丑、善与恶、真与假,并在生活交往中学会做"全人"。学校不回避现实生活中学生遇到的种种矛盾,大胆地让学生面对纷繁复杂的社会生活和多元道德价值观念,放手让学生在多变的社会生活中,灵活运用知识去通过分析、比较作出正确而合理的选择,从而实现"生理—心理—情感—个体经验"等体验经历的融合。

四、公民教育的基本途径

教育的终极目标是人的社会化,教育归根结底是培养合格公民的事业。育人是教育最本质、最核心的任务,是亘古不变的道理。育人的根本要求是解决好培养什么人和怎样培养人的问题。学校以公民教育为主线,通过学校、家庭和社会"三教合一"有计划地开展培养现代社会的合格公民的育人工作。

(一)发挥学校主导作用,突出公民教育主体地位

加强青少年学生公民教育是学校的责任,学校的主导作用十分重要。嘉定

二中将"培养公民意识,夯实人生基础"作为学校的德育总目标纳入学校"十三五"规划中。这样学校公民教育就有了制度保障,学校公民教育的方向性就会更强。

学校把践行《公民道德建设实施纲要》写入每年的德育工作计划,明确了学校公民培养的目标,即国家认同、权利义务相一致的价值原则、社会主义核心价值观、基本的社会价值观、主动参与的意识与能力;明确了学校公民教育的主要内容,即政治教育、思想教育、道德教育、心理教育、法纪教育和国际教育;根据高中三个不同年级学生的认知特点和成长规律,分别突出行为养成、道德认知、情感体验、理想信念的教育重点,制订和落实分层递进、有机衔接的分年级德育目标。

(二) 强化全员育人,造就公民教育引路人

道德教育具有全员化的特点,学校中每一位教师都应担负对学生进行道德教育的职责。公民教育对于当前教师群体,也是新的课题和较为陌生的领域,因此在强调德育工作面向全体教师的同时,嘉定二中对全体教师开展有关公民教育理论和技术层面的培训,使广大教师深刻领会在学科教学中渗透德育的意义,提高实施德育的能力,以恰当的方法落实德育目标,全面提升德育的实效性。学校强调全体教师都负有公民教育的责任,一方面要传授知识、组织教育教学实践活动,另一方面,教师的道德素质对学生起着重要的示范作用,要做到"身正为范"。

学校坚持"文化立校、格物修身"的办学理念,致力于培养"有公民意识、有文化素养、有国际视野、和谐发展"的一代新人,要求教师摒弃传统的学生观,以学生为本,承认学生在班级活动中的主体地位,尊重学生的独立人格,重视学生参与班级教育管理的主动性和积极性。公民教育的质量很大程度上取决于教师的质量,所以教师首先要有相关的公民教育的知识和正确的公民意识。为此学校开展了以下工作:

一是以课题研究的方式强化教师的公民意识,提升教师公民教育的素养。早在 2007 年,在校长周凤林的引领下,学校开展"高中公民道德修身课程的理论与实践研究"课题研究,成立了由校长、德育分管领导、年级组长、骨干班主任、任课教师等组成的课题组。在历时三年的研究过程中,围绕"高中公民道德修身课程的目标与内容、途径与方法的系统构建""高中公民道德修身课程校本教材"等问题进行较为深入的探索研究,使教师认清了真正意义上的公民教育,即公民教育不仅是强化学生有国家法律等知识上的认知,更重要的是使学生具有公民的价值取向和作为公民的自身能力和素养,从而明晰了高中开展公民道德修身课程的实施原则与策略,形成了较为系统的高中公民道德修身校本课程,提升了教师在学科教学、班级管理和学生活动中渗透公民教育的理念,杜绝了以批评、惩罚等奴化方式教育学生的方式。

二是加强班主任队伍专业化建设,培养一支敬业、勤业、精业的高质量的班主任队伍。加强和落实班主任例会及学习制度,举办班主任工作研讨会和班主任工作论坛,组织开展班主任基本功大赛等活动,聘请优秀班主任作专题讲座,建立健全德育队伍的管理制度,进一步完善班主任的量化考核制度,真正做到以制度约束人,但同时又不失人文关怀,建立健全德育人员及班主任的奖励和优秀班主任的评比制度,对于一些优秀的班主任老师给予一定的物质或精神上的奖励,肯定其成绩,发挥好激励作用、模范带头作用。

三是建立以心理办公室为基地,以年级组辅导队伍为核心,以班级联络员为纽带的心理健康教育辅导网络。开设心理健康辅导咨询、谈话室等,根据不同类型学生的特点,开展各类心理健康教育专题讲座。建构心理专题研究课题,全面建立学生心理健康教育档案,总结经验,全面推广。

(三)加强教育研究,构建公民教育课程体系

当前,品德课程中普遍渗透着对青少年学生进行公民教育的内容,但其内容、教学手段以及应达到的教育目标远远不能适应目前社会发展的需要。公民教育不能仅靠一门课程来完成,各门课程都应该成为公民教育的平台。新一轮课程改革在各学科的课程标准中,都强调了实现道德和价值观教育的目标,为建构公民教育课程体系奠定了良好基础。从当前我国教育的实际出发,针对学生的公民教育可以采取显性课程与隐性课程相结合的形式。

公民教育没有现成的教材,只能在实践中逐步探索。嘉定二中从 2007 年开始,对公民、公民教育概念、公民的权利与义务、合格公民的基本要求等进行较为系统的研究,并多次请专家学者指导论证。经过反复修改、充实和完善,最终形成了较为系统的《公民道德修身课程》校本教材。主要内容为绪论、做

合格的社会公民、修德、爱国、责任、诚信、博爱、孝敬、谦和、礼仪、恒心、勤俭、守法及公民修身、贵在实践等14课，并在2012年出版。学校将公民道德修身课程纳入高一年级必修课，进入课程表，共22课时，每两周一课时，按教学计划进行，在一个学年度完成全部教学内容。课程由教材主编周凤林校长上课，采用教师讲授、师生互动、问题讨论、实践体验等方法教学；在课后教师有反思，学生有体会。历经六年，师生对公民教育的意义、内容都有了新的认识。

当然公民教育不能仅靠一门显性课程来完成，各门课程都应该成为公民教育的平台。学校尤其强调全员育人，开展学科德育研究。一方面引导教师在课堂教学中紧扣公民教育"结合点"，精选典型、生动的案例或故事，力求使渗透的内容富有感染力和说服力，充分发挥教育的作用，达到理想的目的。如历史课堂上老师介绍孔子的仁爱、华盛顿的谦逊、孙中山的坚毅、拿破仑的胆略、毛泽东的气魄、甘地的奉献、马克思的志向、邓小平的远见、爱因斯坦的聪慧等，都对培养学生努力追求真善美的人生境界，确立积极进取的人生态度，塑造健全的人格，培养坚强的意志和团结合作的精神，增强经受挫折、学会生存的能力起到促进作用。另一方面引导教师营造自由民主的课堂氛围。民主的公民是通过民主的环境熏陶出来的，课堂中师生民主平等的关系就是现代社会公民环境的缩影。实施公民教育首先要有一个宽松民主的课堂气氛，建立自由平等的师生关系，师生共同参与解决问题；教师要尊重学生的主体地位，平等对待每一个学生，真正理解学生的差异，客观公正地评价学生；采用启发、讨论、辩论、角色扮演等教学方式，加强学生的探究活动，鼓励学生大胆发表自己的见解，尊重学生的"天方夜谭"，使学生在及时的肯定激励中自立自强、自尊自信、勇于创新、开拓进取。自由民主的课堂，不仅能培养公民的自信和自尊，而且能促进公民民主观念的树立。

（四）开展实践活动，注重公民教育实践体验

公民教育除了课堂学习，更应注重在生活中学习，在活动中学习。嘉定二中积极利用素质教育活动、团队活动、班级活动等来训练学生的团结协作精神、公平意识、民主意识和参与意识等。

为了加强对学生的引领，学校德育处、团委、学生会每月确定一个教育主题：2(或3)月和9月是行为习惯的养成教育活动月，1月和4月是中华传统文化教育及读书节活动月，5月和10月是爱国主义教育月，6月是理想信念教育月，7—8月是学生社会实践活动月，9月是心理健康、体育文化活动月，5月和11月是安全、法制教育月，12月是感恩活动月。学校每月围绕着一个主题开展丰富多彩的教育活动。如安全教育月活动，从2008年至今，学校将5月12日和11月12日所在周定为"安全教育周"，围绕安全教育开展一系列富有成效的教育活动：利用广播站、电子宣传屏、班级黑板报、国旗下讲话等载体广泛进行宣传；在校园主干道展示各班制作的主题不同的安全教育电子小报；组织全校师生开展紧急疏散活动；邀请专家给学生作安全知识讲座；召开主题班会……形式多样的教育活动，为学生注入了"防患未然、珍爱生命"的"安全疫苗"。另外在每月的主题活动中，既有学校统一组织的规定活动，也有各个年级或班级根据自己的情况自行选择和组织的活动。如"感恩"教育活动，除了学校统一组织的高一军训期间"给父母一封信"、高二学农期间"知恩感恩报恩情景剧"大赛、高三"十八岁成人仪式"以外，班主任会围绕"感恩"的主题自行设计主题活动，如有的班级布置学生在寒假里完成四件事情：我为妈妈做件事、我为爸爸做件事、我为朋友做件事、我为社会做件事，以此来教育学生学会关爱、学会感恩，体现自我价值，培养公民意识。主题月系列活动注重学生良好道德的培养、行为习惯的养成教育，让学生在活动中受到潜移默化的影响，从而达到教育的目的。

为避免实践活动的随意性、盲目性，学校开展各项活动不仅活动前有方案，方案中目标清晰，内容明确、具体、可操作，而且注重活动后的反思总结。另外，为了提高实践活动的实效性，学校注意德育形式的多样性和特色性，结合学生的思想实际，不断丰富德育活动内容，提高德育活动质量，进而提高学生的素质。如将公民修身课程、升旗仪式、军训、学农、学工、新生入学仪式、十八岁成人仪式、礼仪教育、感恩教育、诚信教育、青年志愿者、扶贫帮困等一系列德育活动制度化、规范化，通过主题班会、演讲比赛、辩论赛等德育形式，培养学生的创新精神和实践能力；邀请作家、艺术家等知名人士参与德育活动，使学生能够受到激励；通过各种形式的集体活动，培养学生的团体意识和团队精神，增强学生间的凝聚力，让学生在实践体验中成长，为学生的终身发展奠定基础。

（五）推进学校、家庭、社会协同合作，形成公民教育的社会环境

学生是社会人，因此，学校、家庭和社会都在向学生施加教育影响，嘉定二中构建了学校、家庭和社会"三教合一"的育人体系，既有利于实现整个教育在时空上的紧密衔接，保证整个教育在方向上的高度一致，又有利于实现各种教育的互补作用，从而增强整体教育的有效性。

学校、家庭和社会共同担负着未成年人公民教育的责任，共同育人的纽带把学校、家庭和社会紧密地联系在一起，形成对学生进行公民教育的"三教合一"的大环境。学校一直积极探索学校主导、家长和社区参与的新型教育协作体制，加强对成人公民意识和公民行为的教育引导，积极利用家长学校、家长会、新媒体资源，提供对学生家长的教育帮助，要求成人率先垂范，以自身良好言行示范公民素养，引导青少年健康发展。

只有父母及时更新教育理念，家庭教育与学校教育相配合才能形成最大教育合力，使教育效果最大化。就像石中英教授所说的那样："如果学校里开展的是'自主、参与、合作'的民主教育，学生回到家里面对的却是溺爱、专断和唯我独尊的父亲或母亲，他（她）如何能够形成民主的态度、习惯和品格？长大步入社会以后又如何能够成长为民主的公民？"为此，学校通过家长委员会、家长会、家长开放日、家长学校、家长驻校办公、家访等形式，使家庭与学校形成合力，增强教育效果。学校开办家长学校，以提高家长教育子女的水平；定期召开家长会，共同研讨教育子女的方法。班主任利用电话、班级博客、班级 QQ 群和家长随时联系，摸清学生校外的思想状况和行为习惯，形成公民教育的家校合力。

社会的舆论和信息的传播也会影响学校的教育效果。遗憾的是社会转型期整个社会在相当程度上忽视了文化与价值体系建设，消解了人们丰富的价值意识和高尚的价值追求。为此，学校引导学生理性分析社会现状，为青少年学生提供正确的导向。

学校通过"三教合一"让学生逐步学会生活，学会做人，在校争做好学生，在家争做好孩子，在社会争做好公民。

◆ 德育工作篇

一、德育工作目标

学校把德育工作摆在素质教育的首要位置,牢固树立育人为本的思想,确定德育工作目标。

(一)总体目标

培养公民意识,发展个性特长,夯实人生基础。以学生的全面发展为目标,以培养良好人文素养为切入点,以培养合格的公民为基点,注重学生品德培养,养成良好文明礼仪行为习惯,通过构建德育课程、加强行为养成教育、加强育人队伍建设、加强家校合作、完善德育管理等途径与方法,在学生的心中确立"厚道做人、踏实做事"的学校核心价值观,在校园中形成"乐于求知、勤学多思、踏实自信"的学风,建立个性发展与大气谦和相辅的学生文化,引导学生健康快乐地成长。

(二)分年级目标

高一年级:融合互勉,厚实基础。

以"厚道做人、踏实做事"为道德规范的养成与行为习惯自律的基本要求,注重品德培养,同学之间形成相互融合、互助共勉的人际氛围,互勉共进,厚实学生的思想道德基础和知识技能基础。

高二年级:健全人格,厚德载物。

以"格物修身,健全人格"为总体目标,增强学生的自我教育意识,引导学生关注社会,积极参加社会实践,培养学生的创新思维,提高学生的实践能力,鼓励学生脱颖而出。

高三年级:自强不息,厚积薄发。

加强社会主义核心价值观教育,增强学生的社会责任意识和广阔的国际视野。进一步增强使命感,着力提高学生服务国家和人民的社会责任感、勇于探索的创新精神和善于解决问题的实践能力。

二、德育实施举措

《上海市中长期教育改革和发展规划纲要》把"为了每一个学生的终身发展"作为核心理念,嘉定二中"十二五规划"把"培养具有公民意识、文化素养、国际视野、和谐发展的一代新人"作为总体培养目标。近几年,嘉定二中在传承学校德育工作的优秀传统的基础上,继续以培养良好人文素养为切入点,以培养合格的公民为基点,加强行为养成教育、加强育人队伍建设、加强家校合作、完善德育管理等途径与方法,引导学生健康幸福地成长;加强个案研究,努力提高德育工作的有效性,引导班主任走专业发展之路,逐步形成了以公民教育为主线整体规划的德育体系。

(一) 校园环境人文化,提升校园文化的育人功能

校园环境建设是学校精神文明建设的窗口,校园环境文化是学校文化的重要组成部分,是学生的"第二课堂",是公民教育的隐性课程,是学校有形的德育载体。

近年来学校以"厚德"文化建设为核心,以彰显科技教育办学特色为突破口,为教师发展搭建平台,为学生成长提供空间,逐渐形成了能够体现个性魅力和办学特色的学校文化。

1. 校园移步换景,浸润学生心灵

校园建设充分地体现了"文化立校"的思想,体现中西文化交融,是传统文化和现代文明汇聚的结晶。

校园环境主题鲜明,布局合理,"清嘉源"意为学校在"文化立校,格物修身"理念引领下,清嘉美好,源远流长;"李园""竹园""紫园""桂园""榴园""樱园""棠园""梅园"移步换景;"近知山"飞流瀑布,"仰高亭""兴贤亭""育才亭"的仿古文化长廊镌刻 200 条《论语》名句和励志楹联,处处育人。

冠如华盖的参天古树,大气天成的假山瀑布,亭亭玉立的水塘三潭,婆娑摇曳的荷花水草,波光粼粼的金鱼游嬉,流水潺潺的小溪清流,提升了文化品位,提升了文化境界,提升了文化育人的功能。

2. 主题教育馆,育人细无声

学校紧紧围绕"厚德"文化,设计建设了中国古代历史文化教育馆、科技教育馆、校史教育馆和廉洁文化教育馆等四个主题教育馆。

中国古代历史文化教育馆，是在六五届校友丁福仁向学校无偿捐赠的中国古代历史上有影响的 100 尊历史人物陶瓷塑像的基础上建设的。自先秦至明清，通过图文、实物及现代信息技术等手段，创新情景，让学生比较系统地了解厚重的华夏文化和悠久的中华历史。

科技教育馆以"认识久远的世界""改变昨天的世界""推动当今的世界""开拓未来的世界"四个板块展现了人类科技发展史。馆中建了"动手实践操作车间"，让学生在"拆拆装装、敲敲打打、焊焊接接"的过程中获得学习的经历及动手实践的体验。这是物理的世界，科学的世界，人类为之自豪的世界。当学生走出展览大厅之后，假如他能记住一棵树、一个人、一段故事或一点新知，学校将为此而满足。假如他由此推开兴趣之门，进入这片神奇而广阔的物理世界，学校将由衷欣喜。假如在不久的将来，在诺贝尔获奖者名单中看到了某个学生的名字，学校将为之欢呼和自豪！

校史教育馆和廉洁文化教育馆分别从学校历史、办学特色、取得荣誉和廉洁文化的角度培养学生的爱校意识、感恩情怀和积极健康的理想信念、社会责任。

以"厚德"为核心的校园环境文化，让抽象的"文化"概念具体化，显现出学校厚重的文化底蕴。

（二）养成教育规范化，引领学生健康成长

1. 以公民道德修身课为载体，加强理想信念教育

一项调查：最近北京市教委的一项调查结果显示，在对社会主流价值观的认可方面，小学生的认可度最高，初中生次之，高中生又次之。这反映了对社会主流道德价值观的认可随年龄增长而降低的趋势。

一篇周记：我看了《开学第一课》《开学第一课》是教育部与中央电视台合作的大型公益节目。2011 年节目中出现的励志人物有山西的"最美女孩"孟佩杰"带着母亲上大学"、在重庆偏远的笃坪乡笃坪小学的梦想点灯人班主任王忠华老师坚持带领乡村孩子们跳太空舞等。看后很迷茫，我不是孤儿、父母健全、没有残疾、身体健康，不在偏远山区、家住大都市，是一个和大多数身边同学一样寻常的高中生，在看《开学第一课》时我也很感动，但我不知道要向他们学习

什么,为什么不讲一点我们可类比的同龄人的故事?

从这两个案例中我们不难发现,对高中生进行理想信念教育迫在眉睫,而摸索新的教育途径也势在必行,现在的孩子都非常有思想,过去那种单纯说教式的理想信念教育根本得不到他们的认可,而实践体验式的教育模式深受学生喜欢。

自2007年9月起,学校连续6年在高一年级开设"公民道德修身课程"。在2012届高三学生中开展的一项有关"在校三年教育实效"的问卷调查结果显示,有42.3%的学生认为公民道德修身课程对他们影响很大,遥遥领先于其他选项,说明此课程得到了学生的普遍认可。学生在体会中这样写道:"进了二中,第一次上了真正教我们做人的课,能让我懂得更多做人的道理……""公民道德修身课程,一份价值连城的礼物……"学校先后举行了"公民道德修身课程"研讨活动和课程展示活动。《公民道德修身课程》一书入选中宣部、中央文明办、新闻出版总署等10部门联合推介的百种优秀思想道德读物书目。《上海教育》就该课程的开设作了专题报道。

学校以"公民道德修身课"为载体,遵循道德认知的发展轨迹,在课堂知识积累的基础上,积极开展相应的国旗下讲话、主题教育和实践活动,进一步内化知识,增强情感体验,提升认识,从而拓宽了公民道德修身课的延伸作用。比如,结合"爱国"一课,开展红歌比赛;结合"诚信"一课,开展诚信作业和诚信考试主题活动等。其目的就是通过课堂上瞬间的情感体验和课外活动体验相结合,使学生的心灵得到洗涤,从而内化成学生的行动,使学生坚定信念,为实现理想而奋斗。

2. 以养成教育为抓手,培养规则意识的自觉性

① 坚持德育为先,完善机制建设

学校修订并完善了德育处主任、副主任岗位职责,年级组长岗位职责,班主任管理条例,班主任考核方案等,制定了"班主任一日常规""班主任一周常规""班主任一月常规",完善德育岗位职责和班主任考核方案,加强班主任常规管理,规范班主任日常工作,采取有力的措施进行监督与考核,形成有效的制约机制和激励机制。同时把学生日常行为的管理制度汇编成《嘉定二中学生管理手册》,制定了《新生入学教育手册》,发给高一学生和家长,以规范学生的行为,让

规则意识根植在每位二中人的血液中。

机制建设做到"全、严、细、实"。"全",即全方位,做到事事有章可循;"严",即纪律严明,奖罚分明,做到执法必严;"细",即内容具体明确,做到操作性强;"实",即要求实在,做到工作落到实处,从而逐步形成师生共同参与,以人文、情感、科学为基础的人本化管理模式。

② 德育返璞归真,贴近生活实际

坚守"明明德"的教育之道,牢记"立德树人"的根本任务,把"从学生的日常生活小事入手,从做人的基本素质抓起"作为德育的切入点和落脚点,贯穿于育人的各个环节。让德育返璞归真,守住底线,倡导理想;让德育隐含于生活,贴近实际,贴近生活。

依据分年级德育目标,结合"上海市行为规范示范校"创建工作,三个年级都有行为规范教育的侧重点,从纵向上看,体现了学校行为规范教育的连贯性,引导学生做"有学养、有涵养和有修养"的二中人。

高一年级:关注起始,重在规范。学校分五阶段对高一新生进行规范教育。第一阶段:统筹谋划阶段,组建新班主任团队,明确工作目标,统一工作策略,商讨工作思路;第二阶段:新生军训阶段,初步使学生养成纪律严明、生活自理、讲文明懂礼仪的素养;第三阶段:入学教育阶段,高一学生家长、教师和新生一起举行庄重的高一新生入学仪式,通过入学仪式使新生了解二中,激发他们作为二中人的光荣感和使命感;第四阶段:学法指导阶段,通过年级大会和班会课组织学生集中学习《嘉定二中学习规程》,培养学生良好的学习习惯、学习方法,使高一新生尽快适应高中学习节奏;第五阶段:班级文化形成阶段,通过温馨教室创建、行为规范、卫生检查、寝室文化的考核、校体育节、安全教育周、东方绿舟军训和春秋季校外素质教育活动等具体实践体验形成班级的团队意识、合作精神和班级凝聚力,从而形成班级文化。

高二年级:关注过程,重在规划。学校分四阶段对高二年级学生进行人生规划教育。第一阶段:生涯规划阶段,从高二年级起始周开始,就对学生进行生涯规划教育,培养学生自我选择的能力,让学生能正确认识自己,在迷茫期及时找到追逐目标,科学、合理地规划自己的人生发展;第二阶段:学农自主管理阶段,学校以学农为契机,开展礼仪教育和感恩教育活动,为学生创设自主发展的空间,搭建学生自我认识、自我展示、自我教育、自我服务、自我管理、自我超越的平台;第三阶段:选科分班阶段,协助教务处开好选科分班动员会,利用学校指导学生及家长科学分析、慎重考虑、果断选择;第四阶段:新班级组建阶段,以班级文化为抓手,引导学生珍惜往日的同学友谊,规划当下的班级建设,在最短的时间内平稳度过新班级的组建期。

高三年级:关注成长,重在调控。学校分四阶段关注高三年级学生的健康成长。第一阶段:班级精神文化建设阶段,各班主任带领学生发挥主观能动性,在开学初有意识地培养班级精神,并逐步让学生理解接受,根植在全体学生的心里;第二阶段:励志教育阶段,在期中考试后,充分利用名人、校友和身边同学的教育资源对学生做好直面挫折、调整战术的励志教育活动;第三阶段:学法指导阶段,在历次模拟考试后,协助教务处对学生做好学法指导,以提升学习效率;第四阶段:精神上成人阶段,在5月份利用成人仪式,激励学生做一名有担当的大写的"人"。

3. 以家长学校为平台,强化行为规范的延伸性

学生的成长是学校、家庭和社会共同作用的结果,我们只有加强学校教育、家庭教育、社会教育有效衔接,完善学校、家庭、社会"三位一体"合力育人机制,才能真正引领学生健康成长。所以学校坚持做好家长驻校办公工作,一方面及时将学校各项工作通报给家长以取得家长的支持和配合,另一方面对家长提出的建议和要求也及时进行答复和反馈,合理化要求和建议及时落实。

(三) 德育管理精细化,促进班主任专业成长

班主任是班集体的组织者和管理者,是学生健康成长的引路人,班主任工作是学校实施德育工作的主渠道,也是学校德育工作能否取得实质性成效的关键。因此,抓好班主任的管理工作是实施德育工作的首要任务。为此学校长期开展以下几项工作:

1. 班主任例会常态化

学校坚持每两周一次的班主任例会制度,确保德育工作做到"贵在坚持、贵在落实"。班主任例会的目的是统一思想,明确目标。学校将总结和布置工作与理论学习、班主任工作方法指导相结合,以保证班主任例会的实效性。

2. 班主任培训专业化

在 2002 年,第十一届全国班集体建设理论研讨会就提出了"班主任专业化"的理念。班级工作既是艺术又是科学,既然是科学,就有规律可循,所以学校依据《上海市教育委员会关于"十二五"期间加强中小学班主任培训工作的通知》精神,制订了在岗班主任培训计划。除了依靠班主任例会进行具体的班主任工作方法指导外,学校还依托周凤林校长主持的上海市中学德育管理与研究实训基地和嘉定区丁馨德育工作室,以请进来和送出去的方式对班主任进行培训。学校以市、区级班主任基本功大赛为平台,以赛促培,一方面有更多的班主任在基本功大赛中脱颖而出,另一方面更主要的是能提高班主任的班级管理效能、提升班主任的实践智慧,从而促进班主任专业成长。

3. 个案研究经常化

一所学校办学,要遵循两个规律,即教育规律和学生的身心发展规律。嘉定二中绝大多数学生的成长是常态的、是匀速发展的,但个别学生发展,也存在着思想、行为和心理偏差,这就是人们常说的"成长困难生",所以个性化教育是非常必要的。学校在开展班主任培训的基础上,指导班主任以小课题的方式开展个案研究,通过小课题研究变革了班主任管理班级的理念,实现了智慧育人、艺术育人。

(四) 实践活动主题化,注重学生体验成长

1. 知行意情合一,注重教育实效

学校紧紧围绕"两纲"教育内容,注重课内课外相结合,积极开展相应的主题教育和实践活动,使学生进一步内化知识,增强情感体验,提升认识。如针对校园攀比现象,围绕"勤俭"的教育,开展了"生存、时尚与节俭"课题研究活动,引导学生正确处理尊重个人消费权利与科学合理消费的关系,让学生在课题研究活动体验中感悟到不做"精神上的乞丐和物质上的贵族";针对部分学生不能合理规范地使用网络等多媒体现象,开展了"网眼看人生"的德育实践活动,提高学生对于网络不良信息的免疫能力,大大减少了学生网络道德失范行为的发生;此外,将行为规范的教育拓展到校外的素质教育中,每次外出活动,都结合教育内容进行实践感悟,讲求文明和环保,教育学生"除了足迹,什么都不要留下"。这些活动有效促进了学生学思结合,知行统一。

各项实践活动的开展,拓展了德育空间,深化了德育内涵,使学生的思想和行为发生了很大的变化：一是思想上受到启迪，拨动了学生的心灵之弦，学生诚信做人，踏实做事，遵纪守法；二是责任意识得到增强，参加学校环保志愿者服务队的人数不断增多；三是爱心意识得到彰显，师生发扬"一方有难，八方支援"的团结互助精神，积极参加"蓝天下的至爱"等爱心捐助活动，向社会弱势群体传递一份爱心，贡献一份力量；四是文明礼仪蔚然成风，结合"习礼仪、修品行、与文明同行"主题教育活动，同学们以实际行动践行道德规范，诚信考试，珍惜粮食，互相帮助，自觉排队乘车等，礼貌用语遍及校园各个角落，展示了嘉定二中学子的良好风貌，为和谐校园增添了亮丽的风景。

2. 有效利用载体，深化主题教育

①感恩教育。感恩是中华民族的传统美德，感恩是亲情的回报。每年12月，结合李氏助学基金开展"学会感恩、与爱同行"——嘉定二中感恩教育活动月活动。每年高一军训期间，学校引导高一学生给爸爸妈妈写一封信，邮寄给家长，抒发感慨，感恩父母；高二学农期间，组织高二学生开展《知恩、感恩、报恩》情景剧大赛，既给学生提供了一个展示才艺的平台，又让学生在喜闻乐见的活动中感悟到知恩、感恩、报恩的情怀。

②礼仪教育。学校每年在高一年级开展以"习礼仪、修品行、与文明同行"为主题的礼仪教育活动。在开展校车礼仪和就餐礼仪的调查的基础上，倡导学生文明就餐、文明乘车；聘请校外专家对学生进行个人礼仪与社交礼仪知识的学习，开展相关主题的演讲比赛和小品表演比赛等，使学生在一系列的活动中感悟到礼仪的重要性，从而大大提升了学生的文明修养，为学生做一名高素质的上海人打下了坚实的基础。

③入学教育。每年在开学第一周，学校邀请高一家长一起举行庄重的"迈好高中第一步，开启人生新征程"的高一新生入学仪式，在观看学校师生共同制作的视频短片——《梦想开始的地方》后，家长为学生佩戴校徽、与学生拥抱，让爱传递力量，陪伴孩子踏上新的征程。

④安全教育。从2008年开始，学校把5月12日和11月12日所在周作为学校安全教育周，通过各种方式方法开展行之有效的实践活动。联动社区、消防及武警等共建单位，开展安全知识讲座、安全教育展板展示、班级电子小报评比和紧急疏散演练等活动。并在2012年编写了校本教材《安全教育读本》，引

导学生尊重生命、热爱生命。

⑤廉洁教育。学校以廉洁文化教育馆为载体，紧紧围绕"敬廉崇洁"核心主题，在学生中开展"敬廉崇洁、诚信守法"主题教育。做到"四个贯穿"：一是贯穿到主题班会中，在高一年级开展不同内容的廉洁主题教育，逐步形成"敬廉崇洁"思想；二是贯穿到学科教学中，在高二年级将廉洁教育的内容有机融入学科教学；三是贯穿到活动课程中，组织各年级学生参观学校"廉洁文化教育馆"，从正面教育学生从小讲诚信重廉洁；四是贯穿到实践课程中，让学生在深入社会、了解社会、服务社会中积极遵循和践行"廉洁、诚信、守法"的价值观念。比如在迎接建党91周年时，学校开展了"清风进校园，廉洁育桃李"为主题的学校廉洁文化教育活动。

"为了每一个学生的终身发展"是《规划纲要》的核心理念，学校在此理念的指导下制定了"文化立校、格物修身"办学理念，逐步构建了以公民教育为主线的学校德育体系，为实现每一个学生的终身发展保驾护航，为每一个学生的成长、成人、成才打下扎实的思想品德基础。

社会实践：在"社会大课堂"中收获成长

一、实施背景

嘉定二中以实施素质教育为核心，以培养创新精神和实践能力为重点，把爱国主义教育、中华民族优秀传统教育、行为规范教育与培育和弘扬民族精神有机地结合起来，联系学校自身实际，结合学生年龄和心理特点，把严格要求与尊重个性结合起来，全面推进公民教育，全面深化教育改革，整合社会资源，积极引导高中学生走进"社会大课堂"，参加社会实践，为培养具有一定的社会实践能力和阅历的创新型人才打下基础。

二、实施原则

1. 可行性原则。立足现实，从学生的思想实际出发，设计好切实可行的教育计划,制订可行性教育目标,防止过高目标的假大空,既要有较高的思想定位,又要具有可操作性,有的放矢,体现活动的真实性。

2. 主体性原则。学生是学习、实践和发展的主体,社会实践教育只有通过学生自身的活动,通过他们自己的大脑和双手才能够内化为自己的东西,如果没有学生的主动性,根本就谈不上主体的发展。要切实做到"以学生为本",让学生成为实践的主体和主人。

3. 启发性原则。为了培养学生独立解决问题的能力及动手能力,需将外部的指令性要求内化为学生的主动积极性,同时着眼于满足学生对新事物的好奇心,以增强学生对课外实践活动的兴趣。

4. 发展性原则。实施课外实践活动要着眼于学生的发展,既要为个体的未来人生打下基础,也要为社会整体的发展提供坚强的后备力量。要不断优化实践课程,改变教育方法,重视教育过程,力求可持续发展。

三、实施过程

根据学校的课程计划,按照德育校本课程要求,优化社会资源,结合各年级学生的年龄特点,分层次实施社会实践活动教育。

(一) 实施课外实践活动的组织保证

成立学校实施课外实践活动领导小组。

组　　长:周凤林

副组长:张万贵、陆其华、王冰清

组　　员:沈淑雅、丁馨、孟琰玲、徐华、段玉文、文朝有、李孝华

成员有分工,各负其责,形成合力,统筹兼顾,把实践活动变为学校行为,确保课程和社会资源利用落到实处。

(二) 实施课外实践活动的教育步骤与方法

1. 人文背景指导。一是学校德育处统一下发参考资料,由班主任做辅导老师,对学生进行活动前的统一辅导与培训;二是学生自己上网查找相关资料,了解有关知识;三是聘请专业性较强的语文教师、历史教师、地理教师和生物教师等做有针对性的辅导。

2. 带着问题参观。学生把在课程上学到的知识,与实际观察到的内容进行

对接,对问题做到有一定程度的了解。

3. 分组探究。针对一些比较复杂的问题实行分组研究的办法。一个班级划分出若干小组,设好题目,学生根据自己的兴趣和爱好自由选题。

4. 实践体会。学生写实践活动的心得体会,具体内容不限,课内和课外感受都可以,以课外活动为主。字数一般要求在 1 000 字以上,上交学校,统一评选后,装订成册。

5. 成果交流。结合学校的拓展课和研究课的设置,实行以班主任为核心的研究成果交流,使资源在班内和校内得到共享。具体做法:以各个小组为单位,上报研究题目,确立中心议题。分工协作,制作成 PPT 或数字故事,进行演示交流,合作共享。

(三) 分层次实践教育活动模式

1. 以"文化传承"为核心实践活动教育模式。此种教育模式主要是在高一年级的绍兴文化之旅社会实践活动中开展的,核心是"认知—认可—认同"。《上海市中小学民族精神教育指导纲要》把对学生教育的内容分为三大板块,即国家意识、文化认同和公民人格。文化认同指个体对于所属文化的归属感及内心的承诺,从而获得保持与创新自身文化属性的社会心理过程。在文化认同教育的过程中,要把民族语言、民族历史、革命传统和人文传统作为重点内容。其含义就是把学生在基础型课程中学习到的理性知识,在实践中加以融合,获得较高程度的文化认同感。

绍兴是学校研究文化传承的基地,2006 年学校就和绍兴建立了"嘉定二中——绍兴民俗传承教育基地"。主要资源有鲁迅故里、秋瑾故居、大禹陵、酒厂、兰亭、绍兴博物馆等。

2. 以"环保意识"为核心实践活动教育模式。核心是"接受——共鸣——尊重"。哥本哈根的世界气候会议虽然未获得有约束力协议,但是,人类拯救地球的行动并没有停止,全世界都在为低能减排做努力。《上海市中小学生命教育指导纲要》把生命教育分为"认识生命、珍惜生命、尊重生命、热爱生命"四个部分,而生命的诞生到成熟,何其艰难。学生通过亲临金钉子和生命博物馆,引起强烈的共鸣,唤起保护地球和尊重生命的意识。此种教育模式主要是在高二年级的长兴环保之旅社会实践活动中开展的。

主要资源有金钉子远古世界和自然科学探索园等。

3. 以"成长体验"为核心实践活动教育模式。核心是"体验—感悟—内化"。此种教育模式主要是在高三年级的南京爱国教育之旅社会实践活动中开展的。高三接近成年人,他们有着崇高的理想和追求,渴望接触社会,但对社会的认识甚少。对抛头颅、洒热血的烈士的英勇精神,只是在书本中读过,影视中看过,而故事发生的现场却没有身临其境体验过。在高中毕业之际,引导学生到南京爱国主义教育基地进行实践活动,对于他们珍惜幸福生活,树立远大理想,内化为立志报效祖国的动力,意义重大。

主要资源有中山陵、大屠杀纪念馆和雨花台等。

四、实践活动成果

绍兴文化之旅、长兴环保之旅、南京爱国教育之旅在周密的活动方案指导下,在班主任老师的认真组织下,学生不仅兴致盎然地参观了鲁迅故居、大禹陵、兰亭、金钉子远古世界、自然科学探索园、中山陵、大屠杀纪念馆、雨花台等风景名胜,了解了大自然、增长了自然科学知识、品味了中华文化、真切地感悟历史,而且他们的课题调研也被汇集成册——《绍兴文化之旅》《长兴游集》《南京文集》。字里行间凝结的是学生对大自然的热爱,对祖国的热爱,对中华民族文化的热爱,也洋溢着学以致用、报效祖国的热忱。

五、实践活动意义

通过高一、高二、高三分层次社会实践教育活动,学生的阅历、能力都得到了提高,自管意识、责任意识、传承意识、爱国意识、公民意识进一步增强。

1. 自管意识。两天的实践活动,从生活起居到购物,从主题活动到社会调查,都由学生自主管理。

2. 责任意识。面对激烈竞争的社会,强化自我管理意识,学会对自己负责、对他人负责、对社会负责。

3. 传承意识。绍兴是水乡、酒乡,更是名人故乡;南京是"中国四大古都"之一,有"六朝古都"之称;长兴历史悠久,文化源远流长,建城于春秋吴越争霸时期,至今已有 2 500 多年历史。通过参观学习,感受其中深厚的文化底蕴。

4. 爱国意识。通过参观名人故居,如鲁迅纪念馆、兰亭池、秋瑾故居、周恩来故居、中山陵、大屠杀纪念馆等地,增强民族自尊心和自豪感,弘扬民族精神。

5. 公民意识。结合公民意识教育,增强成人意识,进行素质训练,为成为素质良好的共和国公民打下基础。

家庭教育：家长委员会架起家校沟通的桥梁

一、指导思想

嘉定二中学校家长委员会是在学校的领导下代表全校在校学生家长参与学校教育、教学工作和学校民主管理的辅助机构,是促进学校、家庭、社会三结合教育工作的群众组织形式。学校将在"文化立校、格物修身"办学理念指导下,以"办让社会满意的公信教育"为追求,认真贯彻《国家中长期教育改革和发展规划纲要》和《上海市中长期教育改革和发展规划纲要》的精神,落实 2016 年嘉定区家长委员会工作会议会议精神,结合学校"十三五"规划建设和"上海市家庭教育指导十二五实验基地"工作,加强家校联系,整合社会、学校、家庭的教育资源,充分发挥家长对学校教育、教学工作的参谋、建议、监督作用,使家长成为学校教育的合作者和推进者。

二、现状分析

学校家长委员会工作应结合学校实际,以学校、学生、家长的实际情况出发开展工作。嘉定二中为嘉定区实验性示范性高中。从学生分布来说,学生来自嘉定区各个街镇,因此家长分布也相对分散,来往学校交通不便;从学生年龄特点来说,学生主要集中在 16—18 岁,独立意识较强,比较抵制家长与学校的密切联系,而家长更为关心学生的学习成绩。学校家长委员会主要针对以上情况采取措施。

三、实施举措

在继承和完善现有学校家长委员会工作内容的基础上,完善家长委员会各项工作制度,提升家委会工作效能,力求创新,创出特色。

1. 家委会成员产生制度。根据《嘉定二中学校家长委员会章程》,家长委员会成员主要由家长自我推荐或班级推荐产生。学校从源头抓起,加强班主任的工作落实,从最初环节提升家委会成员的工作积极性。同时吸纳社区代表加入家长委员会。每年9月完成当年度各级家长委员会的聘任工作。

2. 集中例会制度。每学期初和期末分别召开全体学校家委会成员会议,研究制订家委会工作计划,听取学校关于学校工作情况的通报等。比如在2016学年第一次工作会议上,校长向家委会成员汇报了学校发展状况,通报了高二年级选科分班情况、学校工程建设情况以及国家助学金和校内奖助学金的落实情况等。

3. 对口联系制度。家委会分成德育、教学、后勤、家庭教育指导等若干小组,平时对口联系学校相关部门进行经常性的工作沟通,并提出一些建设性的意见。

4. 驻校办公制度。每周二下午为"驻校办公日",实行家长督学,家长持工作证到岗,通过巡视一次校园,听一节课,与老师、学生、学校领导进行一次交流,向学校提一条意见或建议,同时做好《工作记录》,提高家长督学的实效性。

5. 家长义工制度。学校充分挖掘家长资源,并发挥其作用,通过实名问卷调查的方式,了解家长特长和服务意愿,发动、组织广大家长积极参与学校教育教学活动。

6. 家长评议制定。每年9月,学校邀请每班2名家长代表共60名家长对学校当年度收费工作进行问卷调查。每年11月,学校所有在籍学生家长对学校工作进行评议打分,再由学校家长委员会进行统计。家委会参与学校市级行为规范示范校评议和党建督导征询家长意见的活动。

7. 家长学校工作。学校完善家长学校工作,对学生家长开展点面结合、分层次家庭教育指导。在期中考试后,及时组织高一、高二年级家长举行家庭教育指导会议,沟通学校半学期以来的教育、教学情况,并请校内外家庭教育专家对家长开展家庭教育指导。高三年级在每次重大考试过后及时召开家长会,交流学生复习迎考状况,提供家庭教育指导和家长的心理疏导,不定期举行高三年级部分学生家长会。同时对个别行为偏差和心理弱势学生开展一对一的家庭教育指导工作。

总之，家长委员会是学校与学生、家长之间沟通的桥梁。家长和教师的目标都是为了孩子健康成长，实现目标需各司其职、良性互动。教师是学校教育的主体，家长也有参与权，除个人对学校教育有知情权、参与权、监督权外，还可以通过家长委员会这个平台组织起来，行使集体教育参与权，促进学校民主管理、支持教育教学，提升家庭教育水平。

▲ 特色德育篇

实施公民教育　践行行为规范

最近几年，嘉定二中尝试在高一年级开设公民道德修身课程，对学生进行公民道德教育。该课程以社会主义核心价值体系为指导，以现代社会必须共同遵守的行为准则和道德规范及中华民族传统美德为基本教育资源，突出公民的权利和责任意识教育，突出社会主义民主法治、自由平等、公平正义理念教育，以增强学生公民意识、道德修养和行为规范。

一、背景与意义

面对国际国内形势的深刻变化，青年学生思想道德建设既面临新的机遇，也面临严峻挑战。一些领域道德失范，诚信缺失，假冒伪劣、欺骗欺诈活动有所蔓延；一些地方封建迷信、邪教和黄赌毒等社会丑恶现象沉渣泛起，成为社会公害；一些成年人价值观发生扭曲，拜金主义、享乐主义、极端个人主义滋长，给未成年人的成长带来不可忽视的负面影响。面对纷繁复杂的国内外形势，我们要充分认清青年学生思想道德建设的复杂性、艰巨性和紧迫性。

加强学生公民道德教育，是增强学生公民意识、道德修养和行为规范，发展先进文化的重要内容。在新的历史条件下，从公民道德建设入手，继承中华民族几千年形成的传统美德，发扬党领导人民在长期革命斗争与建设实践中形成的优良传统道德,借鉴世界各国道德建设的成功经验和先进文明成果,对促进学生整体素质不断提高具有十分重要的意义。

二、工作目标与主要思路

工作目标:以《公民道德建设实施纲要》精神为指导,通过开设公民道德修身课程,对学生进行公民道德教育,旨在对学生进行公民道德、公民法制、中华民族优秀文化传统、社会主义核心价值体系教育,使学生既有深厚的中华民族文化传统底蕴,又有全球文化熏陶下的国际视野;教育学生依法行使自身权利,履行应尽的义务,强化社会责任感,培养社会主义合格公民。

主要思路:以《公民道德建设实施纲要》为主要教育内容,在高一年级开设公民道德修身课程,对学生进行公民道德教育,并在实施课程过程中进行课题研究,尝试探索高中公民道德修身课程的目标与内容、途径与方法,形成较为系统的公民道德修身课程校本教材,形成较为有效的公民道德教育实施原则与策略。

三、实施过程与方法

(一) 项目开展方式:调查研究引思考,课题引领促落实

1. 调查研究引思考

在学生中开展"社会道德实践"调查与研究。内容有"手机短信,你发给了谁""校园中的时尚表现""秽语为何流行"等。从调查的结果看,手机短信发给同学和朋友的比较多,给父母问候的则很少。在关于时尚中节俭与奢侈的认识调查中,能奢侈则奢侈的占调查总数的 41%。关于秽语问题,一些学生认为是比较普遍的现象,自觉或不自觉地成为传播者。这些现象,都反映了一定的道德问题,有的已经突破了道德底线,与合格公民的要求存在着一定距离。如何有计划、有针对性地进行公民道德教育,开设公民道德修身课程成了我们新的尝试。

2. 课题引领促落实

2008 年 12 月,"高中公民道德修身课程的理论与实践研究"课题立项为嘉定区重点课题,学校成立了由校长、德育分管领导、年级组长、骨干班主任、任课教师等组成的课题组。在历时一年半的研究过程中,围绕"高中公民道德修身课程的目标与内容、途径与方法的系统构建""高中公民道德修身课程校本教

材"等问题进行较为深入的探索研究,从而明晰了高中开展公民道德修身课程的实施原则与策略,形成了较为系统的高中公民道德修身课程校本教材,提升了研究者的育德能力和水平。该课题于 2010 年 5 月圆满结题。

(二)项目开展载体:课内课外并举,知行合一齐进

1. 构建校内课程,确保公民教育

一是制订课程实施方案。该方案教育目标明确,实施原则具体,具有较强的指导性和操作性。

二是编写校本教材,明确教育内容。公民道德修身课程没有现成的教材,只能在实践中逐步探索。从 2004 年 5 月至 2007 年 8 月,学校对公民、公民教育概念,公民的权利与义务,合格公民的基本要求等进行较为系统的研究,并多次请专家学者指导论证。经过反复修改、充实和完善,最终形成了较为系统的公民道德修身课程校本教材。主要内容为绪论、做合格的社会公民、修德、爱国、责任、诚信、博爱、孝敬、谦和、礼仪、恒心、勤俭、守法及公民修身、贵在实践等。《公民道德修身课程》一书已于 2012 年第一季度出版。

三是坚持课堂主渠道,在教学中做到"三保证"。保证课时:纳入高一年级必修课,进入课程表,共 22 课时,每两周一课时。按教学计划进行,在一个学年度完成全部教学内容。保证教师:由教材主编周凤林校长上课,采用教师讲授、师生互动、问题讨论、实际体验等方法教学。保证反思:教师有反思,学生有体会。历经六年,师生对公民教育的意义、内容都有了新的认识。

四是教学研讨促发展。公民道德修身课多次向校外教师和社会各界人士开放课堂,虚心听取专家、教师、家长的意见和建议。2011 年 11 月,学校举行了以"高中公民道德教育的实践与思考"为主题的教学研讨活动。周凤林校长执教"公民道德修身课程"之《诚信,做人之魂》一课。上海市中小学德育研究协会会长陈步君,上海市"两纲"教育科研基地主持人、原上海市教委教研室主任王厥轩,嘉定区教育局党委副书记金惠萍,上海市教委教研室教研员金京泽,嘉定区教师进修学院副院长李春华,嘉定区德研室主任陆正芳,嘉定区教师进修学院中学科研员孙卫民等出席了活动并提出宝贵意见。

2. 注重实践体验,做到知行统一

在实施过程中,学校注重课内课外相结合,在坚持课堂教学的基础上,还紧紧围绕教育内容,积极开展相应的主题教育和实践活动,通过丰富多彩的活动形式进一步内化知识,增强情感体验,提升认识。如结合"诚信"一课,学校开展了诚信考试和诚信作业主题活动,对考试作弊和抄袭作业将给予校纪处分;学习"修德"一课,学校设计开展了"网络世界谈生存"主题活动,加强网络道德教育,让学生懂得虚拟世界和现实人生的关系、法律与道德的关系,增强是非观念,提升辨析能力。针对校园攀比现象,结合"勤俭"一课,开展了"生存、时尚与节俭"课题研究活动,引导学生正确处理尊重个人消费权利与科学合理消费的关系,教育学生不做"精神上的乞丐和物质上的贵族"。另外,学校还把公民教育拓展到校外的素质教育中,每次外出活动,都结合公民道德内容进行实践感悟,讲求文明和环保,教育学生"除了足迹,什么都不要留下"。这些活动有效促进了学生学思结合,知行统一。

四、工作成效及思考

(一) 工作成效

公民道德修身课程的实施,拓展了德育空间,深化了德育内涵,学生的思想和行为发生了很大的变化。

一是思想上受到启迪。公民道德修身课程是集公民教育、道德教育与实践体验于一体的思想教育课,拨动了学生的心灵之弦。学生在体会中这样写道:"公民道德修身课程,一份价值连城的礼物。""刚开始我认为公民道德修身课只是纯粹地讲一些人人皆知的道理,可是当我上了第一节课后,我发现我错了,原来上这些所谓的'大道理'课也是很有趣的。完全没有往常那些类似课程的枯燥。相反的,这门课还很吸引我们,自从上完第一节课后同学们都在盼望下一节课……""上的课数虽然不是很多,但每一节课对于我们来说都很有意义,收获匪浅,完全地改变了我们的一些陈旧的思想……每一课都让我们收获了人生哲理。"公民道德修身课程的学习,使学生深深懂得了做一个合格公民的最基本要求。

二是责任意识得到增强。通过公民道德教育,学生对公民的责任意识更深刻了,责任的自觉意识更强了。班级值日的学生每天早早来校,把教室打扫得干干净净。保洁区的学生能够在规定的时间内保质保量完成。学生积极踊跃参加学校环保志愿者服务队,由于报名人数多,只好每周按班级轮流在校园开展工作。

三是爱心意识得到彰显。在汶川强烈地震后,二中人发扬"一方有难,八方支援"的团结互助精神,仅一天时间,师生共捐款 115 545.35 元,向灾区人民传递了一份爱心,贡献了一分力量。2009 年,学校小陆同学正面临着脑瘤的侵蚀,全校师生不约而同地伸出援助之手,共捐款 46 597.4 元,鼓励小陆同学战胜病魔。学校还利用"父亲节、母亲节、感恩节和教师节"等节日,开展温馨祝福活动。

四是文明礼仪蔚然成风。结合"习礼仪、修品行、与文明同行"主题教育活动,教师率先垂范,为学生做出榜样,学生纷纷行动起来,以实际行动践行道德规范。学生热爱祖国,遵纪守法,珍惜粮食,刻苦学习,诚信考试,自觉排队乘车,展示了嘉定二中学子的良好风貌。学生之间、师生之间的关系发生了很大的变化,在校园随时随地都可以听到"老师好""再见""谢谢""对不起"等礼貌用语,为和谐校园的创建增添了亮丽的风景。

(二) 几点思考

一是进一步明确公民道德教育的意义,澄清公民、合格公民等概念。有目的地对教师加强引导,适时培训,提高公民道德教育的能力。二是处理好理论教授和情感体验的关系,进一步创新教育教学方式和方法。三是处理好继承和借鉴的关系。开展公民道德教育,要继承中华民族几千年形成的传统美德,发扬党领导人民在长期革命斗争与建设实践中形成的优良传统道德,借鉴世界各国道德建设的成功经验和先进文明成果,不能简单的"拿来主义"。四是处理好学校教育与家庭教育的关系,形成教育合力,进一步增强德育实效性。

专家点评

面对中国社会快速转型,学校如何认清自己的责任和使命,把学校德育融入社会发展的大背景下考虑,使学校德育发挥更大的育人功能和社会服务作用,这是一个需要深入探索的问题。上海市嘉定区第二中学是一所有着深厚文化底蕴的老校，学校在"文化立校，格物修身"的办学理念指导下，以公民教育为主线，整体构建学校德育体系，其核心理念充分体现了学校的育人价值观，即着眼社会文明发展的基点，立足学生的"现在、明天、未来"，对学生进行基本行为规范的训练和做人原则的教育，引导学生具备公民意识和公共精神，帮助他们成为合格的公民。这种理性思考立足基础，重心下移，不仅关照到学生的健康成长，更体现了现代社会发展的方向，凸显了学校办学的崇高境界和教育目标的准确定位。

学校公民教育工作无论是校内系统的顶层设计，分年级德育目标的制订和实施，为学生所喜闻乐见的体验式主题活动的开展，还是校外绍兴文化之旅、长兴环保之旅、南京爱国教育之旅社会实践活动教育模式的构建和"公民生活"情景体验的设置，以及家校联动在公民教育中的合作推进，都具有较强的可操作性，形成了可资借鉴的经验。

《公民道德修身课程》的建设是学校公民教育的特色亮点。如何从内容上做到传统和现代的结合，在实施中做到"教"与"化"的和谐融通，还有许多创新的空间。衷心期待这一课程能成为学校公民教育的亮丽的品牌。

上海市特级教师、新北郊中学　张小敏

以公民意识入格　以人文素养上品

上海市北虹高级中学德育顶层设计　文/陈　奕

○ 学校简介

北虹高级中学的前身是由法国天主教会于1874年9月21日创建的圣芳济学院,是一所教会学校,第一任校长为帕修欧神父。1951年由上海市教育局接管,更名为上海市北虹中学。1978年被确定为虹口区重点中学;2003年更名为上海市北虹高级中学。学校秉承"让每一个学生得到充分和谐的发展"的办学理念,积极创建"育人为本、特色鲜明、设施先进、运行高效、民主开放的现代'有效学校'",形成了把学生培养成为"有知识、有道德、积极的公民;品鉴艺术,有美学视角的生活者;追求卓越,能适应未来挑战的终生学习者"的育人目标。

根据办学目标和育人目标的要求,学校始终坚持以科学发展观统领学校发展,在实施《激活师生主体发展意识,提升学校有效教育品牌》四年发展规划(2008—2011)和《"注重内涵彰显特色,提升'有效学校'品质"(2012—2014)》三年发展规划过程中,学校核心育人理念日趋清晰,逐步把培养现代公民作为学校的德育工作主要抓手,构建具有北虹特色的公民意识培养文化,发挥学生的主体作用,促使学生主动、快乐地学习成长,今天要成为教育自己的主体,明天要成为祖国的好公民,使公民成长融入学生学习、生活的全过程,在"日用而不觉"的学校文化氛围中,以文化人、以德育人,实现学校的育人目标。

■ 理性思考篇

公民意识培育文化助推北虹突破发展瓶颈

(一) 公民意识教育的必要性

随着经济的全球化发展,整个社会生活方式、人们的思想观念、伦理道德、社会制度等领域都受到了全球化的影响,全球化带来的明显变化促进了社会结构的深刻转型,也冲击着人的伦理观念和整个社会的伦理秩序,催生新的伦理精神与价值模式的产生,也带来学生道德价值观的复杂化与多元化,这就要求学校德育必须转换思考和观察社会道德问题、道德教育的视角,把道德教育置于全球化的历史背景下来加以思考。学校应该把加强对学生的公民意识教育放在突出的位置,自觉按照公民意识教育的价值追求提升和改进学校的德育目标和德育内容。

全面建成小康社会目标的提出对公民的素质和能力提出了更高的要求,现代公民只有具备与社会发展相适应的自由竞争、独立自主、积极参与、团结协作、诚实守信、权利意识、遵纪守法等公民意识和能力,才能有效适应现代社会的发展。学校教育作为提高公民素质的主渠道,就应该承担起为未来社会培养具有正义、勇敢、负责、守法、诚信等公民品格的重要使命,将学生的责任意识教育、道德自律意识教育、公正意识教育、诚信意识教育等充实到学校德育的内容之中,清晰公民的内涵与外延,促使学生个体道德素质的全面提高,为现代化建设培养合格公民。

应该看到,在发展社会主义市场经济的过程中,对金钱的追逐失度,使得个人主义抬头,社会公德、责任感滑坡,市场经济带来的负面影响一定程度上加剧了公民意识的缺失,使得让今天的学生形成健全的公民意识已经成为当务之急。比如,多数学生对公民角色的认识还处于不自觉状态,他们将自己作为"公民"的这一现代社会中最常见的角色忽视了、淡化了;道德意识和法律意识方面,他们往往仅停留在认识和遵守道德法律的层面,却不愿主动举报或制止不道德和违法行为;权利意识和义务意识都不清晰,把义务与权利、义务与道德混淆在一起;有限的公民意识仅仅体现在书本或口头上,没有真正内化成为自觉意识,在日常行为中理论和实践脱节、知行不统一。因此中学生公民意识的培养任重而道远。

(二)公民意识教育的概念界定

公民是指在一个国家里,具有该国国籍,并依据宪法和法律规定享有权利履行义务的社会成员。公民意识是公民在公民社会中所形成的对于自身主体性、权利和义务、社会身份、政治地位等的理性自觉,是公民对于公民角色及其价值理想的自觉反映,包括公民对自身的社会地位、社会权利、社会责任和社会基本规范的感知、情绪、信念、观点和思想以及由此而来的自觉、自律、自我体验,还包括公民对社会政治生活和人们行为的合理性、合法性进行自我价值、自我人格、自我道德的批判,对实现自身应有权利的主张和义务的担当,以及由此产生的对社会群体的情感、依恋和对自然与社会的审美倾向。

公民意识教育是培养国家和社会所需要的有道德的公民,即有着积极的生活态度,有政治参与热情,有民主法治素养,能与其他公民和社会组织和谐相处,富有利他和献身精神的有德之人。当前学校公民意识教育的内容,就是对学生进行以爱国主义教育为基础,以公民道德意识教育、权利与义务意识教育为重点,以培养学生民主法治、自由平等、公平正义意识为核心的,与社会主义核心价值观相契合的教育。

显然,公民意识教育与现代学校德育在教育目标、教育内容和教育的价值取向等方面有着高度的契合性和一致性,是和谐共生、相互支撑的关系。一方面,公民意识教育拓展了德育的研究视域和实践范围,丰富了学校德育的内容,创新了学校德育的理念,增强了学校德育的针对性和实效性;另一方面,当前学校德育把培养具有现代公民意识和独立主体人格的现代公民作为教育的重要内容,为实现德育的创新与发展提供动力源泉。

(三) 公民意识教育的主要内容

在现代社会,市场经济的发展加速了传统整体性社会的解体,使社会利益主体趋向多元化,社会需求向多样化和异质性发展,各种社会矛盾的增多成为现代社会的常态特征。公民意识的培育,可以维护社会整体利益,同时关注社会共同体中每一个人的权利与尊严。学校从学生成长发展的实际出发,根据国家和上海中长期教育发展规划的精神,以及培育和践行社会主义核心价值观的要求,着重培育学生以下公民意识:

1. 主体意识

公民身份是指公民在法律上的角色,特指在公民社会中,个人作为参与或监督国家公权力运行的独立主体的一种身份,只有公民具有了身份意识,才能产生公民主体意识。公民如果对自己公民身份没有明确的认识,就不可能认识到国家与自己之间的关系,就不可能对自己的主体地位有完整准确的认识,也就无法正确地行使政治权利和自觉履行应尽的义务。

2. 国家意识

国家意识,即生活在同一国家的居民在长期共同的生活、生产、斗争中形成的对整个国家认知、认同等情感与心理的总和。国家意识是公民对国家的认知、认同意识,是社会个体基于对自己祖国的历史、文化、国情等的认识和理解而逐渐积淀而成的一种国家主人翁责任感、自豪感和归属感。它是一种政治意识,同时也是一种文化意识,它能在很大程度上激发公民的责任心和义务感,有利于国家的昌盛和民族的强大。

3. 公德意识

社会公德简称"公德",是指在人类长期社会实践中逐渐形成的、要求每个公民在履行社会义务或涉及社会公众利益的活动中应当遵循的道德准则,是指与国家、组织、集体、民族、社会等有关的道德。社会公德意识就是人们对在公共场合自觉遵守社会公德的认知、理解和态度。社会公德意识的有无或强弱,是一个人综合素质的具体体现,反映出一个人的道德修养水平。

4. 责任意识

所谓责任意识,就是清楚明了地知道什么是责任,并自觉、认真地履行社会职责和参加社会活动过程中的责任,把责任转化到行动中去的心理特征。责任意识是一种自觉意识,表现得平常而又朴素。责任意识也是一种传统美德,我国自古以来就重视责任意识的培养。只有每个人都认真地承担起自己应该承担的责任,去维护大家公认的道德原则,提升自己的道德品质,并对社会和他人的权益体现出应有的关心,社会才能和谐运转、持续发展。

5. 法治意识

民主是一种国家制度,是统治阶级为实现其当家作主的权力而采取的管理国家的制度、形式。民主的核心内容是保证人民的权利如何实现、国家的权力如何健康运行。法治即法的统治,法治强调法律作为一种社会治理工具在社会生活中的至上地位,并且关切民主、人权、自由等价值目标。民主是法治的前提,法治是民主的保障,民主与法治有机统一构成法治国家的政治基础。增强公民的民主法治意识,是建设社会主义法治国家的重要政治保障。

（四）公民意识教育的实施路径

中学时期是人社会化的关键时期，也是公民意识形成的关键时期，因此学校十分重视对学生公民意识的培育。

1. 以学科教学渗透公民意识

将公民意识教育纳入学校德育课程体系是学校德育自身发展的必然趋势，也是当前学校德育实现其自身发展与创新的现实需要。中学阶段各学科已不同程度地渗透了公民意识教育的内容。在这种情况下，学校把公民意识教育与课堂教学结合起来，注重在各个学科的课堂教学中渗透公民意识教育，强化学生的主体意识、权利意识等。

2. 以实践活动孕育公民意识

《公民道德建设实施纲要》指出："公民道德建设的过程，是教育和实践相结合的过程。""纸上得来终觉浅，绝知此事要躬行。"一个人公民知识无论有多么渊博，若无切身体验和情感的介入，就不会有任何行动。因此，学校把公民意识教育与实践活动结合起来。在课程的实施中，组织和引导学生开展丰富多彩的活动，让学生在活动中加强自理、自立能力和行为训练，提高公民意识和实际生活能力。

3. 以养成教育塑造公民意识

培养学生的公民意识，不仅要将公民意识内化为学生的信念，更重要的是将公民意识外化为学生的行动。学校把学生的公民意识教育与行为习惯的养成结合起来，以《中学生守则》和《中学生日常行为规范》来规范学生的行为，将公民意识教育与行为习惯的养成结合起来，在学生的日常生活中加强对学生的公民意识教育。

4. 以校园文化滋养公民意识

学生的生活离不开学校，校园文化对学生公民意识的培养具有潜移默化的影响。校园文化对学生的公民意识的培养既有显性约束力，又具有隐性感染力。因此，学校努力建设以培育公民意识为核心的校园文化，在校园物质文化建设的同时，特别重视加强校园精神文化和制度文化建设，包括校风建设、教风建设、学风建设、人际关系建设、组织机构建设和教师队伍建设，健全各项规章制度等，取得了"随风潜入夜，润物细无声"的良好效果。

◆ 德育工作篇

一、以师生共建为策略创设公民意识培育文化

苏霍姆林斯基明确指出,德育的根本任务,就在于培养和形成未来公民必备的基本道德素养和道德品质。学校重视整合各项工作,让公民意识在师生共建的策略下,融入学校文化的建设。

(一)目标与内容

1. 教育目标层次化

学校明确公民意识培育的目标:培养认同、理解、遵守与维护国家宪法,关心并参与公共事务,具有独立思考、敢于承担责任、对民族的传统和文化有归属感,与时代共同进步的现代公民。学校以"让每一个学生得到充分和谐的发展"为办学理念,从将学生培养成为"有知识、有道德、积极的公民"出发,确定以培养学生主体意识、国家意识、公德意识、责任意识、法治意识为主的公民意识培育目标。根据各年级学生的身心发展特征,确立以高一年级"适应、养成、兴趣",高二年级"完善、稳定、理性",高三年级"坚忍、理想、成人"为主线关键词,积极构建公民意识教育体系。

2. 教育课程校本化

学校公民意识课程基于体现公民意识的价值取向,将五大公民意识元素作为主要概念,采用多种教育形式(含学生生涯教育),在课程中对学生进行系统性的、专门性的、持续性的公民意识教育,逐步形成适应高中生成长发展特征的校本教材。

年级	校 本 课 程	课 程 内 容
高一年级	新生教育课程	行规教育系列课程 礼仪教育系列课程
	文化认同课程	校史教育系列课程(一)

续　表

年级	校本课程	课程内容
	学业指导课程	学法指导系列课程(一) 学校课程建构介绍
	公民修身课程	生涯教育系列课程(一) 青春修炼系列课程(一) 体验式主题系列课程(一)
高二 年级	文化浸润课程	校史教育系列课程(二)
	学业指导课程	学法指导系列课程(二)
	公民修身课程	生涯教育系列课程(二) 青春修炼系列课程(二) 体验式主题系列课程(二)
高三 年级	文化滋养课程	校史教育系列课程(三)
	公民修身课程	生涯教育系列课程(三) 青春修炼系列课程(三) 体验式主题系列课程(三)

3. 教育内容生活化

市场经济的发育和民主政治的不断成熟为公民社会的发展提供了可能性,也孕育了人们交往的公共生活空间。公共生活领域的出现为我们进行学生公民意识培育提供了新的视角,学校公共生活中的教育资源理应成为公民意识培育的基础。公民意识培育只有扎根学生的生活世界,才能造就合格的公民。因此,学校非常重视公民意识在班级生活、校园生活、家庭生活中的重建与体验,积极探索公民意识培育的公共生活载体,以理论引导实践,以实践内化理论,以提高学校德育针对性和实效性为原则进行了以下实践:

(1) 行规教育

学校校风优良正直,学风严谨踏实,教风端正勤勉,在虹口区内有较好的声誉。学校行规教育强化情感要素,通过让学生共情共理,统一公民意识的认知和思想。学校着眼于学生行规教育的实践研究,探索行规教育的分层目标,依托各项校园文化、主题班会和社会实践活动,发挥家长的正面导向作用,关注行规教育的细节,让学生从行为习惯开始培育公民意识。当前,学校行为规范教育围绕公民意识教育内容展开,实施分年级目标:高一"重养成"即侧重礼仪修养,引导学生了解各种场合的礼仪规范,培养积极健康的兴趣爱好和阅读习惯,提高审美情趣和艺术修养。高二"重内涵"即侧重心理责任,引导学生认识自我,善于沟通,团结协作,掌握情绪管理的技能。高三"重发展"即侧重规划定位,引导学生关注自己的社会角色,着眼于个人理想与未来职业的协同发展。学校有序推进行规检查阶段重点,通过检查—反馈—思考的过程,逐步统一对行规标准的认识,强化行规实施的行动力,提升行规认知能力。目前学校师生文明礼仪良好,学生同伴互助教育效果明显,屡次被评为市、区级行为规范示范校。

(2)主题活动

主题教育活动是公民意识培育的重要内容,学校把它作为课程纳入学校文化体系。学校打造了四大节日,即3月文化读书节、5月艺术节、10月体育节、12月科技节,从策划讨论活动方案,组织实施活动内容,到总结反馈活动效果并提出改进意见等,注重学生全程参与和岗位选择,将学生的职业生涯体验与校园角色"扮演"相结合,在激发学生参与热情的同时培养学生的主体意识和责任意识。

学校以重大节日和纪念活动为契机,寓公民意识培育于活动中。每年3月,学校结合"学雷锋"这一主题开展"学雷锋、树美德、创文明"等专题系列活动。4月、5月,学校以清明节、五四青年节、母亲节等节日为主线,通过举行"18岁成人仪式"、"弘扬五四精神"主题班会和演讲大赛等活动,对学生进行弘扬民族精神、增强社会责任感的教育以及尊老爱老的传统美德教育。结合七一、建军节、国庆节,学校则以学生暑期社会实践、校友访谈等活动方式,让学生逐步树立为中华之崛起而拼搏进取的远大目标。教师节是努力构建和谐师生关系的绝好时机,在教育学生尊师爱师的同时,学校也要求教师拥有正确的育人观,视学生为"财富",以"敬畏生命"的情怀,承担起"教书育人"的神圣使命。

"三学"(学军、学农、学工)也是公民意识培育文化的组成部分。为了扩大教育内涵,学校有目标、有计划、有方案地推进这项工作,做到主题鲜明、运作规范、效果明显。学军活动采用5+5模式,以常规教育强化规则意识,以校史课程提升文化认同,以军训意义深化国家意识,效果明显;以班级建设为重点,以内务管理为抓手,搭建学生自治管理的平台,提升学生自治能力和班级凝聚力;

以区级法治特色活动"禁毒小品竞赛"为契机,展示学校艺术教育特色,培养学生自觉依法依规,内化学生法治意识。学农活动期间,通过亲子间的互通信件,回忆感怀成长点滴,加深情感互助,实现彼此共情共理;以班班有歌声活动为特色,唱响田园秋色与祖国强大,明确自己作为公民的责任与担当。

学校制定有特色的学生社会实践活动,结合每学年的春秋游活动,分年级设计主题活动,学生覆盖率达100%,学生通过亲身体验在实践中感悟和提升,效果显著。

	秋游	设计说明	春游	设计说明
高一年级	科技类展馆系列(一)	12月科技节序曲,以探索科技、成为有探究意识的科学达人为目标	艺术类展馆系列(一)	5月艺术节序曲,以品鉴艺术、成为有美学视角的生活者为目标
高二年级	科技类展馆系列(二)		艺术类展馆系列(二)	
高三年级	企业、大学校园参访	以职业探究为目标,思考生涯发展方向	烈士陵园+主题公园	十八岁成人仪式

同时,学校经过多年探究实践,针对不同年级的发展实际选定主题,确定方向,设计了体验式主题活动的主题系列,学生在系列活动中分享智慧和感悟人生,知行合一。此外,学校以班级建设为发展方向,以主题班会为常态抓手,通过班主任指导下的学生自主设计和组织,从多个角度出发,主题涵盖多个领域,有效解决了班级发展的瓶颈问题,为学生自我发展、自我实现搭建了平台,推动了学生自主意识的发展。

学校积极开发并发展"光大-北虹"法治校园行活动,依托光大律师事务所的资源,结合社会热点和校园热点问题,成功举办了多次模拟法庭、法治讲座、禁毒宣传等活动,形成了具有学校特色的校本法治课程,为公民意识培育增添了亮点。

(3)社团活动

社团活动本身就是一个小"社会",为了让它成为培育公民意识的良好载体,学校以"社长沙龙""指导教师研讨会""明星社团公开课"等形式推动社团间经验亮点分享、社会活动互动,从而实现社团之间彼此借鉴学习、共同进步。比如：在社长沙龙中，学生社长就社团建设管理中的特色亮点作交流展示。至今为止，学校已成功举行了主题为"社团组织架构的精细划分""社员的自主管理""社团外联特色活动""社团特色成果展示""社团骨干的培养模式"等沙龙活动。除了主讲社团的经验交流分享，沙龙的第二个环节是群策群力、齐思共想，从而吸引了广大团员学生的参与，提升了学生的参与意识和主体意识，提升了社团活动的品质。

为扩大提升公民意识文化的影响力，学校搭建平台，鼓励社团自主申报展示活动方案，依托学校活动平台如四大节日，各类德育活动如法治教育、各德育阵地等，开展种类多样、形式丰富的社团展示活动。学校积极联系校外资源，在鼓励区明星、优秀社团发挥社会影响力的同时，提倡"引进来"与"走出去"相结合。学校搭建平台为社团引进校外优质资源开展辅导，鼓励社团走出校园参与各类公益、展示等活动。学校以"社团巡礼周"的形式，通过广播、宣传单、海报、团支书例会等宣传方式，以动态（舞台表演、观摩赛、社团嘉年华、游园会等形式）和静态（走廊流媒体播放、橱窗展示、宣传海报等）两种组合形式，实现社团成果全亮相，较好地提升了学生的公民素养。

（4）志愿者服务

志愿者活动是公民责任意识最佳培育渠道。学校整合各种志愿工作，结合高考改革下学生综合素质评价的要求，积极开发市级、区级和校级社会实践场馆，目前已与多家市、区级单位达成共建关系，为进一步拓宽志愿和实践的工作渠道提供了有效保障。学校重视学生自主管理的效度，发挥学生自主培训功能，以志愿服务内容与工作性质为标志，将相似的服务场馆编为一队，成立了三支学生志愿者服务队，分别是"常春藤"志愿讲解员服务队活跃于与学校共建的几家博物馆、纪念馆，以"准职业人"的身份为游客提供专业的讲解服务；"阅享"读书活动志愿服务队活跃在公益图书馆各类读书宣传活动，在"周末少儿故事会""书影随行""新书介绍"等项目中发挥力量；"七色花"爱心志愿服务队是一支综合类的志愿服务队伍，多样化的服务内容和岗位设置使不同特长、不同兴趣的学生都能找到适合自己的岗位。

在志愿者服务中，志愿者学生是学生志愿服务工作的主体，他们不仅仅是60学时任务的完成者，更是综合素质评价改革的受益者、志愿服务过程中的体验者和自主管理者。从志愿服务队前身的各个服务场馆的学生管理,到志愿服务队成立的活动组织策划,成立后的队伍成员招募、面试考核、培训等工作,都由团学联学生和骨干志愿者学生分工完成。在这个庞大的学生自治体系中,从服务队总队长、分队长、各小组组长和项目负责人,都在规章体系下协调运转、各司其职。学生志愿者的服务工作,不是简单听从于团委、年级组和班主任的硬性指派,而是有自主选择的权利;团学联干部和优秀志愿者不仅在志愿服务中体现自身最大价值,更在"学生志愿服务与社会实践"这个庞大的体系中进一步服务他人,自治自管,得到锻炼和提升。

(5)议·思讲坛

为了充分发挥高中生的参与意识,培育社会责任感,学校创立了"议·思"讲坛,旨在为学生提供一个平台,激发演讲者的演讲表现才能和勇于尝试、自我历练的精神品质。"议·思"讲坛得名于成语"集思广益",希望通过智慧聚集,彼此分享,能给听众带来多样性的思考,开启民智,探寻更为广阔的天空。作为学校德育的品牌活动,"议·思"讲坛为学生开启了拓宽认知渠道、提升表达能力、培养思维意识的有效途径。

目前,学校"议·思"讲坛分班级和校级两个层面进行。在班级层面,各班积极鼓励学生挖掘自身认知优势,以10分钟微型讲座的形式向班级同学介绍自己在优势领域的见识和见解,通过班级内互动交流,实现同学间思维的碰撞,提升发言者的表现力。随着班级"议·思"讲坛的深入开展,学校以走班制的形式拓宽学生的交流平台,并选拔优秀微讲座进入校级"议·思"讲坛,已形成良好的讲坛运行模式。在校级层面,学校诚邀热心教育事业的公众人物、社会各界人士、校友和家长发挥自身职业优势,为学生讲述发生在他(她)身边的故事,形成别具特色的讲坛新局面。目前校级"议·思"讲坛每月开讲一次,演讲者自主选题,自行制作课件,最终以讲座的形式呈现出来。讲坛内容涉及科技、文学、历史、艺术等各个方面,班级讲坛优秀者可成为校级讲坛的主讲人。至今为止,校级"议·思"讲坛主题涵盖多个领域,开讲者来自各个层面,成为了校级公民意识培育的品牌栏目。

(6)生涯体验

生涯体验是学校生涯教育主线中的一个分支,学校借助社会资源,邀请校友、家长、社区来校参与生涯专题讲座,成功举办多次讲坛。同时,学校积极拓宽学生参与学校运行治理和社会实践体验的渠道,积极建设学生导师制,以提升导师生涯辅导能力为目标组织开展各类生涯培训。学校深入探索生涯规划指导的实施途径与方法,依托心理教育的优势,认真开展霍兰德、MBTI等职业倾向测试与定向分析,谋求开发大数据平台,汇总学生生涯基础信息,提供学生生涯规划的有效参考依据。学校定期组织生涯规划主题教育活动和体验式主题班会,注重同伴效应在学生成长中的积极影响。此外,学校致力于在志愿服务中提升学生的职业体验和"准职业人""准社会人"身份的认同,通过共建能够培养学生高阶能力发展的岗位和单位,将生涯规划中的自我认知测试、职业选择倾向等较为专业的评估手段纳入到学生志愿者岗位的选择辅导中,帮助学生更准确地归入到适合自己的服务岗位,为学生职业生涯规划提供保障,也为公民意识培育注入了新的亮点。

二、以教师发展为抓手推进公民意识培育文化

在创设公民意识培育文化的过程中,学校认识到教师发展本身就是文化的重要内容,抓好师资队伍建设,不但有利于推进培育进程,而且能使其本身又成为学校文化的重要内容。

(一)教育实施全员化

学校积极推进德育全员化,秉承"人人都是德育工作者"的理念,倡导教师把公民意识作为立身之本,突破了过去把德育工作仅仅看成是班主任工作的狭隘认识,德育主体不仅包括班主任老师,更拓展到学校的全体教职员工和家长,以及那些对学生的价值观和行为方式产生影响的人。

学校注重班主任队伍建设,在班主任例会的基础上积极推进"班主任微论坛"的建设,将班级管理和公民意识培育的问题讨论专题化、常态化、细致化。在班主任的培养方面,学校积极推选优秀班主任参加更高等级培训,并在校内评选德育骨干,通过梯队建设逐步实现班主任队伍的转型和发展。同时,学校倡导班级管理向班级建设的转变,又为班主任从经验型向思考型的转变提供了指导方向。

学校重视运用心理技术提升学生自我意识,设有独立的心理咨询室和完整

的心理健康教育资料,举办校级 CARE 心理沙龙,积极探索心理专业素养在学生公民意识培育中的作用,提升心理个性化服务的辐射广度和效度。学校已顺利完成心理达标校的参评工作,并着眼于以心理特色培育为抓手的心理示范校建设。

学校创设德育"导师制","导师制"与"班主任制"实行双轨运行,实现了学生全面管理与个性化指导的有机结合。当前,学校导师共有 70 多名,面向高一和高二年级全体学生,学生与导师的选择采用双向制,通过前期信息匹配,组成导师和受导学生兴趣性格和价值取向的共同体,从而实现指导与被导的效果最大化。学校导师在寒暑假和周末积极参与到学生志愿服务队伍的管理和指导中,保障了志愿服务的管理效能,减少了安全管理的疏漏,营造了志愿服务师生共享、共亲、共成长的积极态势,其本身就是一个良好的公民培育资源。

学校依托家长资源,让学校、家庭、社区三位一体的多元开放的德育格局成为公民意识培育又一抓手。学校不断推进家长委员会的建设和发展,让家长充分参与学校民主管理和监督,深入推进家校沟通与合作,切实保障家长对学校教育教学的知情权、评议权、参与权和监督权,积极构建三位一体的教育体系,为公民意识培育营造良好的教育环境。学校拥有系统的分级家庭教育校本课程,家校沟通途径多样,除定期召开家长会、家委会和组织家访之外,还根据学校德育课程的设置探索多元的家校互动模式,积极致力于将家长资源融入学校工作中,并形成合力,效果颇佳。

(二)教育教学灵动化

学校重视隐性课程的德育价值,明确树立全课程德育的理念,注意发掘各个学科课程的德育价值,积极开发德育精品课程,推进并实现"润物细无声"的德育格局,使学生在获取专业知识的同时将公民意识入脑入心,珍藏久远,从而对人生的成长与发展起到真正的引导作用。学校在文科中积极推进校史文化的教育和渗透,以区校合作项目的开展为契机,积极推进校史教育课程化。

学校坚持把公民意识培育落实到具体的教育教学环节中。互动性教学是师生为实现一定的教学任务和教学目的,围绕教学内容,共同参与,通过对话、沟通和合作活动,产生交互影响,以动态生成方式推进教学活动的过程。教师在课堂上开展师生互动,让学生真实感受自己是学习的主人、思想的主人、发展的主人,从而极大提高了学生的学习兴趣和自主意识。在互动性的教学过程中,通过师生、生生之间的交互性活动,每个人都在与他人的关系中真实地享受权利,切实履行其社会义务,形成对公民角色的真实体验。在尊重、责任、民主的关系中生成自我,在民主、开放、参与、互动的教学体验中唤醒个体的生命意识,形成关怀意识和责任意识,培育学生积极的生活方式,促进个体从学会做人向学会做公民转变,培养与时代发展和个体生命健康成长相适应的公民意识。

(三) 教育环境人文化

校园环境对学生起着潜移默化的熏陶作用。学校校园布局合理、整洁优美、宁静有序、健康和谐,绿化以及各种服务设施设备的经常更新,与校史走廊、绿荫长廊自然融合在一起,在体现以人为本的理念中,促进人与人、人与自然、人与社会的和谐发展。教学楼里,本着"让墙壁说话"的原则,根据各年级的不同需要,精心打造楼道文化。学校利用不同的楼道空间,既呈现出学校 140 余年的悠久历史与文化,也展示着现代化学校的办学理念和培养目标,二者交相辉映,师生们每天行走于此,在感受优美环境的同时,也不断加深了对墙壁内容的理解,进而规范自身的行为。教室中,班主任与学生积极营造生态、和谐、文明的学习生活空间。墙壁上那些彰显班级特色的班徽班训、体现集体智慧才华和理想志向的板报内容,窗台上那一盆盆小巧精致又充满生机活力的花草,无不凸显学校班级文化建设中的"人文"思想,从而极大地提升了学生的审美品位,展现了学生朝气蓬勃的精神面貌。

学校以整体改建为契机推进物质文化建设,通过设计和完善学校主色调和logo 等学校形象核心元素来打造和推广学校品牌;以校史教育课程的开发为切入点,挖掘学校百年历史沉淀,凝练总结学校在长期的办学实践过程中积淀和创造出来的文化精髓;以价值观培育为重点,结合行为规范准则,打造物质环境风貌与文化软环境相匹配的有机整体,形成《北虹高级中学文化纲要》,引领学校、教师和学生和谐发展。

学校依托上海戏剧学院资源,以创建艺术教育特色学校为切入点,以戏剧教育专业教师培训和引进为支撑,挖掘和整合艺术教育课程资源,完善艺术教育校本课程体系,创建"北虹剧团"以统整、重构和优化学校艺术社团,提升学校艺术教育的社会认同感和影响力。

学校强化具有"CARE(自信、积极、尊重、优雅、博爱)"特质的北虹学子是学校核心教育品牌的意识,恪守教育即生活的信念,积极开展学生主体教育,高度重视学生在班级建设中的主体地位,把班级还给学生,让学生在班级建设中拥有更多的决策、践行、交往与发展的空间,充分发挥教师在班级建设中的研究、引导和辅助功能,有效地把班级建成公民意识培育的摇篮。

(四)教育研究项目化

公民意识的培育已经融入学校教育科研中,学校开展了《基于积极公民培养的学生主体参与途径的探索与实践》的项目研究,就育人目标中"积极公民"的教育问题进行校本化的研究;按照学校三年发展规划,学校就"如何培养学生的自主意识"制订研究方案,确定以培养学生的自主意识和责任意识,形成良好品格和完善人格为公民意识培育的新的研究方向,凸显学生在学校及社会层面各项活动及履行权利义务时的自主探索、实践体验、主体活动,而不是被灌输思想、被主宰行为的被动接受者。学校通过建立"课题引领、主题带动、实践驱动、行政推动"的运行机制,设计内涵丰富、兼具实践性和体验性的各项活动,力求在活动内涵主旨、实践形式、评价展现方式等方面凸显积极公民教育,从而教育学生树立服务国家、服务人民的社会责任感,实现"在公民生活中成长为真正意义上的公民"的目标。

三、推进以现代管理为基础的公民意识培育文化

公民意识培育文化的形成,离不开学校管理,管理的变革本身就是文化建设的重要内容。管理的改革是学校上层建筑的改革,也是推动公民意识培育文化发展的关键因素。

(一)教育管理精细化

学校根据创设公民意识培育文化的要求,推进学校治理体系的构建,进一步梳理、优化学校各项管理制度,不断完善《学校管理手册》《员工手册》和《学生-家长手册》,使之能充分体现学校的管理理念、人文精神和运行效度。

学校加强和推进学生委员会的建设和发展,建立健全"学生自主管理体制",积极拓宽学生参与学校运行治理和社会实践体验的渠道,推进学生参与学校发展和社会实践,引导学生领导力的养成和发展,切实保障学生在学校学生

活动中的主体地位,培养学生的主体意识。

学校高度重视学生在班级建设中的发展主体地位,积极推进班级管理向班级建设的转型发展,逐步建立班级值周班长制度、班级文明公约监督委员会、班级及班主任量化考核学生检查委员会等机构,让学生亲身参与学校、班级、学生管理,建立责任意识,养成自主观念。

学校针对高一新生进行集中性的入学教育,使他们在入学前就得到一次"规范个人行为,争做文明北虹人"的系统培训。学校针对一些学生行为、心理等方面的问题,积极实施"导师制",完善"心理健康沙龙",通过班主任组织特色班级活动的形式,强化学生的日常行为规范教育、诚实守信教育、团结合作教育、遵纪守法教育以及心理健康教育。

学校整合系统化、规范化的社团制度,将社团招新制度、活动管理制度、经费申请制度、财产保管制度、外出活动审批制度等板块重新整合,以制度规范社团活动。

(二) 教育评价个性化

评价是管理的重要内容,教育心理学家布卢姆指出,评价的主要目的不在于选拔和甄别,不是"选拔适合教育的儿童",而是帮助我们"创造适合儿童的教育"。评价要关注每一名学生个体发展的差异,尊重其个性的成长,依据学生不同的背景和特点,正确认识每个学生的不同发展要求,为每个学生提供适合发展的具体建议,使学生的自尊和人格得到充分的尊重。

学校积极组建学生发展指导团队,坚持教育和指导并重的原则,内化"为了每一个学生充分和谐的发展"的办学理念,完善学生导师制度,深入推进生涯规划指导,探索学生领导力培养,积极推进学生控制管理向学生自主发展指导的转型发展。

学校努力探索和实践学生综合素质评价的方式,结合公民意识量化考核与描述性评价的模式,完善学生成长数字档案库建设,发挥大数据背景下的学生同伴互助的优势,形成过程性评价与综合性评价相结合的个性化评价模式。从而摆脱分数等人为因素的制约,确保形成学生公民意识的良好氛围。

(三) 教育媒介信息化

当今社会已步入信息化时代,微博、微信、APP 等作为新的媒体形态成为思想教育的有力工具和重要途径，也进一步突出了公民意识培育在人的发展中的重要性。如何进一步优化培养学生公民理念，运用新媒体覆盖面大、传播速度快、普及性高、形式生动活泼等特点，为学生提供参与社会生活、培养责任感的平台，是一个全新的命题。

　　学校不断开发和研究基于校情的数字网络平台，基本建成基于学校、学生和家长有效互动，以学校管理、教师和学生发展评价和指导、数字信息服务为核心的学校数字网络，逐步完善并实现以学校门户网站和微信公众号为主要信息推送媒介的信息化网络新格局，积极探索以学生问卷调查、学生性格能力测评等主要内容的信息筛查整理系统，从而持续推进、提高和保障学校资源的有效利用，消解信息发送者与接受者之间的边界，为学生提供参与社会生活、发表自己的观点及意见、表达利益诉求、进行公民意识教育提供重要平台，以培养学生的自由、民主、平等的公民理念。

△ 特色工作篇

....

以生涯教育为特色构建公民意识培育文化

　　生涯发展是高中生人生发展的重要内容，也是高中德育主攻的方向。学校结合目前高中生的实际情况，统整已有的学生发展指导课程，构建彰显学校特色的生涯发展课程体系以及科学的实施策略，把生涯发展作为公民意识培育文化的重要载体，通过高中阶段学校公民意识培育文化的熏陶，实现学生公民意识的固化。

　　鉴于高中是"承上启下"的合格公民预备阶段，处于这一阶段的学生，生理上逐渐发育完成，世界观、价值观、人生观渐趋形成，但其能力还不足以胜任生涯抉择的要求。针对他们目前普遍存在的学习目的不明、人生目标不清，缺乏责任感和自主意识的实际情况，根据《国家中长期教育改革和发展规划纲要（2010—2020年）》对高中"建立学生发展指导制度，加强对学生的理想、心理、学业等多方面的指导"的要求,学校围绕公民意识的培育,从"让每个学生得到充分和谐发展"的办学理念出发,把生涯教育作为构建公民意识培育文化的核心,在充分关注学生个性化需求的基础上尝试构建符合高中生特点的生涯规划指导课程内容,通过项目推进的实施,完善生涯规划指导课程的整体架构,凸显其科学性、结构性和适切性,旨在指导学生规划成长航程,培养学生自主意识与能力,为未来公民奠基。

(一)实施基础

1. 学生特质分析

在构建生涯教育框架时,学生的特质成为问题的关键,为此学校对学生进行了专业调研与分析,以期公民意识培育文化适合学生个性化发展的需求。调研分析结果如下:

(1)认识能力进一步发展

高中阶段是人的智力定型的关键时期。高中生的注意力具有主动性,有意义记忆的运用能力越来越强;他们的知觉更具目的性和系统性,更仔细和深刻,能发现事物的细节、本质和因果关系,能更多地用理解识记的方法记忆教材,注重知识的内在联系。此外,高中生还表现出选择性强的特点,那些他们认为与自己升学和就业关系密切的学科和内容,往往能够认真对待,而一些被他们认为与自己未来关系不大的学科和内容,通常可能忽视或不愿学习,呈现一定的功利性。他们能够较主动完成繁重、困难的学习任务,学习处理好学习与娱乐的关系,自觉安排复习时间,学习的独立性和自觉性发展较快。

(2)社会责任感和世界观形成

高中阶段是世界观形成最重要的时期。由于身心发展已接近成人,高中生表现出更广泛、更强烈的社会积极性和责任感,由于他们已经掌握了比较全面系统的科学知识,积累了一定的社会生活经验,使得他们能对许多问题进行一些理性思考,但这类思考往往带有片面性和肤浅性。高中生对个人的理想及人类的共同命运都表现出一定的憧憬,但他们的理想中还缺乏现实主义的内容,对一些价值观念的认识也不够全面。

(3)自我意识进一步发展

自我意识的发展,是高中生个性趋向成熟稳定的一个重要表现。他们能对自己、对他人作出比较深刻的评价，开始学会从各种角度比较全面地评价他人和自己。但是，他们往往缺乏对自我长远发展的思考和规划，仍存在较为严重的依赖心理，未形成较为独立的人格和思维模式。高中生在某些方面自控能力又比较差，当他们面临着学习和个性发展的重要任务时，往往缺乏自我调适的能力，容易形成一些心理问题。

2. 筹措课程资源

课程是学校文化的重要组成，学校一方面针对公民意识培育重新编写德育课程，一方面运用校友资源、社会资源创设生涯发展课程。为了挖掘校友资源，学校实施校友访谈活动，累计访谈校友60余名。学校积极邀请校友、家长、社区来校参与专题讲座，在努力完善学校、家庭、社区三位一体的多元开放的德育格局的同时，成功举办多次学校讲坛，累计讲座30余次。学校积极拓宽学生参与学校运行治理和社会实践体验的渠道，推行学生导师制，深入探索生涯规划指导的实施途径与方法，依托心理教育的优势，认真开展霍兰德职业倾向测试与定向分析，组织生涯规划主题教育活动和体验式主题班会。学校着力构建以公民教育为核心的德育特色课程体系，推进"学生控制管理"向"学生自主发展指导"转型发展，培养彰显"CARE（自信、积极、尊重、优雅、博爱）"特质的北虹学子。

3. 完善生涯课程目标

学校通过课题研究，确立了生涯课程发展目标，形成了学校生涯发展指导特色课程体系，并在这过程中不断提升师生的生涯发展意识水平与能力水平，打造学校生涯教育品牌。

（1）构建高中生生涯发展指导的课程目标

初步构建高中生生涯发展指导特色课程的总体目标及分年级指导活动课程目标体系，逐步设定课程实施标准，即对课程目标进行操作性指标设定。

（2）设计高中生生涯发展指导的课程内容

围绕学业、职业生涯发展指导，初步形成凸显公民意识培育的分年级团体指导配套的学业规划，并形成含有高考志愿填报、职业选择等内容的高一至高三的学生生涯发展自主手册，结合教育改革、社会发展形势，依据系统构建的高中生生涯发展指导课程目标与课程标准，设计、选择课程内容，形成相对固定的分层递进、有机衔接的特色课程内容序列,开展学业、生活、职业三方面的指导。

学业生涯指导:过程指导,包括高中学习适应指导、学习习惯养成指导、自我学习能力与优势分析等指导;考试指导,考试心理调适、学习及考试策略(元认知、记忆等)指导。

生活生涯指导:自我管理指导(情绪管理、时间管理、压力管理)、亲子关系指导、青春期健康教育、人际交往指导。

职业生涯指导:帮助学生思考,他(她)是怎样的人? 社会需要怎样的人? 他(她)能成为怎样的人? 帮助学生自我认知(性格、兴趣、价值观、能力倾向等)、大学与专业认知(选科、高考志愿填报、留学专业等)、社会职业认知与体验,指导学生着眼于未来的职业生涯,规划好当下的学习,使人生少走弯路。

(3)规划高中生生涯发展指导课程的实施途径

目前,学校已形成如下生涯发展指导课程校内、校外实施途径。见下表:

途径	校本课程										其他
校内	戏剧特色表演	议·思讲坛	专题讲座	社团活动	社会实践			个性服务			学生自省同伴互助
					学军、学工、学农	重大活动实践	假期访谈见习	年级班级指导	个性测评	导师个别辅导	
校外	家庭、校友、社区										

学校积极构建高中生生涯发展指导的实施框架,致力于形成校内外资源融合、多元开放的实施格局,搭建符合不同年级学生发展特征的有层次的生涯指导阶梯,充分依托导师制的作用实现与生涯发展指导课程点面结合的新常态,积极实践与学校办学特色(戏剧教育特色)相结合的“校本辅导课程”及实施办法。

(4)启动高中生生涯发展指导课程的网络数据库建设

生涯发展指导历经变迁,目前主要以两种模式作为指导标准。一种是具体的专业匹配型职业类型理论,近年来普遍运用于生涯辅导中,成为生涯规划的参考工具。其分类主轴是“资料-思维”和“事物-人群”,由此区分出四个主要的分类象限,归纳为十二个工作族群,覆盖当前所有的工作。每个工作系列有自己的大致位置,但接近于每一点。另一种则为较抽象的4C理论,即生涯适应力理论,它是指个体对于可预测的生涯任务、所参与的生涯角色,与面对生涯改变或生涯情境中不可预测之生涯问题的因应准备程。其中的4C指的是:生涯关注(Career Concern):觉察、投入、准备;生涯控制(Career Control):自信、条理、执着;生涯好奇(Career Curiosity):尝试、冒险、询问;生涯自信(Career Confidence):坚持、努力、勤奋。这4个C恰恰反映了学生需要经历的信息积累、坚守自信、发展意识、决策取舍的过程。其中,针对每位学生个体的分析和指导是生涯发展指导的关键。然而,学生个体数据的收集与整合若沿用传统的手工操作,明显已无法适应大数据背景下的个体精准分析。学校在依托政府支持,积极联合社会科研机构,整合研发适合高中特色的学生生涯发展数据平台,提供学生系列测评的同时,迅速形成有效数据和结论,使学生更全面地了解自己,了解自己的责任和义务,提升自身公民素养,为自己选科、专业选择等个性化生涯决策提供科学合理的参考。

（5）培育高中生生涯发展指导课程的特色课程互补

学校依托上海戏剧学院资源,以创建艺术教育特色学校为切入点,挖掘和整合艺术教育课程资源,在完善艺术教育校本课程体系,着力提升学生艺术体验和艺术素养的基础上,充分发挥戏剧张力,以必修和选修相结合的课程学习模式,让每位学生在参与艺术教育课程并成为具有美学视角生活者的同时,提升学生的戏剧体验度,感悟不同角色的现实背景和生活感受,从而使戏剧体验与职业体验充分互动,互为特色,熠熠生辉。

（6）搭建高中生生涯发展指导课程的年级分层架构

学校在整体规划生涯发展指导的同时,围绕公民意识培育谋划各类特色活动,如生涯发展指导系列讲座《我的人生我做主》《遇见未知的自己》以及学生社团、大学专业调查、生涯访谈、职业见习等实践体验活动。与此同时,各年级组依据各年级学生生涯发展特点,完善年级生涯发展指导目标,开展生涯发展指导"主题教育月"系列活动,开展好分年级、班级落实的生涯发展指导团体指导。注重活动的实效性,引导每一位学生主动参与、思考、实践、探索、创新,建立和完善活动评价机制。

年级	生涯使命	模块安排	
高一	明确高中需要面对的生涯抉择关键点 养成良好学习习惯,融入高中学习大环境 拓宽视野,在学习和活动中探索自我	生涯开讲(生涯启蒙)	
		认知实践	认识社会(企业参访)
			认识职业(家庭职业树)
		整理学(I)	情绪管理
			时间管理
高二	规整自我知识储备,提高学习效率 清晰自我人格特质,搜索生涯目标 了解大学,理性认识学科,对一些大学专业 初步了解	整理学(II)	物品整理
		认识自我(特质测评)	
		构建梦想(生命线绘制)	
		生涯选择(选科)	
高三	规划未来,做出抉择 调整心态,直面挑战	考前、选择前心理辅导	
		家长择校互动课堂	
		锁定大学专业	
		生涯路径绘制	

结合团体指导,进一步完善分年级《学生生涯发展指导自助手册》,使其更具可操作性、层次性、创新性和实效性。

(7)建设高中生生涯发展指导课程的教师团队

团队建设作为一种新型管理方式,可提高工作绩效。学校设立"学生生涯发展指导中心",配备生涯发展指导专职教师,充实学校生涯发展指导教师队伍,以项目制落实研究任务,以任务驱动的方式,对教师进行培训,在提升规划意识培育的过程中先行提升自身的公民意识,打造一支具有较强的生涯发展指导能力的教师团队。此外,导师制的发展与壮大也为学生生涯发展指导提供了有力的保障,导师通过与受导学生建立亲情化的新型师生关系,可提供学生生活上的向导、学业上的指导、心理上的辅导等服务。

同时,学校进一步推进人力资源整合优化,完善教师专业发展制度,加强管理团队、教师队伍和服务保障人员的发展培训,以学校组织结构变革为切入点,进一步完善管理队伍管理和培养机制,加强管理队伍的专业培训,推动管理者的角色转变,提升管理者的理论素养和实践能力,形成一支具有一定教育教学研究能力、能有效指导教师开展工作的管理队伍。

近年来,学校的公民意识培育在学校办学目标、育人目标的引领下,集全校智慧,倾学生、教师、家长合力,以师生共建为基本策略,以教师发展为基本抓手,以现代管理为基础,众手培育公民意识文化,做好生涯发展教育的特色培育,积极为塑造未来祖国的新公民作出应有的贡献。

专家点评

《国家中长期教育改革和发展规划纲要(2010—2020年)》明确指出,要"加强公民意识教育,树立社会主义民主法治、自由平等、公平正义理念,培养社会主义合格公民"。上海市北虹高级中学针对我国长期以来公民意识教育缺失的实际情况,围绕学校办学目标和育人目标,集学校整体的力量开展"以公民意识入格、以人文素养上品"的公民意识培育文化的德育顶层设计。

学校以德育理论及中央有关公民意识培育的指示精神为依据,通过对本校学生公民意识的现状及相关问题的调查,对开展公民意识教育的内容、途径和方法进行了系统思考和界定,形成了可行的操作方案。

学校构建了开展公民意识教育的行政管理、德育顶层设计支持、学校发展的三维工作机制,提炼了推进中学生公民意识教育的有效路径及策略,并梳理形成具有学校特质的成功经验。

学校运用了相关理论、借鉴他校的经验,开展了形式多样的公民意识培育的实践探索,有效建构了符合学校特性的公民意识教育与评价的操作体系,对同类学校开展公民意识教育提供了一个成功的范例。

学校把公民成长融入学生学习、生活的全过程,在"日用而不觉"

的学校文化氛围中，以文化人、以德育人，对进一步推动公民意识教育，提升公民意识教育的整体水平形成了一批可复制、易迁移的途径和方法，为培育未来公民、师生思想道德水平的整体提高奠定了基础。

学校充分发挥长期积淀的德育优势，从基础调查出发，把握德育顶层设计脉络，德育顶层设计思路清晰，具有显著的学校特色。

学校重视公民意识培育的基础内容德育顶层设计，界定了公民意识培育的主要内容，突出了公民意识培育的根本性质和基本特征，反映了高中阶段公民意识培育的丰富内涵和教育要求。一是通过调查掌握了高中阶段学生公民意识培育的现状及亟需改进的难点问题，并提出了公民教育的核心是培育学生的主体意识、国家意识、公德意识、责任意识、法治意识。二是形成了高中阶段公民意识培育的行政管理、德育顶层设计支持、学校发展三维立体推进的工作机制，构建了学科教学渗透、实践活动孕育、养成教育内塑、校园文化滋养的公民意识培育文化。三是探索并总结了高中阶段公民意识培育的有效路径及分年级要求，具有较强的可迁移性。四是梳理并形成了以"生涯教育"为特色的公民意识培育文化的途径、策略、方法、形式等成功经验。这四方面的成果对于进一步提升高中阶段公民意识培育的教育、丰富涵养公民教育的实践活动具有良好的导向和引领作用。

学校围绕德育专项工作对高中阶段公民意识培育的分析，以及对学校公民意识培育文化特色的德育顶层设计为进一步开展本专题德育顶层设计提供了富有启迪的德育顶层设计样板，为进一步完善和优化高中阶段公民意识培育，坚持育人为本、德育为先，完成中学立德树人的根本任务提供了理论及实践并重的顶层设计蓝本。

上海市静安区教育学院　　芮彭年

以『健行·智学·润德』为核心促进学生终身发展

上海市吴淞中学德育顶层设计　文／丁　玲

⬤ 学校简介

上海市吴淞中学地处黄浦江畔吴淞口，创建于 1924 年 10 月，其办学文脉可追溯到建立于 1906 年的中国公学中学部，是上海市实验性示范性高中，连续多年获得了国家级"绿色学校""中国可持续发展教育（ESD）项目首批示范学校""上海市科技教育特色示范学校""上海市中小学行为规范示范校"、第一批全国学校体育工作示范学校、上海市级体育传统项目学校、上海市艺术教育特色学校、上海市文明单位、上海市安全文明示范校等多项荣誉称号。

跨入 21 世纪，在教育改革大背景下，学校坚持创新发展，积极呼应对多元型、创造型以及复合型人才的强烈需求，确立"尽吾身之责，为民族之光"的办学思想和"'健行·智学·润德'促进学生终身发展"的德育工作理念，推出了一系列精品工程：建设青少年科技创新基地——"道尔顿工坊"，成立吴淞中学道尔顿工坊"院士导航站"，与复旦大学、上海交通大学、华东师范大学、上海市光学研究所、上海天文台等多所一流高校和研究机构直接对口，聘请知名院士、专家、教授，针对吴淞中学学子的实情开展高中生科技创新能力培养；开设"观澜书院"，设有 20 多个工作室，传承中华优秀文化传统，营造浓厚的书院文化氛围，开展系列主题活动；开展"名师名人进名校"系列活动，力请上海市学科专家、特级教师组成专家团队，为提升教师队伍整体实力助推领航；"百名教师走千家"活动切实提高了德育实效性，班主任带着学习薄弱学科学生的任课教师登门家访，三方共同研究学习计划，真正实现"家校联动，德智并举"的德育新目标；开拓学生视野，适应世界潮流发展，开设法语实验班，并和德国、加拿大、美国等国的相关学校建立友好关系，形成学生互访交流机制……进一步提升了学生的基础性学力、发展性学力和创造性学力，促进了学生的终身发展，推动了学校德育工作的进一步提升。

■ **理性思考篇**

....

"健行·智学·润德"德育工作核心的形成

一、"健行·智学·润德"德育工作核心的提出

(一) 历史传承

吴淞中学由著名教育家、民国教育部次长袁希涛创办于 1924 年 10 月,其前身是中国最早的大学之——1906 年 4 月建立的中国公学的中学部。学校具有丰富的德育资源。学校地处国门要塞长江吴淞口,是两次淞沪会战的主要发生地。炮火的洗礼、艰苦的磨砺锻铸出吴淞中学充满阳刚之气的、独一无二的四字校训——"坚苦卓绝"。"国家兴亡,匹夫有责"的历史使命在吴淞中学具有特殊的意义,也是吴淞学子笃志好学、修身立业的持久内驱力。"为吾校之光,为学术之光,为民族之光"成为一代又一代吴淞学生奋斗的目标。近年来学校确立了"尽吾身之责,为民族之光"的办学理念。"健行·智学·润德"正是学校基于这一办学理念确立的德育工作核心。

(二) 时代呼唤

随着社会和市场经济的不断发展,社会需要更加优质的教育。学校的德育工作必须积极回应时代的呼唤。2016 年初最新出炉的《中国学生发展核心素养》确立了以下六大学生核心素养。文化基础:人文底蕴和科学精神。自主发展:学会学习和健康生活。社会参与:责任担当和实践创新。

学生发展核心素养的提出将给学校育人带来巨大变化,主要表现在以下几个方面:一是育人导向更加注重学生理想信念和核心素养的培养;二是更加关注学生学习体验、动手实践及创新意识的培养;三是学校课程将更加贴近学生的生活。基于"尽吾身之责,为民族之光"的办学理念和时代需求的呼应,吴淞中学提出了"更加健康,更具智慧,更有德性,促进学生终身发展"的德育工作理念,正是我校对时代需求的呼应。

（三）现实需要

目前学校教育面对的是零零后学生，他们的成长环境和家庭经济状况普遍比较优越，吃苦精神与自我发展的内在动力有待加强。学生喜欢展现自我，在生活学习中要求自我管理与民主对话。但是部分教师的教育理念和教育行为还停留在教师说教和管教的传统模式中。学校和全体教职员工都迫切需要认真分析学情，调整德育管理理念与方式，推动学生主动追求"更加健康、更具智慧、更有德性"的自主发展，并将"尽吾身之责，为民族之光"作为自己的人生奋斗目标。

随着高考招生政策的不断改革，学业水平考试成为专科院校、一般高校的终选依据和重点高校的初选依据，"实践经历、高校联考、专家面试"成为重点高校的终选依据。高中学生综合素质评价信息将逐步在高校招生录取过程中发挥作用。吴淞中学学生大多数以升入重点大学为目标，自主招生为学生开辟了一个新的升学渠道，而如何应对自主招生则是学校必须面对的一个不可逃避的挑战。面临挑战，学校需要转变育人观念，改变功利化的应试倾向，进一步探求全面提高学生综合素质的有效途径。

二、"健行·智学·润德"内涵解读

（一）健行——健康的身体，阳光的心理

包括健康的身体、健康的心理、健康的审美情趣。时代的发展需要健康的人才。社会正处于转型期，网络环境更加开放，这一切使得青少年必然面对多元化的价值冲突和文化碰撞。对网络游戏的沉迷严重损伤青少年身体健康，日益复杂的社会环境影响青少年的心理健康，挑战人们的审美底线。因此，学校德育工作要引导学生培养健康的心理、强健的体魄和高雅的审美情趣。

（二）智学——学习的能力，创新的素养

包括学会学习，乐于创新，勇于实践。新时期对人才的定义强调能不断完善和超越自己，实现终身学习和终身发展。正是基于21世纪对人才多元型、创造型、复合型的要求，学校在育人过程中不能局限于学科知识的掌握，更要关注能力的提升。

（三）润德——做一个有道德的人

学校育人的最高目标是培养有德性的人。这里的德性包括强烈的社会责

任感、国家认同；深厚的人文底蕴；开阔的国际视野。这些看似遥远的目标需要依托富有实效的活动载体和富有创新性的活动设计，让学生在活动中得到浸润，感受人文底蕴，增强社会责任感和国家认同。

◆ 德育工作篇

以"健行·智学·润德"为核心促进学生终身发展

一、"健行·智学·润德"为核心的德育工作目标与内容

（一）完善"健行·智学·润德"为核心的德育校本课程体系

1. 德育校本课程序列化、层次化

学校充分利用百年校史资源，结合办学特色，整合设计德育校本课程。遵循"巩固、深化、发展、提高"的工作步骤，结合高一、高二、高三年级三个阶段学生的不同特点，形成具有学校特色的"健行、智学、润德"三个系列的德育校本课程体系。

2. 研究性学习课程纳入德育课程体系

研究性学习是指学生基于自身兴趣，在教师的指导下，从自然、社会以及学生自身生活中选取和确定研究专题，主动地发现问题、探究问题、获得结论的学习方式。这种新型的学习方式已广泛运用于各学科课程之中，且收到了较好的效果。这种学习倡导学生主动参与、乐于探究、勤于动手，培养学生搜集和处理信息的能力、通过自学获取新知识的能力、分析和解决问题的能力、交流与合作的能力以及探索求真的科学精神，已经成为学校德育工作新的突破口。

（二）树立"健行·智学·润德"为核心的德育品牌项目

学校进一步梳理德育传统品牌项目。不断丰富传统品牌项目的内容和形式，让学生在活动参与组织过程中获得知识、增强能力、提升素养，同时围绕"健行·智学·润德"工作核心，积极推动德育项目的创新发展。依托体育专项化来推动学生形成健康的心理、强健的体魄；依托科技艺术个性化推动学生掌握一项

科学技能,感受一门艺术熏陶,从而提升科技创新能力,塑造健康的审美情趣。

(三) 完善"健行·智学·润德"为核心的德育队伍建设

加强全员德育,使"健行·智学·润德"核心理念深入人心,融入全体教职员工的工作之中。深化学科德育,鼓励学科教师参加德育培训,参与德育活动,提升德育工作水平。关注青年班主任培养工作,为其成长搭建舞台。推进班主任工作室建设,充分发挥优秀班主任的引领作用,扩大优秀经验的影响力和推动力。

二、"健行·智学·润德"为核心德育工作的推进要点

(一) 关注德育工作的主体性

学生是德育工作的主要对象,教师是开展德育工作的主要力量。关注德育工作的主体性,一方面是指德育应当尊重学生的主体地位,激发学生的主动性,另一方面是指要发挥教师的主导作用,体现教师在教育过程中的引导示范作用,使德育过程既是学生主动学习的过程,也是教师主动提升的过程,实现"教学相长"的共同愿景。

(二) 关注德育工作的整体性

传统的学校德育工作往往主要关注学生思想品德教育工作。以"健行·智学·德润"为核心开展德育工作,体现了新时期优秀人才培养的要求,即健康的心理、强健的身体、较强的学习创新能力和高尚的道德品行,这三个部分是密不可分的整体。

(三) 关注德育工作的师表性

"学高为师,身正为范。"教师的表率作用渗透在教育的全过程中,潜移默化地对学生产生影响。德育工作推进的过程不能只是学生全面提升的过程,也应该是教师全面提升的过程。新的历史时期对教师提出更高要求:与时俱进的教育理念、复合跨界的知识能力、科学有效的教育智慧。因此,德育工作也要关注教师身心健康、能力提升和道德情操培养。

三、"健行·智学·润德"为核心德育工作的推进实施

(一) 科学规划,德育校本课程模块与架构

以上海市教育领域综合改革为契机,从时代性、基础性、选择性原则出发,

以"健行・智学・润德"为核心,充实课程内容,完善课程结构,逐步建立和优化与"尽吾身之责、为民族之光"的办学思想相适应的,针对性、选择性和可操作性并重的学校德育课程体系。学校依据《上海市普通中小学课程方案》与《中国学生发展核心素养》的指导意见,结合校情学情,依托学科课堂,按照健行课程、智学课程、润德课程等三个模块设计德育校本课程,进一步提升学生的综合素养和能力。

课程板块	课程系列	课程目标	相关学科
健行课程	体育专项化课程 晨跑课程	身体健康—强健的体魄—顽强的精神 —正确的方法和技能	体育与健身
	《心理健康课程》	心理健康—珍爱生命—健全人格 —适性发展	心理
智学课程	《数学探究》 《电子物理》 《绿色化学》 《生物与环境》	科学精神—理性思维—勇于探究 学会学习—乐学善学—勤于反思 实践创新—批判质疑—问题解决	数学 物理 化学 生命科学
	《智造乐园》 《航海模型》 《高中科技创新课程》	社会责任—生态意识 科学精神—崇尚真知—理性思维—勇于探究 学会学习—乐学善学—勤于反思—数字学习 实践创新—批判质疑—问题解决	信息科技 劳动技术
	《素读课程》 《书鸿画社课程》 《妙音阁课程》 《漫画创作课程》 《戏剧表演课程》	审美情趣—感悟鉴赏—创意表达 学会学习—乐学善学—勤于反思 实践创新—批判质疑—问题解决	语文 音乐 美术
德润课程	《青年团校》 《学生干部培训课程》 《国防民防课程》 《我的家乡 我的校园》	社会责任—诚信友善—法治信仰 国家认同—国家意识—政治认同—文化自信 国际理解—全球视野—尊重差异 学会学习—乐学善学—勤于反思	思想政治 国防民防 历史 地理 社会
	《书写人生》 《英语广播》 《趣味哲学》	人文底蕴—人文积淀—人文情怀 学会学习—乐学善学—勤于反思 实践创新—批判质疑—问题解决	语文 英语 政治
	《模拟联合国课程》 《志愿服务课程》 《学农课程》 《学工课程》 《学生公司》	社会责任—合作担当 实践创新—热爱劳动—批判质疑—问题解决 学会学习—乐学善学—勤于反思	专题教育 班团活动 社区服务 社会实践

(二) 提升品质,完善校园文化建设

校园文化是学校教育不可缺少的重要组成部分,是学校所具有的特定的精神环境和文化氛围。健康和谐的校园文化能在师生中形成强有力的思想共识,能在无形中统摄全体师生的灵魂,起到"润物细无声"的教育魅力。因此,校园文化建设绝不是简单的环境布置、设施设备,而应该有更加丰富的呈现。学校应当整体思考学校文化内涵,通过物质文化建设、精神文化建设、行为文化建设等多元呈现德育目标,让"更加健康、更具智慧、更有德性,促进学生终身发展"成为每一位师生的共同愿景。

1. 校园物质文化建设

合理规划、设计建设符合教育教学需要的各项设施,优化学习环境,不断满足学生成长成才、教职员工科学发展的需要;充分发挥学校各类活动场所作用,为开展校园文化活动提供必要的场地和条件。整体、系统地规划校园人文景观,建设主题雕塑、走廊文化、墙面文化等文化景点,使校园人文景点建设主题突出、特色鲜明。做好校园绿化、美化工作,达到使用、审美和教育功能的和谐统一,充分发挥校园内一楼一宇一草一木的教育载体的育人功能。

2. 校园精神文化建设

"健行":以广播操、晨跑、眼睛保健操、体育课为阵地,举办好一年一度校园体育节、篮球赛、足球赛等体育比赛,引导学生锻炼身体;依托心理健康课、"悟心"心理社开展心理健康教育活动。

"智学":办好科技艺术文化节、"江海杯"辩论赛等活动,积极搭建校园文化活动平台;推进校园社团建设,以社团课堂为依托,培养学生积极的兴趣爱好和良好的个性品质,促进学生全面发展,提升校园文化层次。

"润德":围绕"坚苦卓绝"的校训精神,结合校史馆建设,以爱国主义教育为重点,深入进行弘扬和培育民族精神教育;以基本道德规范为基础,深入进行公民道德教育。发挥优秀校友的榜样激励作用,用优秀校友的人生经历和感悟、创业历程和成就,激励学生发奋学习,立志成才,报效国家;倡导铭记校训、重大活动佩戴校徽、使用校徽标识,使"尽吾身之责,为民族之光"的办学思想成为广大师生员工所认同的自觉行动。

3. 校园行为文化建设

积极引导学生做到自尊、自爱、自立、自强。在政治上、思想上、学习上、生活上不断追求进步,把远大理想和脚踏实地的精神结合起来。自觉遵守国家法律和校规校纪,勤奋学习,刻苦钻研,奋发努力,立志成才。关心集体,尊敬老师,团结同学,积极参与各种志愿服务活动,乐于助人。注重个人品德修养和文明行为养成,具有良好的公德意识。积极参加健康向上的校园文化活动,增进身心健康。自觉树立当代青年的文明形象,展示吴淞学子的良好精神风貌。

以教师的行为文明带动学生的行为文明。积极倡导教师在政治思想、道德品质、学识教风上率先垂范,为人师表。教师要养成求真务实和严谨自律的治学态度,崇尚科学精神,遵守职业道德,不断提高教学质量和教书育人本领。注重培育学生的主动精神,鼓励学生的创造性思维,努力培养适应社会主义现代化建设需要、具有创新精神和实践能力的应用型人才。

(三) 传承创新,深化主题教育活动

1. 进一步推进传统品牌活动

主题教育是学校开展学生思想教育工作的重要载体,是适应时代发展需求,遵循学生身心发展规律,结合学校育人理念开展的有目的、有方法的教育活动。长期以来,学校已经形成了科技艺术文化节、体育节、社团节、心语周、"江海杯"辩论赛、成人仪式、毕业典礼等多个学校德育品牌项目,定期举办区级、市级展示活动,具有一定影响力。今后还将充分结合社会焦点、舆论热点,进一步推进这些传统品牌活动的开展,推动传统活动的与时俱进,使其更加贴近时代发展、贴近学生生活。

2. 积极打造德育活动新品牌

体育、艺术、科技素养,对学生人生发展有重大影响。学校围绕"健行""智学""润德"三大主题设计系列课程,重点对学生的体育、艺术、科技的核心素养进行初步探索:体育的核心素养包括身体常识、运动常识、运动关键技能、健康价值观、运动价值观。艺术的核心素养包括艺术理论的基本常识、艺术史的基本常识、艺术基本技能、艺术创造力、艺术价值观。科技的核心素养包括科学常识、通用技术常识、通用技术基本技能、科学探究方法、科学精神、技术价值观。学校依托新建成的宽正体育馆、道尔顿工坊、观澜书院逐步开设体育专项化、科技艺术个性化课程,推动德育活动新品牌的形成。

（四）全员德育,加强德育队伍建设

1. 推进"百名教师访千家"活动,形成全员德育氛围

2012 年底以来,学校每学期组织全校 100 多位教师走进全市 8 个区县的 1 000 多位学生家中,持续开展"百名教师访千家"活动,受到了学生、家长和社会的良好评价。家访采取一名班主任与多名任课教师共同访问一位学生家庭的"多对一"方式,扩大家访效果。家访后,班主任与任课教师共同填写《家访手册》,对家访过程中发现的问题,特别是学生、家长对教师教学、学校管理提出的意见和建议进行认真梳理,并及时反馈。在学生受到充分呵护关怀的同时,全校教职工也受到了良好的师德教育,有力推动了全员德育氛围的形成。

2. 抓青年班主任培训工作,确保新老顺利交替

积极开展青年班主任培养工程。近几年来,学校班主任"老龄化"现象明显,班主任平均年龄超过 40 岁,有多位 50 岁以上的班主任。他们有着丰富的带班育人经验,但随着年龄的增长,身体素质有所下降,同时与 00 后学生的"代沟"问题也日益突出,已经越来越难以承受新时期繁重复杂的班主任工作。做好班主任队伍新老交替工作是加强德育队伍建设的一项重要内容。学校通过成立青年班主任培训班,依托区班主任工作室,从思想引领、技能培训、实践锻炼等方面开展青年班主任培训工作。同时加强对青年班主任培训班进行日常管理和考核。考核的方式主要有:查看学习情况、班级管理情况、导师评价、班会课以及主题班会设计、教育案例评比等。对表现优秀的学员进行表彰,并作为推优评先的重要参考。

3. 抓班主任工作室建设,巩固德育工作阵地

学校依托区教育局自 2013 年以来开展的区级班主任工作室、校级班主任工作室评选工作,积极选派优秀班主任参加培训、评选。目前薛晓伟老师区级班主任工作室、朱美娥老师校级班主任工作室已经申报成功。韩晔老师区级班主任工作室正在申报中。学校高度重视工作室的工作,在基础设施配备上按照区首席教师标准,提供不小于 20 平方米的独立办公室,电脑、网络、打印、扫描、空调等硬件设施完备;同时按照区教育局提供的工作室经费进行 1:1 的配套,为工作室各项工作的开展提供了有力的保障。区级、校级班主任工作室建立

后,积极发挥阵地作用,在德育课题研究、心理健康教育、学生自主管理体系构建以及青年班主任培养等各方面都做出了积极努力,很好地推进了学校德育工作水平的提升。

▲ **特色德育篇**

....

智慧育人,德性关怀

——吴淞中学通过"百名教师访千家"活动推进德育工作提升

2012 年底以来,学校每学期组织全校 100 多位教师走进全市 8 个区县的 1 000 多位学生家中,持续开展"百名教师访千家"活动,受到了学生、家长和社会的良好评价。在学生受到充分呵护关怀的同时,全校教职工进一步走近学生内心,了解到了学生家长和家庭的忧愁、困难和愿景,让学校德育走近学生生活,使家访成为学校德育工作的品牌项目,让教师探索智慧育人,让学生感受德性关怀。

一、项目目标与思路

作为一所以服务社会民生为己任的基础教育学校,传统上门式家访应当是开展"生活德育"探究的一个重要载体,也是推进家校互动的有效途径。然而一段时期以来,随着时代的发展,通信技术的发达,教师与家长的联系习惯于电话、短信,或者是把家长请到学校来谈话,而走进内心、有温情的深度交流越来越少了,上门家访这个充满人情味的优良传统正在慢慢丢失。这也导致家长对学校工作不了解,教师对学生在家情况不了解,一旦出现问题,家长与学校往往产生矛盾。出现这种情况,有客观原因,但一个重要原因是学校德育远离了学生的生活,停留在简单而枯燥的说教。因此,开展"百名教师访千家"活动,就是要"打开校门、走进家门、敞开心门",让德育工作者走进学生家庭,走入学生真实生活,启发教师德育工作智慧,以实际行动推动学校德育工作再上一个新台阶。

二、过程与方法

"百名教师访千家"既是对传统家访的回归,更是学校"更加健康、更具智慧、更有德性,促进学生终身发展"德育工作思想的具体实践。为此,学校高度重视,精心组织,从提高认知、完善制度,丰富内涵、创新形式以及评先树优,挖掘资源等多方面开展,力求取得实效。

(一)提高认识,完善制度,让教师主动走进学生生活

学校专门制定了《吴淞中学"百名教师访千家"工作要求》《吴淞中学家访手册》《吴淞中学家访优秀案例评选展示活动方案》,形成推进家访活动的一系列工作制度。学校还通过校务办公会议、中层干部会议、党员大会、教职工大会等对"百名教师访千家"活动进行宣传和动员,提高了全体教职员工对家访工作的认识,让全体教师积极主动参加"百名教师访千家"活动。同时,学校还通过家长会、校园网、校刊等渠道向家长、社会进行宣传,使家长、社会与学校达成高度共识,从而确保"百名教师访千家"活动的顺利开展。

1. 两个"全覆盖"制度——学校要求全体任课教师参与"百名教师访千家"活动,做到教师参与"全覆盖"。由德育处牵头,年级组落实,班主任协调各班级任课教师全员参与。学校对每一位教师参与情况进行核实登记,作为教师评价指标之一。同时,学校要求教师利用寒暑假对每一位学生进行家访,做到学生家访"全覆盖"。

2. "五个重点访"制度——学校特别规定了针对特殊学生群体的"五个重点访",即单亲家庭、父母不在身边、家庭困难、身体残疾、行为有偏差等情况的学生必须优先重点进行家访。这类学生的家访情况必须体现在班主任家访工作情况总结中。

3. "跟踪访"制度——对于一些存在特殊困难,一次家访很难取得明显效果的学生,学校要求进行"多次访"和"跟踪访"。这类学生需要建立家访档案,教师的家访要以解决学生、家长切实困难为出发点,采取有效措施给家长、孩子送去有"温度"的关怀。

4. 集体"备课"制度——学校要求家访前班级全体任课教师开展"集体备课",认真研究学生的特长与不足,分析可能存在的原因,初步形成解决的办法,

从而确保家访能对学生有针对性的指导和帮助。

认识的加强，制度的完善，让每一位教师主动走进学生真实生活，不仅参与到学生的学科教学，更重要的是关注学生的身心健康、全面发展，将"生活德育"理念渗透到日常教育教学工作中。

（二）丰富内涵，创新形式，让学校德育贴近学生生活

1. 丰富传统家访内涵，让学校德育"活"起来

提到家访，大家往往认为就是报成绩、谈问题。这是传统家访让家长尴尬，让学生反感的重要原因，也使学校德育工作变得僵化而毫无生气。怎样通过"百名教师访千家"活动让学校德育工作"活"起来？

学校开展"百名教师访千家"活动要求教师把家访的重点放在学生的综合素质提升上，力求家访内容多元化、方式人性化。在家访活动中，教师带着家校共建的五个任务同步进行。一是宣传解释学校办学宗旨、思路、做法。二是解释学校落实上级各项政策的做法，使学校工作更加透明。三是向家长汇报学生在校情况，共商教育计策。四是了解学生在家表现及家庭基本情况。五是向家长征求加强学校管理、提高教学质量等方面的意见和建议。

家访中教师与家长、学生在宽松环境中聊家常，了解学生在家的学习、社会交往和做家务情况；了解学生的兴趣爱好；了解学生的性格特征，窥探学生真实的内心世界，从而发现学生的特长，根据不同的情况采用不同的方法进行教育。同时良好的家校交流也能让家长注意利用日常生活中的小事，鼓励增强孩子的自信心、进取心。

2. 创新"多对一"模式，让全体教师"动"起来

提到家访，往往还会有一种观念：家访就是班主任的事。对于小学、初中来说，这或许没什么问题，但高中班主任"单枪匹马"地开展家访工作往往"力不从心"。高中学科学习专业性强，具有一定深度，班主任很难开展跨学科的有效指导。因此，学校采取一名班主任与多名任课教师共同访问一位学生家庭的"多对一"模式，让班主任在家访工作中更多地扮演一个组织协调者的角色。家访前班主任对每一位学生的基本状况进行梳理，明确优势与劣势，有针对性地组织相关学科教师参与对该生的家访，从而提升了家访的针对性和有效性。学校音乐、美术、劳技、体育、心理等学科教师也积极参加家访活动，对特长学生进行家访指导。这种模式下的家访充分调动了每一位任课教师的积极性和主动性，让全体教师"动"起来。

3. 注重家访反馈，让家校互动"转"起来

学校要求家访后，班主任与任课教师共同填写《家访手册》，对家访过程中发现的问题，特别是学生、家长对教师教学、学校管理提出的意见和建议进行认真梳理，并及时反馈。德育室汇总整理后上报学校，由校务会议讨论改进措施。这使得教师在家访中，既注重加强对"学困生"的学习方法指导，帮助他们找出学习的薄弱环节，并及时给予帮助；注重加强对家长的家庭教育指导，着力解决家庭教育偏差和缺失导致的学生行为偏差等问题，也注重家长、社会对学校教育的呼声，努力实现学校教育和家庭教育的有机融合，让家校互动"转"起来。

（三）评先树优，挖掘资源，让活动成果滋润师生心田

学校始终认为要让德育工作贴近学生生活，走进师生心田，就不应当仅仅关注形式的创新，还要关注工作的深入，工作的品质，工作的实效。家访不仅要触动学生、家长的心灵，更要触动家访者的心灵。家访的过程应当是推动教师自觉提升师德的过程，是促进教师真正做到关心每一个学生的学习需求，促进每一个学生健康快乐成长的力量源泉，是教师体味教育的真谛和价值的重要途径。因此，学校十分注重"百名教师访千家"资源挖掘工作。每次活动告一段落，学校及时举行家访征文活动，召开经验总结交流会和下一轮的推进会，评选表彰在家访过程中展现的先进教师和优秀学生，让一个个在家访中发现的感人小故事和案例滋润每一位师生的心田。

三、成效与反思

（一）家访让学生的校园生活更多彩

通过对家访反馈信息的梳理，学校发现学生、家长普遍反映"高中学习压力较大，孩子心理负担重"问题。为此，学校德育处联合教导处、科研室落实场地设备、师资配备，实行显性课程与隐形课程相结合的心理特色课程，进一步加强对学生的心理疏导。学校在原有十几个研究型课程基础上，开设了四十多个学生社团，积极开展科技创新大赛、艺术文化节等校园文化活动，帮助学生充分释放压力，展现自我。同时针对学生提出的"学校开展的社会实践活动不足"问

题,学校德育处、团委在学军、学农、学工等传统社会实践活动基础上,开展了"人人都是志愿者"主题活动、暑期挂职锻炼活动、高中生职业生涯导航活动等丰富多彩的社会实践活动,让学生在活动中提升综合能力,培育健全人格,将"尽吾身之责,为民族之光"的理念贯穿于德育工作始终。

(二)家访让学生的学习生活更轻松

在现实德育工作中遇到的最大困难往往是学生学业压力过重,无力参与德育活动,甚至严重困扰学生身心。教师家访过程中,学生、家长也提出了"学生作业负担较重"问题。对此学校研究制定了《吴淞中学作业布置规范》,分年级、分学科细化作业布置要求,切实减轻学生作业负担。而针对在家访过程中发现的一些学习特别困难、家庭情况特殊的学生,学校积极采取行动开展帮困助学工作,加大了对经济困难生的补助力度。学校积极开展"两免一补"工作;设立"思源奖学金",对品学兼优的经济困难生予以奖励;组织教师积极开展"多对一""一对一"帮困结对活动,取得很好成效。一位班主任在家访工作日记中写道:"面对面和家长交流,走进学生的真实生活,掌握学生的真正需求,老师才能切实感受到了改善教育手段、改进师德教风、提升教育水平的必要性,我们的德育工作才是真正有效的。"

(三)家访让学生的家庭生活更和谐

在家访过程中,学校发现现代社会家庭关系的不和谐,如单亲家庭增多、夫妻关系紧张、家庭矛盾突出等问题,严重影响了孩子的健康成长。特别是高中阶段的学生处于青春发育期,生理心理都在急剧变化,不和谐的家庭关系让处于青春叛逆期的他们更容易产生心理生理问题。这些问题往往最初表现为成绩的下降,继而表现为行为举止的偏差,家长往往不理解反而进行责骂,而真实的原因是生活给予他们难以承受的"压力"。对此,学校力图通过家访活动,走进学生真实生活,与家长真诚交流,探寻解决学习、行为偏差学生的突破口。虽然,学校、教师在协调学生家庭关系方面的能力十分有限,但通过与父母交流,推动矛盾各方在关心孩子健康成长、促进孩子学业进步上达成一致,形成教育学生的合力,也取得了一定成效。

走出校园,走进学生生活,走进学生心灵,学校"百名教师访千家"活动是践行"更加健康、更具智慧、更有德性,促进学生终身发展"德育工作理念行之有效的载体。用心交流，用爱沟通，就会得到家长与学生的理解和认同，就会拥有意想不到的收获。

专家点评

　　吴淞中学在现代教育改革大背景下，坚持创新发展，积极应对 21 世纪对多元型、创造型和复合型人才的强烈需求，依据"尽吾身之责，为民族之光"的办学思想和"'健行·智学·德润'促进学生终身发展"的德育工作理念，开展顶层设计，推出了一系列德育精品工程。

　　就我所见，学校德育工作乃是为了贯彻立德树人的根本要求而开展的根本性工作。它对学校发展具有非常重要的价值和意义。正因为它是一项与育人相关的根本性工作，所以需要顶层设计。而所谓顶层设计，主要在于依据办学理念和育人目标来系统考虑学校全方位的德育工作。吴淞中学的设计方案紧扣学校的办学理念——"尽吾身之责，为民族之光"，这一办学理念源自于校歌中的名句——"为吾校之光，为学术之光，为民族之光"，体现了学校在育人问题上的深层次思考，理清了学校教育与学生个人发展的关系，理清了学校教育与社会发展和民族发展的关系，学校在此基础上提炼了育人目标——"健行·智学·德润"，依据办学理念和育人目标统整学校的德育工作，这就使学校德育工作能够立意高远，以高端影响低端，以顶层影响低层，学校德育工作由此具有系统性、整体性、协调性的特点。学校挖掘"尽吾身之责，为民族之光"的内涵，深入推进责任教育，学校德育工作由此具有特色性。

　　学校基于顶层设计，科学规划德育工作。学校德育工作方案科学合理。体现在工作目标上，既不好高骛远，也不故步自封，把握了适度超前的原则,非常适合目前学校德育工作的要求。规划措施考虑到学校工作的方方面面,对学校德育改革与创新具有重要的推进作用。尤其是相关的德育课程设置,既考虑到思想政治和哲学等传统德育课程的深化与拓展,还强调了其他学科的拓展,既注意了知识传授,又注重社会实践和体验性活动,全面渗透,切实可行。

学校在方案设计中还关注德育工作的主体性。一方面尊重学生的主体地位,激发学生的主动性,另一方面发挥教师的主导作用,体现教师在教育过程的引导示范作用,使德育的过程既是学生主动学习的过程,也是教师主动提升的过程,实现"教学相长"的共同愿景。学校在方案设计中还把德育工作与学校文化建设结合在一起,整体思考学校文化内涵,通过物质文化建设、精神文化建设、行为文化建设等措施呈现德育目标,让"更加健康、更具智慧、更有德性,促进学生终身发展"成为每一位师生的共同愿景。

期待学校在"尽吾身之责,为民族之光"的办学理念引领下,在"健行·智学·润德"为核心的德育工作推进过程中,打造更多的德育品牌项目。

上海师范大学教科所所长、教授、博士生导师　陈建华

知行统一，道德践行

上海交通大学附属中学嘉定分校德育顶层设计　文/刘　骁

◯ 学校简介

　　上海交通大学附属中学嘉定分校坐落于嘉定区嘉定新城,是一所由上海市教委、上海交通大学、上海市嘉定区人民政府按照上海市实验性示范性高中标准共同创办,上海交通大学附属中学承办的寄宿制高中。

　　学校紧紧依托上海交通大学和上海交通大学附属中学,以课程建设和改革为切入点,科技与人文并举,探索高中和初中、高中和高校无缝衔接的培养模式。学校弘扬上海交通大学"饮水思源,爱国荣校"的校训,秉承上海交大附中"思源致远,创生卓越"的办学理念。

　　学校坚持走"向上延展"的跨学段教育理念,和上海交大、复旦大学、同济大学等诸多高校建立了紧密的教育合作关系,充分挖掘跨学段教育所带来的、超越传统教育思维的思想优势和资源优势。这种理念给学校带来了诸多的资源支撑,比如对名牌大学的追求和学者大师的风范为年轻学生树立了更高更远的人生目标;丰富多彩的知识体系则使得学生更加开阔眼界,知名大学卓越的学术氛围以及学者的思考方式等都给学生带来了巨大的影响。

　　既是一所有围墙的学校,更要办成一所没有围墙的学校,让学校教育和社会有机融合,是学校的办学理念之一。学校积极探索教育和社会相融合的有效体系,和嘉定图书馆、农业园、光机所、禁毒馆、好八连等单位都建立起教育共建的良好合作关系。学生能够与社会无缝链接,通过和社会亲密接触和深入体验,不仅有利于他们对知识的活学活用,而且能够激发他们利用所学回报社会,为社会服务。

◆ 德育思考篇

　　学校德育是学校教育的重要组成部分,是学校全面实施素质教育的核心,学校应该始终确立德育为首的教育观，将德育工作始终放在学校工作的首位，统领其他教育，不断加强和改进学校的思想道德工作。自建校以来，交大附中嘉定分校不断探索德育工作的有效途径和方法，不断努力创建行之有效的工作体系，积极构建主体参与、重视学生的体验感悟的德育工作的新方式，逐步打造出"知行统一，道德践行"的德育品牌。

一、"知行统一，道德践行"理论提出的背景

（一）世界发展大趋势对教育提出新目标

《国家中长期教育改革和发展规划纲要（2010—2020 年）》明确指出要提高我国教育国际化水平，适应国家经济社会对外开放的要求，培养大批具有国际视野、通晓国际规则、能够参与国际事务合作、具有国际竞争能力的国际化人才。因此，教育发展的国际化趋势给学校提出新的更广泛的视野和更高的要求，学校领导者必须具备全球视野和世界眼光，学校教师必须具有国际教育认知和方法，才能把学校的发展带到更高的领域。另一方面，教育现代化趋势要求更新学校人才培养标准，这给学校提出新的挑战，包括教育观念、培养目标、课程体系、教学方式、评价系统等等，都面临全新的发展和更新。而以互联网为标志的新生产力已经改变了人们的生产方式、工作方式、学习方式、思维方式等，将使人类社会发生极其深刻的变化。这些都决定了学校教育必须改变传统的思维模式和实践模式，进入互联网的教育时代，这是对学校领导者和教师的一个新挑战。

（二）立德树人新理念对教育提出新要求

教育部在《关于全面深化课程改革落实立德树人根本任务的意见》中指出，我国将根据学生的成长规律和社会对人才新的需求，把对学生德智体美全面发展总体要求和社会主义核心价值观的有关内容细化，从而研究制定出各学段学生发展核心素养体系。从"知识技能"到"核心素养"，改变的不仅仅是口号或理念，而是实实在在的教育目标提升与变化。一个好学校，就是要能够为学生的发展提供良好的平台，让学生能够在这个平台上成长发展。社会的变化需要教育者首先要教育自己、改变自己，才能胜任现代学校赋予教师的新的角色与新的任务。

二、"知"和"行"的内涵

古希腊的苏格拉底认为"知识即美德",而古今中外的很多哲人都相信,所谓的"知"是指道德认识,即对传统道德观念和道德规范的继承。"行"就是行动,即实践,是人们在经验世界的实践,是人们在现实世界中按照自己的需要有目的的、创造性的行为活动,是对传统道德的践行。

(一)"知"是"行"的前提,道德教育贵在深知

对于知与行孰先孰后的问题,我国伟大的思想家朱熹认为"知在行先"。我们如果只是片面地强调道德行为训练,而不提高道德认识,就好比盲人走路,容易迷失方向。所以,只有明白道义之理,树立正确的道德认识,才能逐渐培养良好的道德行为。把一些道德价值的社会标准体现或者渗透在高中学校教学的教材中,是十分重要的。高中的很多学科,如地理、历史,甚至数学等都应该与社会生活紧密结合,通过学科知识的传授,将人类道德价值传授给学生,提高他们的思想认识,为他们在社会中践行道德价值奠定基础。

(二)"行"是"知"的目标,知轻行重,道德教育重在践行

我们的社会现实中存在着知行脱节的矛盾。许多学生在学校教育的长期熏陶下,对良好的思想意识、道德情感和文明规范都有了一定程度的了解,但在道德行为方面,有时候却不尽如人意。例如对于校园中的不文明现象,广大学生都对此深恶痛绝,但却很少有人主动出来反对和制止。这说明,广大学生对不文明现象仅仅停留在"知"的层面,没有采取相应的行动,没有形成文明的风气。因此,我们要加强对"行"这一环节的教育,使学生由自发的行为上升为自觉的行动,由个体的行为上升为群体的行动。

(三)"知"和"行"相辅相成,道德教育要做到知行统一

从道德活动的宏观结构开看,知和行应该代表着这一结构的两个方面。"知"是指道德意识活动,"行"指的是道德实践活动,一个是主体内部无形的活动,一个表现于外部的有形的活动。实践证明,大力推进知行统一,是强化德育工作成效的现实要求。我们不仅要努力深化学生对道德知识的认识和理解,更要加强道德实践,以引导学生形成良好的道德行为习惯。学校德育要引导学生在实际生活中进行道德体验,陶冶道德情操,锻炼道德意志,确立起对某种道德

的坚定信念，从而使道德戒条内化为内心的道德自觉。另一方面，重视道德践行就必须加强社会实践。社会实践是德育的重要途径，是德育对象形成德育体验的方式。我们在这个过程中要做到以知导行，以行促知，知行统一。反观我们的教育现状，存在着两种知行脱节的倾向：一种是以知代行，片面强调对学生进行道德知识的灌输，而忽视道德践行的重要作用；另一种是以行代知，片面强调"力行"，强调让学生在实践中自行地感悟和体会，而忽视让学生在"行"中深化对道德知识和道德理论的认识。

三、强化知行统一，是落实学校德育的重要途径

（一）把握德育方向，用正确的"知"指导学生的"行"

"知"就是要让学生知晓道德的基本理论、基本观点和基本思想。"知"要解决的是理想信念和世界观的问题。没有正确的"知"就不会有正确的"行"。我们的"知"要体现我们国家社会主义的性质，要与中国的传统美德紧密结合在一起，既要有鲜明的时代特征，还要符合当代高中生的思想认识形成和发展的规律。在新的历史条件下，把握德育的正确方向，必须坚持社会主义核心价值观。

（二）完善德育内容，用科学的"知"规划学生的"行"

道德被马克思称之为"实践精神"，作为一种特殊的社会意识形式，如果道德不能够进入人的实践领域，化为人的具体实践，它的价值和意义就无从谈起。德育重要的是要帮助受教育者提高道德能力，使受教育者学会运用正确的立场、观点和方法去认识和处理社会或者现实生活中遇到的问题和矛盾。我们要转变德育观念，真正实行"以人为本"的人性化德育。人性化的德育尊重学生的人格，尊重学生的兴趣和需要，关怀学生这个完整的生命体，看到学生是有思想、有情感的活生生的人。我们要抓住学生的情感反应，培养学生爱善和好善的精神力量，通过科学方法，规范学生的道德行为，使他们的行为与社会道德相一致。

（三）改进德育方法，用多元的"知"约束学生的"行"

教育家杜威认为"教育即生活"。社会生活是德育的素材，相比于课堂和书本中德育的一元性，生活中的德育则是丰富多彩的。社会风尚、社会舆论或者人际关系，无时无处不潜移默化地渗透着德育的内容，是德育最好的教科书。

因此,我们要努力构建学校、家庭和社会的有效德育网络,形成德育合力,完善德育的长效机制。德育的过程既要求个人的内在自我修养和觉悟,又需要外在的约束和规范。对道德实践的行为规范包括两个部分,一是对道德内容的细化,从多元的社会道德标准出发,化虚为实,将抽象的道德理论转化为不同情境下的具体的行为规范;二是辅以必要的外在强制措施,以制止和约束道德行为的偏离,使学生能够始终沿着正确的方向实践。

四、知行统一是高中德育实效性的必然选择

德育实效性是指在特定的环境条件中,德育的实际运作对德育目标的实现程度。它既是指德育的内在效果,即德育能否顺利地转化为学生个体的思想道德素质;又是指德育的外在效益,即通过提高学生的思想道德素质,促进社会文明的进步。增强学校的德育实效性,已经成为必须解决的时代课题。我们认为,要在高中阶段凸显德育的主体性、自觉性和能动性,坚持知行统一,实现德育的全面回归。

(一)提高和加强学校领导对德育的认识与领导水平

在贯彻落实党和国家的教育方针、政策中,学校领导起着承上启下的纽带作用,所以,在新的历史时期,学校领导应该重新认识德育工作的重要性,对学校的德育规划和实施进行顶层设计。学校领导要带领全校师生,以高度的责任感和使命感,有效落实德育"进教材、进课堂、进头脑、进行动",把德育作为一个系统工程来抓。德育并不是有些人所认为的仅仅在课堂上的空洞说教,而是一个内容丰富且艰巨细致的系统工程。纠正对德育的片面认识,把学校德育抓出实效,关键是知行统一。学校要积极开展健康向上的文化活动,培养学生高尚的情操,组织社会实践活动,让学生们懂得如何做人,怎样看待社会,看待自己。

(二)实现从灌输德育向行动德育、互动德育的回归

现代教育认为,教育者和被教育者是一种平等民主的关系,如果教育者垄断了德育的话语权,就是"为了道德的目的,而用了不道德的手段"。这样对学生强行进行道德灌输,势必引起学生的厌烦,甚至产生道德逆反。我们必须改变过去那种以教师、课堂和教材为中心的德育做法,实现"听话"德育向"对话"

德育的回归。在教育者和被教育者之间的对话和交流中，春风化雨式地将道德认知渗透到学生的头脑中，内化为其本能的认知，培养其道德选择能力和主动精神，形成道德内驱力。这样就能促进学生道德素质的有效提高。

（三）实现从空泛化德育向现实化德育的转变

德育不仅是作为一种工具而存在，其本身也具有内在的价值。目前，很多学校将德育仅仅当成一种为智育服务的工具，"重智轻德"的局面时有存在；或者德育仅仅停留在空喊口号、空谈理想信念等方面，而忽视它在现实社会中的具体内容和价值。我们认为，德育的观念、载体和方法必须与时俱进，不断更新。我们要将德育的第一课堂和第二课堂结合起来，让学生更多地参加各种社会实践活动，如军训、学农、社会考察、志愿者活动，以增强他们的社会责任感、主人翁意识和自信心；要注意学生社团、班集体文体活动、主题班会、专题讲座、辩论赛等学生活动的作用与引导，加强对学生自我德育能力的培养；要重视学校的校园网、校刊校报、橱窗宣传栏等媒体的作用，要通过以人为本、贴近学生生活实际的有效的方式进行德育宣传，使德育贴近实际、贴近学生；还要主动走进学生的心里，以理服人，以情感人，以心育人，对学生的心理卫生、世界观、价值观等进行指导，将德育与解决实际问题结合起来。总之，我们要重视校本德育资源的开发，加强校园文化建设。

◆ **德育工作篇**

一、目标与内容

（一）学校的育人目标

学校在秉承交大附中"思源致远，创生卓越"办学理念的基础上，提出具体的育人目标。

1. 努力提升学生的学习力，把学生培养成能围绕理想信念，自觉、顽强、科学地进行学习的学习者

从人格维度培养进取和奉献的抱负、包容和合作的品格、反思和坚毅的情

操；从心理维度发展争辩和探究的个性、动手和实践的习惯、求新和超越的心态；从能力维度提升发现和质疑的思维、厚实和宽广的学识、演绎和概括的能力，形成高阶思维能力；从素养维度培养学生对人生规划、学习工作的科学态度。

2. 努力提升学生的发展力，把学生培养成为理想远大、作风朴实、潜质丰厚、个性和谐的高中学生

学校是社会文化高地，师生是社会文明典范，学校不仅传播科学文化，还应引领社会文明。一个具有发展力的学生，在学习力的基础上，还需拥有独立思维、独立人格、独特能力、独特个性；还需热爱生活、服务社会、热爱自然、保护自然。

（二）德育工作的基本概念与核心内涵

成才先成人，成人先铸魂。立德树人必须坚持德育为先，德育必须重视知行统一，知行统一必须强化笃行。为提高德育实效性，必须建立知行统一的道德践行体系与评价体系。在这个体系构建的过程中，必须从注重道德教化向强化内省践行突破。道德养成需要教化、引导，更需要践行、内省。德育即生活，处处见精神；德育即成长，时时见素养。增强德育实效性必须实现从注重道德教化向强化内省践行突破。

学校着力以道德养成教育为基础，培养学生"志存高远，自强不息的个人品格；责任如山，言而有信的个人素养；厚德载物，爱满天下的个人情怀"，同时，还紧紧抓住德育的核心，做好"四个教育"，即：

打好"基"——行为养成教育；

突出"根"——优良传统教育；

抓住"线"——社会责任教育；

强化"魂"——理想信念教育。

学校始终把德育视为学校工作的先导，把做人放在学校教育首位。学校强调德育即生活，通过各种教育手段把德育融入学生日常生活，并把道德践行作为德育目的，努力按德育规律开展教育，实现德育系列化，以突出德育的针对性与实效性，强化德育的吸引力与感染力，并且促进德育的生活化与特色化。

二、途径与方法

（一）基于知行统一的道德践行课程体系构建

1. 强化德育核心课程

通过德育核心课程，培育学生积极走在践行社会主义核心价值观的前列，牢固树立中国梦远大理想，坚定跟党走中国特色社会主义道路的信念，用向上向善的精神风貌，勇挑时代赋予的重任，体现新一代青年对国家和民族的理想与担当。

（1）社会主义核心价值观课程：本课程通过思想政治、语文、艺术、生涯指导等基础课程，相关学生社团的理论学习课程，以及专家学者主题讲座，旨在弘扬社会主义核心价值观，形成社会主义核心价值观进学校、进课堂、进头脑的氛围，以点带面，引导学生树立正确的价值观。

（2）政治经济社会理论课程：本课程通过政治经济学、西方经济学、时政热点透析等课程，学习基本的经济学、社会学理论，旨在引导学生关注国家政治经济政策，关注民族和社会发展，并初步掌握分析社会政治、经济问题的方法。

（3）民族传统与生命价值课程：本课程通过语文、艺术、生涯指导等基础课程，以及美学、民俗、国学、哲学等选修课程，探讨民族传统精神和生命价值，旨在促使学生形成一定的审美能力，并凝聚对中华民族优秀传统文化的共识。

（4）公民意识与法制教育课程：本课程通过思想政治、语文等基础课程，以及法学概论、时政热点透析等选修课程，旨在启发学生的主人翁意识和法治意识，使他们确立履行义务、运用权利的自觉性，尊重宪法和法律权威，成为社会主义合格公民。

2. 开发德育体验课程

德育体验课程根据学生的年龄特点和道德成长规律，通过丰富多彩的体验活动，充分发掘学生的个性潜能优势，把做人做事的道理通过自身的体验转化为他们内在的思想品质，把德育的目标内化为他们基本的思想素质和道德品质，促进学生内在道德品质的成长与个性全面和谐发展。

（1）校内实践体验课程：通过组织学生在校内开展志愿者活动，如义务图书管理员、义务食堂服务人员、校史陈列室讲解员等，培养学生服务自我、服务他人的意识和能力，为走向社会做好铺垫。

（2）社会公益体验课程：建立学校与社会的联系，有序组织学生以班级或小组为单位开展集体性的志愿服务，为孤寡老人、残疾人等弱势群体提供无偿帮助，到场馆、福利院、医院、社会救助机构、居委会等公共场所及社会组织无偿服务，为赛会保障、环境保护等活动做志愿者，培养学生的社会责任感、动手实践能力和人际交往能力等。

（二）基于综合素质发展的社会体验体系构建

全面的教育质量包括学业质量、综合素质和个性特长发展，其中社会素质是一个重要方面。教育社会学指出：教育就是为了促进人的社会化，使人从自然人成长为社会人，更好地适应社会、服务社会，促进社会发展。人的社会化发展必须在社会实践中完成，因此需要让学生从小亲近社会、熟悉社会，才能热爱社会、为社会服务。建立社会体验体系是实现立德树人的重要措施。学校认识到，要真正实现学校的德育理念，就必须实现从参观访问向实践内化的突破。学生社会体验需要从传统的走马观花似的参观活动向深入实践与促进内化突破，使学生从参观者变为参与者，从学习者变为志愿者。学校把社会体验作为重要内容，争取能够在实践活动系列化、基地开发和考核评价方面有所突破。

1. 树立社会体验教育观念

（1）教育的普世价值和社会价值相融合

教育，具有普遍价值——充分发展人的个性，激发人的潜能，焕发人的创造性。但是人又都是生活在一定社会中的社会人，因此教育又具有社会价值——促进社会进步，关心国运兴衰和民生福祉。在很长一个历史发展阶段，教育的普遍价值和教育的社会价值是相互融合、相互促进的。

（2）学生的社会化发展是教育根本目的

社会化发展要求学校组织学生参加社会实践，让学生从小亲近社会、熟悉社会、热爱社会，将来能更好地服务社会。

2. 建立社会教育体验课程

社会体验课程涵盖学生社会生活方方面面：工业、农业、商业、军事、社区、文化、体育、科技、卫生、公安，目的是使学生知道有多少人在为我们的幸福生活作贡献，在为社会和谐作贡献；我们每个人也应该为他人、为社会作贡献，同时也为学生今后的职业生涯规划打基础。

3. 开发学生社会体验基地

为使学生深入社会了解社会，社会体验需要从传统的参观访问，向深入实践与促进内化突破，使学生从参观者变为参与者，从学习者变为志愿者。为此，学校争取社会各界支持，大力开发体验基地。体验基地有上海市级的、区级的，也有贴近学生生活实际的本乡本土的，让学生能更亲切更深入地了解社会，改进体验方式。

4. 探索社会体验评价方法

社会体验作为培养学生综合素质的重要途径，不但列入学校课程，而且建立评价方法。社会体验教育的评价既有定量评价，如规定高中学习阶段体验的时间、体验的内容，也有定性评价，规定体验的质量要求，如体验的内化深度、体验的实际效果等。

（三）基于潜能激发的个性特长发展体系构建

学生的个性特长是创造能力和创新人才培养的基础，而这一切又是人的潜能潜质开发的结果，因此构建基于学生潜能潜质激发的个性特长发展体系，是培养学生创新精神与创造能力的必由之路。学生个性特长培养应从自发状态向科学开发突破，从一般兴趣爱好向潜能潜质激发突破，使更多学生通过科学途径发展为具有显著特长的创新人才。

学校充分认识学生是个性发展的主体，教育的任务就是培养具有个性特长的一代新人；要深刻理解学校是学生发展的天地，学校的责任就是为学生特长发展创设良好环境；要牢固树立学生有特长发展的潜质，教师的艺术就是要善于发现和发展学生的潜能。学校注重在活动中发现学生潜能潜质，在差异中寻找学生个性特长，在实践中激发学生潜能潜质，在合作中培养创新创造人才。

1. 拓展潜能潜质发现平台

学生个性特长的发展首先需要发现其潜能潜质，才能因材施教。学校以丰富多彩的活动为载体，给每个学生展示个性特长的空间，从中发现和激发潜能。

学校给有特长的学生创造专门施展才华的平台和机会，如以学生名字命名的美术展、摄影展、书法展、钢琴演奏会、古筝演奏会等；学校通过音乐角、科技嘉年华、艺术嘉年华、艺术节等大型活动让有特长的学生充分发挥自己的潜力。

2. 开拓潜能潜质培养领域

学生的潜能潜质各不相同,因此学校拓宽艺术、体育、科技以及学科等特色发展项目,开拓学生潜能潜质发展培养领域,让每个学生的不同潜质都能得到发展的机会。

学校在提高教学质量的同时,注重人文修养和艺术品质的培养。学校聘请专业的艺术指导专家为学生开展演讲技巧、话剧表演、舞台剧表演等讲座,为学生开设艺术类社团和艺术类选修课等,从而为有特长和潜质的学生提供丰富的机会。

3. 提高潜能潜质激发机制

学校创新机制,完善学生特长发现与发展机制,坚持在普及中提高,为学生不同潜能与不同层次潜能激发提供舞台。如开发学生创新拓展课程与实验课程,着力建设好学生特长发展社团,建立学生科学研究院等;组织学生开展研究性课题,与高校或研究机构合作作为特长生配研究导师等。

4. 建立创新创造评价体制

创新的基础在个性张扬,创新的灵感在求异思维,创新的价值在与众不同。因此学校建立新的评价机制:创新创造评价需要宽容、允许失败、重在赞赏,为学生的创新创造提供科学的宽松氛围。

三、管理与评价

加快推进教育治理体系和治理能力现代化,是全面深化教育改革的总目标。学校按照十八届三中全会提出的"完善学校内部治理结构"的要求,加快推进从管理向治理转变,构建现代学校内部治理体系,把"知行统一,道德践行"的教育理念具体化、实践化,实现尊重人、相信人、依靠人、为了人的理念与实践。

(一)重点突破:从传统学校管理向现代学校治理突破

学校教育是一项专业化工作,传统学校管理体制和模式已经不能适应教育改革和学校发展,从传统行政化学校管理转向现代专业化学校治理,成为学校改革的一项重要突破。

1. 学校治理基本理念

"治理"理论,是国际社会 21 世纪以来被普遍认同的政治学、社会学新理念,执政理念和执政方式从管理到治理,包含多方面转变,而教育从管理到治理涉及多方面重要转变。首先，治理行为的主体从单一转向多元。教育治理的主体不仅是政府，而且包括学校校长与教师，家长与学生，社区及社会所有组织机构。其次，治理运作模式也发生了转变，从刚性强制转向合作包容。教育治理运作方式不再是上级发文件、下指令，下级照章执行，而是政府与学校、学校与学校、校长与教师、学校与家长学生、教育部门与所有利益方，处于平等的协同合作地位。第三，各方参与程度从一般参与转向深度参与。传统教育管理方是唯一拥有绝对管理权的，教育治理最大的转变是各方对学校治理的深度参与。因为教育是国家的事业，关乎民族的兴旺和公民的福祉。

2. 学校治理重点突破

（1）治理目的：服务教师，服务学生，体现人本精神。

（2）治理体制：重心下移，关口前移，实现主体多元。

（3）治理原则：强化效率，简化形式，构建高效模式。

（4）治理方法：师生自主，社会参与，实现平等开放。

（二）改革措施

1. 转换教师角色，转变教师作用

师生关系是教育教学的基础，师生关系的形成和界定，与时代的发展、科技的进步等是息息相关的。在信息社会时代，师生角色的定位要发生积极的改变。比如，教师角色要定位为学生的生活顾问、学生的行为表率、学生的知心朋友和学生的心理临床医生。这一定位既丰富了师生关系的传统定位，也拓展了师生关系的传统定位，教师作用转变为主要是学生的人生指导，指导人生方向，指导做人原则，指导生存方式。

2. 创建学校治理载体——生命共同体

生命共同体是现今及未来的一种社会生存和发展观，强调的是相互关联的生存和发展理念。习近平同志在《关于〈中共中央关于全面深化改革若干重大问题的决定〉的说明》中就曾这样形象地表达：山水林田湖是一个生命共同体，人的命脉在田，田的命脉在水，水的命脉在山，山的命脉在土，土的命脉在树。随着社会的发展和技术的进步，人与人之间的相互关联越来越清晰和重要，人的行为和思想从一开始就必须是"共同体"思维，而不是狭隘的"自我中心"。

学校创建班级生命共同体：班级是因学习和成长需要而组织起来的一种

群体生活形式,这就决定了在班级中每一个人的存在都和其他人息息相关,也会受到班级中每一个人的影响。对于一个教育者来说,班级的管理,管的不是一个个单独的个体,而是一个个具有群体特征的个体。班级是有生命气息的。

学校创建学校生命共同体:学校是一个更大范围的相互生存和相互发展场,它和班级不同的地方在于,它面对的往往是群体化了的个体。如果说班级是生命个体的管理艺术,那么学校就是生命群体的管理艺术。生命群体之间的互动,将会形成一个更大范围和规模的、具有生命气息的共同体。

学校创建社区家庭生命共同体:人的生存和成长,会因功能的需求而涉及跨群体生存,归属不同的生命群体,生命群体之间的差异性,将对人的生存和发展起到关键性的作用。教育者要做的,不是去整合不同生命群体属性从而归"一",而是去推动人在不同生命群体中的个性生存和群体生存,因此,教育从一开始就不应该是单生命群体的圈养艺术。

3. 建立学生民主体制——落实自主管理

学校发扬民主,实行学生领袖公推直选。公推直选制度是学生会实践学生民主的重要标志,也是发扬学生主人翁精神的模式之一。公推是指学生公开推荐或自荐学生会主席候选人,是一个初始提名的过程,目的是增进学生领袖的学生基础和合法性;而直选是指全体学生直接选举学生会主席,是一个自由选择的过程,目的是更好地体现选举人的意志。

学校构建自主、自立、自律合作型学生组织。既然生命群体有内生性,教育者就必须充分遵循这个机制或者说规律,不以外部规则为唯一导向甚至遮蔽理由,积极推动学生群体内部的活力和动力,构建自主、自立、自律的合作型学生组织。这原本就是人的生命群体的发展方式。

▲ **特色德育篇**

一、高中学生深化对高校专业认知系列

《国家中长期教育改革和发展规划纲要(2010—2020 年)》提出,要"建立学生发展指导制度,加强对学生的理想、心理、学业等多方面的指导","鼓励有条件的普通高中根据需要适当增加职业教育的教学内容"。"纲要"的明确表述,为现阶段普通高中办学提供了引领性意见,就是要在中学阶段有条件地对学生进行高校专业教育。

同时,根据《上海市深化高等学校考试招生综合改革实施方案》,"2016 年起,合并本科第一、第二招生批次"。这一变化将产生诸多影响。填报高考志愿时,高校专业的质量较以往将大大影响考生取舍。考生面临更多的高校专业,需要考虑自身因素,需要考虑相关专业体系,需要考虑社会需求。这个层面上,中学生的职业发展目标教育必不可少。

(一) 实施方案

以学校与上海交通大学的有效衔接为基础,结合生涯导师制的开展,充分体现学生的个性化发展需求。学校分层次、分主题地组织高中生深入上海交通大学各院系,高中生在生涯导师的指导下,切实了解各专业的学科知识、就业情况、行业发展等,并对兴趣浓厚的专业能够在校园活动、创新课题等方面有进一步交流和实践。

1. 活动目标

通过本项目中各项主题活动帮助学生形成:

(1) 积极的自我认知:包括充分了解自己的兴趣、能力、价值观和个性特征,及其与自身职业生涯乃至人生历程的关系;建立起积极、健康的自我概念和良好的自我效能感;拥有良好工作表现所需的个人素质:独立、负责、自尊、正直、诚信、进取、尊重、容纳;社会适应技能:情绪管理技能、团队合作技能、沟通交往技能、危机处理技能等。

(2) 完备的知识储备:包括了解各学科知识与个人工作、生活的关系;掌握有效学习的态度、学习方法和思考技能;学习方法:记忆的方法、时间管理、复习方法和考试管理;思考技能:创造性地思考和解决问题、想象力、科学决策的技能等。

(3) 教育探索和职业生涯探索:包括理解教育与在大学所学的专业、未来的培训或进入劳动力市场的关系;理解社会的需求和功能及社会如何影响工作的性质和结构;理解工作和学习需要积极的态度(工作价值观);掌握查找、评估和解释信息的技能，能从计算机辅助职业生涯指导系统中搜集信息。

2. 活动内容

（1）感受交大（体验篇）

内容：组织学生参观上海交通大学美丽校园，包括校史馆、钱学森图书馆、科研实验室、体育馆等。

形式：参观访问。

成果：学生制作图片集、撰写考察报告。

意义：了解交大历史，开阔学生视野，体验交大师生追求科学和真理的精神，感受顶尖大学是国家和民族进步的重器。

（2）走进交大（学生篇）

内容：实现两校学生会的对接，邀请交大各院系学生会与交大附中嘉定分校学生会之间的互访，互相邀请参加双方组织的各项活动。与毕业于交大附中和嘉定分校的知名交大校友交流。组织生涯主题班会活动，高中生根据自己的兴趣，与自己感兴趣院系的大学生进行座谈。

形式：互访、座谈。

成果：交大学生会主席访谈录、班会课教案集锦。

意义：感受交大学子的优秀品质，为学生树立成长的榜样。了解交大的学科体系和学科特色，了解相关专业的职业发展，初步形成专业意向，能够对交大产生向往。

（3）理解交大（教授篇）

内容：邀请交大各院系教授、专家定期到高中开设课程。由高中生组成一支访问团，提出一份采访提纲，联系各院系专家教授进行采访。

形式：讲座、课程、访谈。

成果：交大教授访谈录、大学先修课程视频集。

意义：与大学课程进行衔接，提前接受专业知识训练。深入了解交大的专业体系，知道专业所需要的知识结构、人格品质。

（4）畅想交大（展望篇）

内容：要求学生在参加前3项活动期间做好记录和反思。由生涯导师与学生商讨，评估学生目前的发展情况，包括学业能力、个性、爱好、目标等，为学生制定一份适合其特点的专业学习规划。

形式：测评、反思、分享。

成果：测评报告。

意义：生涯导师帮助学生充分认识自己，在了解交大专业的基础上，确定专业目标和职业倾向，并对自身发展提出要求。

二、深港双城"研学"游，规划人生"证"能量

美国前第一夫人米歇尔·奥巴马在2014年来到北大演讲时援引中国自古流传至今经久不衰的一句话："读万卷书，行万里路。"她还提到："要走在当今职场的前沿，只在学校里取得好成绩是不够的，还应拥有国内外的真实体验，体验完全不同的语言、文化和社会。我们希望在所有种族和社会经济背景的人之间建立联系，因为正是这样的文化多样性让我们的国家如此充满活力和强大……"

2016年11月30日，教育部等11个部门联合发布了《关于推进中小学生研学旅行的意见》，明确中小学要将研学旅行活动纳入教学计划。

根据高考改革大纲的精神，同时响应国家政策要求，学校倾力打造"青少年生涯拓展研学课程"，也正是立足于为学生们提供多文化背景的交流平台和机会为出发点，贯彻"没有围墙的学校，没有边界的教育"的理念，精心设计全程创意任务式的研学课程，希望学生能在体验和实践中学习，在同伴、导师引导下合作学习，在探索反思中主动学习。

学校根据实际情况，制订了深港特色社会实践和研学任务，准备了"研学双证书"，引导学生积极参加社会实践和生涯体验活动。活动结合学生特点，以学职衔接为核心设计理念，通过研学过程中贯穿的体验式活动课程，实现学生思维、情感与行为的协同发展，通过各项活动促进学生关注自我、提升沟通与交往能力，增加对社会的认知；通过导师指导帮助学生加深体验，形成观察、反思、行动的闭环学习体系；活动结束后，通过多元与动态的综合评估体系，促进学生全面认知自我，形成持续的成长。

本次研学旅行活动以金融学职群为核心，行程包含如下的内容：

5天4晚	第一天：上海——深圳 第二天：深圳 第三天：深圳——香港 第四天：香港 第五天：香港——上海		
3大名校	探访深港知名高校，倾听优秀学子成长经历	南方科技大学 香港大学 香港城市大学	参访过程中，优秀学子代表将全程陪同，讲解学校发展历史，分享学习经验及大学生活。通过对名校的深入考察提升学生学习的积极性和进取心，激发他们学习的内在动力，明确未来学习生涯的奋斗目标
3大名企	参观深港知名企业，深度了解企业人才需求	华为总部 平安银行总部 腾讯总部	通过对企业的实地参观，了解企业的运营管理模式；与HR的深度交流，了解企业招聘的流程和用人标准，让学生逐渐明确职业生涯的发展方向，在日后的学习生活中为之努力
10项挑战	生存类挑战	1. 天堂在左，深圳往右	采访深圳移民人潮
		2. 高校围墙在哪里？	走进风景秀美的大学，与接待的学校代表座谈，感受深港两地高校的不同文化
		3. 名企生存法则	到华为总部、平安银行总部等参访，感受名企的文化氛围，直接对话名企的HR
	生活类挑战	4. 我的旅途我做主	旅途规划课题，自我设计旅途的点点滴滴
		5. 鹏城寻宝	城市寻宝，了解一个城市最好的游戏
		6. 寻找东方明珠	到香港维多利亚港，感受这座历经沧桑的城市风貌
		7. 美食天堂	走在香港的小街真正了解这座世界级金融中心的另一面
	生涯类挑战	8. 人生的定向越野	分组过关香港，找到指定集合地点
		9. 名校零距离	走进南方科技大学，完成与高校学子面对面的交流任务
		10. 创新头脑风暴	到香港青年论坛和香港青少年教会中心，与香港青少年一同完成生涯创新课题
100个任务	每天迎接寓教于乐的有趣任务		

　　活动组织实施分为大学参访、企业参观、城市探索和主题课程四大板块。大学参观、学长交流、宣讲体验等活动，帮助学生在感官体验基础上形成双向沟

通交流,加深对大学尤其是专业的认知与体验;企业参观环节,人力资源部门的全面介绍让学生了解行业用人规则,内部精英员工的分享帮助学生形成可观可感的职业印象;城市探索为学生提供了解与探索城市的思考框架,通过"定向越野＋小组任务"的方式帮助学生在短时间内形成认识,通过分享与展示环节,拓展并加深对城市人文、历史与环境的了解;贯穿始终的素质拓展主题课程设置聆听、观察、思考、讨论与分享的练习环节,锻炼学生在时间管理、沟通交流、团队协作、自我反思等方面的能力,帮助学生掌握并提升相应的技能。

活动亮点:

亮点一:课程任务层出不穷,分组协作挑战自我

社交,是衡量青少年是否能在社会生存和立足,是否能成为一名合格的 21 世纪人才的重要标准。通过精心的设计,让学生思考如下问题:平时只会在网络上社交吗? 了解面对面的社交技巧吗? 将来踏上社会能够生存吗? 等等。通过活动,提升学生的生存能力,摆脱社交恐惧,稳稳立足社会做一名强者。

亮点二:解锁双城研学证书

每个学员将获得一份属于自己的任务积分卡,在每天的系列任务中,生涯指导师会观察每位学员的表现,为学员打分,研学完成后积分达标的学员便可获得"深港双城研学证书"。学校还评选出以小组为单位的"最佳完成度奖""最佳团队协作奖",针对个人能力指标评选出"最佳社交能力奖""最佳领导力奖""社交小能手""最佳团队意识奖",以及"最佳表现个人"等奖项。

另外,学校还根据学员行程中的表现、完成任务的进度、获得勋章的数量,为每一位学员制作分析总结报告,帮助学员更直观地了解自己的闪光点,并制定下一阶段的社会实践方向和课程。

亮点三:生涯规划初体验

作为一个全面创新的研学项目,学校引入了一个全新的概念——生涯初体验。有了生涯理念的认知,学生带回家的不仅是一次有趣的异地生活体验,还有对自己未来高中生活和职业发展的合理规划和有效的学习方法。贯穿在课程中的生涯规划教育初体验,通过不同的主题让学生对生涯理念的认知逐步递增。

结语

总之，学校的德育绝不能成为"语言的巨人，行动的矮子"，必须知行统一，把学生通过学校教育、家庭教育、社会教育认知获得的理性认识，通过一定的"体验"活动，与具体的生活经验较好地结合起来，并在此基础上实现认识的内化和升华，最后再转化为自觉的实践。高中阶段，是青春少年成长的关键时期，作为德育工作者应该责无旁贷地履行自己的使命，真诚地对待学生，真正成为他们的引路人。时间证明，只有将德育落实到学生的行为上，德育才会有实实在在的收效。

专家点评

如何通过道德践行，实现知行统一？交大附中嘉定分校聚焦德育的内核——"体验"这个主题词，进行了创新性的探索与实践，形成了具有校本个性和富有成效的鲜活经验，交出了一份既有学术性又有行动性的答卷。

一、坚持与时俱进，注重观念转变

在经济全球化、知识信息化的"互联网＋"背景下，创新驱动、转型发展成了时代发展的必然要求和鲜明主题。同时，也为学校德育带来了前所未有的机遇和挑战。党的十八大报告明确提出把立德树人作为教育的根本任务，揭示了教育的本质属性，明确了教育的根本使命，也使学校德育工作的重要性上升到了前所未有的高度。然而在社会转型的过程中，多元价值汇合并存，主流价值体系亟待重塑，社会主义核心价值观的培育与践行任重道远；网络信息环境下，育人的内容、方法和途径都需要变革与创新；在核心素养的培育中，学校德育需要作出怎样的回应和对策，这些都是新形势提出的新问题、新挑战和新任务。交大附中嘉定分校坚持与时俱进，注重观念转变，遵循学生德性发展的规律和学校德育工作的规律，聚焦"体验"这个德育内核，积极开展丰富多彩的德育践行活动，提高知行结合的力度和效度，增强学校德育的生动性和吸引力、震撼力和影响度以及认同感和获得感，从理论和实践的结合上很好地回应了这个高难度的时代命题。

二、坚持顶层设计，注重整体架构

学校德育是一个系统工程，如何增强这个系统工程的运作实效？顶层设计、整体设计不失为一种管理工具和方法，更是一种管理的理念。交大附中嘉定分校坚持顶层设计、整体架构的思想和方法，围绕学校的办学思路、办学理念、发展战略、管理体制改革、科学发展的长效机制等事关发展方向性、战略性的重大问题进行设计和实施；并在明确学校的发展思路和发展战略，在创新办学理念、理清办学思路、找准办学定位、提高教育质量上对学校德育工作做文章，找准学校德育发展的关键点，突破学校德育发展的制约点，促进学校德育又好又快发展。更值得一提的是，学校基于整体性原则、过程性原则、需求性原则、整合性原则和实践性原则，遵循纵向衔接、横向贯通、分层递进、螺旋上升的策略，构建了目标与内容、方法与途径、管理与评价等系统，形成了一个整体架构，克服了学校德育常见的碎片化和突击性的倾向；并且在如何处理预设与生成、顶层与基层、整体与局部等关系方面为我们提供了可复制、可借鉴的鲜活经验。

学校德育顶层设计和整体架构是一种基于学校德育可持续性发展的系统思考而做的一种高端设计，这种设计一旦完成，就会有一个相对稳定、相对持久的德育模式，学校将按照预先设计的这种学校德育程序或模式开展实施。但是,学校德育顶层设计不是一成不变的,它有许多可变性,这种可变性表征着学校德育顶层设计的生成性。比如:德育环境的复杂性、时代发展的变迁性、德育事件的突发性等等。因此,建议学校在进行德育顶层设计与整体架构时,要特别关注它的生成性问题,并提供制度性的保障机制。可见,如何通过顶层设计和整体架构来保证道德践行,实现知行统一,还是有很大空间需要我们不断地研究实践。好在我们已经有了一个良好的开端。因此,我们没有理由不相信:我们会做得更好!

上海市中小学德育研究协会副会长　陈镇虎

关注个性发展，丰富育人内涵

上海市浦东复旦附中分校德育顶层设计　文/许　波

◯ 学校简介

上海市浦东复旦附中分校创建于 2012 年,是由浦东新区教育局委托复旦大学附属中学(简称"复旦附中")承办的一所实验性示范性高中。学校为独立法人建制,按上海市实验性示范高中办学层次进行管理,由复旦附中校长兼任分校校长。

学校含有"复旦"和"复旦附中"两个元素,这是学校文化的根之所在,复旦大学"博学而笃志,切问而近思"的校训也是我校治学的精神所在。复旦附中是上海的名校,以培养综合素质全面的学生著称,被称为最像大学的中学。学校希望在已有的成功经验基础上,不是单纯复制,而是积极探索个性化培养的现代高中教育改革,为培养理想信念坚定、综合素质全面、能引领社会发展的时代菁英而努力。

学校已先后获得"上海市安全文明校园""上海市心理健康教育达标校""上海市浦东新区科技教育特色学校"等荣誉称号。

▢ 理性思考篇

全员走班制下学生培养工作的探索

一、全员走班制的由来

(一)背景

2014 年 9 月,《国务院关于深化考试招生制度改革的实施意见》公布,结合上海实际,上海市人民政府公布了《上海市深化高等学校考试招生综合改革实施方案》(以下简称《实施方案》)。改革"本市现行高等学校考试招生制度在评价标准、选拔方式等方面存在的不足",改变"唯分数论、一考定终身、学生选择性不够和过度偏科等问题"，是《实施方案》的总体要求之一。高中学生在完成基础型课程学习的基础上，可根据自身特长和兴趣，选择学习其中三门科目并参加相应的等级性考试。《实施方案》提到，"逐步探索普通高中学业水平考试向不同年级学生开放、提供两次以上考试机会的可行性"。照此方案，未来学生选择三门等级考试学科的组合形式会有二十种之多。

新的高考制度，对于普通高中来说是一份挑战：需要思考如何去突破传统高中的教育模式，如何安排课程以满足学生的多元化需求和个性化选择；需要摸索利用怎样的教学方法能够关注学生的不同差异，怎样的教育理念可以提供多种培养可能。

（二）理论依据

高中阶段是学生认知学习、能力发展和人生观、价值观形成的重要时期。从生理发育角度看，它是青春期发育的最后阶段，人体内的组织与器官的机能逐步达到成熟水平，是走向成年的过渡期。从心理学角度看，随着生理发育的成熟，学生的自我主体意识不断增强，同步进入心理断乳期，即摆脱他人控制，树立自我形象的愿望逐步增强。

进一步从认知心理学角度看，这个时期仍然是人类记忆力的高峰阶段，高中生有比初中阶段更富逻辑的想象力，高中生的记忆更多向有意义记忆发展，他们的抽象思维能力、逻辑推理能力、创造力都强于初中阶段。从学科学习结构角度看，高中是所有基础学科综合学习的全盛时期。高中生的这些发展特点，既对机械、规定性强、全体同步的传统班级授课制提出了挑战，又为创新教学组织形成奠定了身心发展的基础，走班制教学应运而生。

全员走班制是指包括所有高中阶段基础学科在内的走班教学。这是一种打破传统的固定班级授课形式，按课程内容类型、层次重新编班，学生根据自己的兴趣、发展方向及现有的学习水平自主选择适合自己的课程，进入相应的教学班，完成学习任务的一种教学组织形式。其核心思想是基于学生的多样化的差异，以及对"因材施教"教育理念的持续追求。

（三）走班制的特点

学校从建立之初，就定位于传承和发扬复旦文化，在制度层面和培养环节全面实施现代高中教育，探索高中顶尖创新人才培养、初高中教育衔接等教育教学改革之路。自 2013 年迁入现校址后,在校舍、师资和生源质量都有一定保障的前提下,开始实行完全全员全科分层走班制。

在高一新生第一次期中考试之后,学校结合个人选科意愿和学科能力的不同,进行全员分层走班。学生每节课下课后,总在更换教室,更换新的学习伙伴。这促使学生拥有很大的自主权,有了真正"一人一课表"的课程,这为每一位学生的个性选择提供了余地,也为每一个学生的个性发展创造了空间。在经过一段时间的走班学习后,学生可以根据自己实际的学习情况,自主选择升到高层次的教学班或者降到低层次的教学班继续学习,这样能充分调动学生积极进取的主动性和紧迫感。

在"全员走班制"下,学校传统行政班、班主任依然保留,但功能被弱化,仅在升旗仪式、早操和参与专家讲座等活动中出现,利于会场纪律的管理。

二、全员走班制对学校德育工作带来的挑战

(一)传统班级管理机制无法继续

在以固定的行政班为单位、以班主任为核心领导的管理模式下,班级建设、学生集体主义和思想品德教育可以利用班会课、午会课以及课外活动等时间来强化并不断完善。

但是在"全员走班制"的形式下,学生在校时间几乎都分散在教学班中,班主任也很难把学生集中起来,其原有的日常管理、监督、心理关注等职责如何开展,由谁来开展,这些问题亟待解决。

(二)学生在走班制下容易暴露的问题

面对百余门高中课程的选择,很多学生没有方向;面对每节课学习伙伴的更换,学生缺少归属;面对逃脱老师视线的自由,学生不会管理和安排学习生活,不按时交作业,不主动找老师答疑,不及时订正错误,借更换教室上课的便利躲避老师,这些问题也暴露在"全员走班制"模式下。

因此,如何调动学生对自己未来发展的设想,开启自主学习模式;如何督促学生遵循学校管理制度,强化自主管理,这都需要切实可行的办法。

(三)学生评价方式更为复杂

教育评价是教育教学转变的核心要素,只有评价方式变了,教学方式与教

学内容才能够彻底变革。

实施"全员走班制"教学后，同一教师不再隶属于某一个或两个固定行政班，部分教师往往要兼任与承担不同层次、不同类别教学班的教学任务以及管理任务，同一教学团队的教师未必平行地教授同一层次、同一类别的课程。

不仅如此，同一教学班的学生存在的个体差异，如其他课程选择的差异以及在其他学科的表现上的差异等。

面对如此复杂的现状，在教学方面，学生已不能简单地用学科考试分数来评定。而在学生综合素质方面，又要采取何种方式来评价呢？这需要我们不断摸索并有所创新。

三、"全员走班制"下学校德育工作的探索

（一）创设全员育人的格局

全员走班制下，行政班、班主任的功能被削弱，每位任课教师的教育和管理的责任大大增加，每一位教师都走到教育的前台，他们不仅要负责自己学科的教学和学生的学习，还要关注学生的心理、情绪和人际交往。

教师通过检测诊断，寻找问题，来指导学生学习方法；通过描绘愿景、确定目标，来激发学生的内动力；通过约谈辅导，深入心灵，来关注学生的成长等等。

经过实践探索，学校逐步形成了以"导师制"为主体的全员育人格局。

（二）搭建走班制下的校园文化

在全员走班的校园中，学生学习与生活仅靠教师的指导与督促是远远不够的。在教师"视力范围"以外，学生要能够自主学习、自主管理。所以，学校努力营造出学生"自主管理"的校园文化，来调动学生自主管理的积极性；同时利用课程与活动引导学生积极参与，提高自主管理的主动性。

学生会、学生课题组与学生社团都作为载体，由学生自主管理，组织开展纪律检查工作、课外兴趣活动、社会实践、志愿者服务等。

在学生进行自主管理的过程中，教师全程参与，但只起到辅助的作用。学生才是管理的主角，主导管理的全过程。通过自主管理的各项活动，学生逐渐增强自主管理的意识和能力，为全面成长打下坚实的基础。

（三）营造促进个性发展的校园氛围

从全员走班制的长期发展考虑，学生以个体为单位的活动会大量增加，校园生活的个性化问题也会越来越多。因此学校设立专门的学生服务机构——学生事务中心，用以保障学生在校期间的各类权益和公共事务咨询、办理。学校还尝试建立关于学生学业发展和个性成长之外"一站式"学生服务的模式，致力于每一位学生的发展，让每一位学生成为他自己。

（四）探索多元的评价方案

全员走班制因受时、地、人（教者和学者）的局限性，很难形成一套全面客观的评价机制，这一点学校还要在以后的实践中不断探索。

但在面对新情况时，我们要从转变评价观念入手，变单一性评价为多元化评价，变结果性评价为发展性评价，细化学校评价体系，让评价真正成为激励全员分层走班健康发展的重要手段。

目前，学校对学生构建的评价机制主要包括：一是制定学生"黄绿牌制度"，评价学生日常行为；二是制定《学分绩点评价办法》，评价学生学习内容；三是建立个人生涯成长档案，注重过程性评价；四是规范评价环节，实现多元化评价。

◆ 德育工作篇

一、德育工作目标与内容

（一）德育工作目标

在校训"博学而笃志，切问而近思"的指引下，学校希望培养学生成为知识结构全面、身体心理健康、举止行为规范、理想信念坚定、道德品质高尚，且极具社会责任感的时代菁英。

（二）分年级目标

1. 高一年级：适应高中生活，规范行为习惯，强化自主管理。

2. 高二年级：生涯实践探索，学业自主规划，人格修养提升。

3. 高三年级：厘清发展方向，提高自我效能，内化社会责任。

（三）德育工作内容

1. 在全员走班的校园中，学校构建自主管理、主动学习的良好氛围，并通过各项活动的组织与开展培养学生的集体归属感，促使学生尽快适应新的环境。学生在校级、年级的集体生活中逐步认识自己、完善自己；在课堂上与生活中了解目前的学科学习和未来生涯发展的关联与影响，激发学习兴趣，规范自己的行为习惯。

2. 在学校和家庭的支持与帮助下，学生能够利用各类教育教学活动探索自我和工作世界，能够认识大学专业和职业岗位要求，进而能够做好个人学业规划。学校利用各类活动培养学生的乐观感，使学生面对学习、生活、活动中的困难与挫折时，勇于面对、积极上进；提升学生的人格修养，树立正确的人生观、价值观、世界观。

3. 在导师和家长的辅助下，学生能够追求个性发展，初步厘清未来升学方向与职业发展目标；能够在学习、实践中锻炼个人能力，提升自我效能感，并承担社会赋予自己的责任。

二、德育工作实施方法与途径

（一）德育工作实施主体是全体教师

多层次课程的设置，给学生提供了丰富的自主选择机会，在学生管理上对学校提出了挑战：全员走班上课，学生将"学无定所"，每节课都需要更换教室，更换学伴，因此必须加强教学班的管理工作。

这使得教师在自己任教的课程班中，既负责课堂教学，也负责班级管理，如规定收发作业的方式、打扫教室的时间、学科教室的布置、教室座位的编排等。由于每个课程班级的学生不像行政班级，有统一的班主任管理，所以任课教师也必然承担与学生家庭的沟通工作和学生的个别指导工作。

教学方式的变化要求教师提升自身素养，加强对学生个体的全面了解和个性指导。在这样的现实状况下，学校决定建立"导师制"。

1. 导师制的特点

为解决学生管理问题，使每一位学生在思想上要求进步，学习上努力上进，行为上遵守纪律，生活上健康快乐，学校建立导师制度。导师与传统行政班级的班主任相比,管理的人数少,一般一个导师负责 10—15 个学生。导师在思想上引导学生,在学习上帮助学生,在行为上规范学生,在生活上关心学生。

导师每周与学生相聚在一起开展形式多样的导师课,以取代传统意义上的"班会课"。导师课贯穿三年高中生活,每月根据德育工作分年级目标设立主题。导师课之外,还有"一对一"的约谈时间,使导师可以关注到每一位学生个性化的成长与发展。

当学生遇到如何选择适合自己的课程这一问题时,导师会与学生一起客观分析个人的学业情况,选择真正适合学生的课程。学生在学习、生活上如果遇到困难,情绪低落、心态急躁,导师就及时指导学生调整心态,帮助学生面对挫折与压力。

2. 重视教师育德意识与能力的成长

学校以形成一支充满活力和创新精神的职业化、专业化教师团队为目标,希望以教师的成功范例来引导学生的全面发展,这是能够顺利实施导师制的基础。对此,学校要求教师加深对导师制的认识,全员参与到学校文化的构建中。

在此理念下,学校不断加强师德师风建设,引导全体教师牢固树立高尚的师德标准,做一个有教育理想和教育自信的教育者;同时建立完备的教师个人发展规划,提高教师教书育人和行政管理能力,使每位教师在专业教学之余,都能承担学生个别指导工作和学校行政管理工作;此外,学校积极支持教师参与校外研修、培训,并以导师培育、教师论坛、青年教师培养机制、教师心理健康工作坊等活动为载体,定期开展校内培训,提高教师重视多元培育学生的意识,促进教师个体素质的发展,提高教师教育教学能力。

3. 导师的选择与评价

在学生选择导师上,学校已形成一套完整流程,包括前期宣传、师生接触、学生选择、导师调剂、最终结对。原则上导师与学生结对一学年后可以重新选择一次,但通常情况下导师组保持三年的延续性。

为保障导师制的顺利开展,学校每年以年级组为单位成立工作小组,管理、监督并评价导师工作。

4. 导师制的意义

导师制的精髓在于通过师生和谐融洽的相处模式,唤醒学生内在求知欲,帮助学生身心健康成长。导师的主要任务不在于管，而在于导。这一制度作为学校教育教学组织模式下的重要组成部分，完善化构建与科学化实施有着重要的现实意义。

导师制的实施是为了提升教职工育人的责任意识，真正通过引导和指导学生来体现教师的作用和价值；通过人人参与，实现合力育人，做到在育人方面没有旁观者；希望通过这一做法，使师生关系更加密切，促进师生相互了解，彼此信任，实现师生共同成长。

从学生个性发展的角度来说，导师可以帮助学生认识自我、接纳自我，使学生明白即使每个人的早期经验不一样，但是仍然可以有自己的生活，可以构建自己的同辈群体，通过恰当的社会交往来发展自己的社交圈，并且发掘自己的社会资源。同时每位学生根据个人特长发挥潜能，积极主动地学习和生活，并树立远大理想抱负与社会责任感，从而成为全面发展、个性发展、可持续发展的新一代高中生。

（二）德育工作实施路径的多样化

全员走班制实施后，由于传统行政班功能被削弱，过去由班级统一实施的一些德育内容就要通过其他的德育路径来承担。这些路径主要包括教学班、学生会、学生课题组与社团等。

1. 教学班德育渗透

与传统行政班不同，由学生选择的课程形成的教学班，成为学校的基本单位。同一年级的不同学生，甚至不同年级的学生因选择同一门课程而走进相同的教室，成为一个教学班内的同学。

因为学生是自主选择进入了这个教学班，他们对这个学科或这位教师往往有先入的情感，所以更容易进行沟通。同理，同一教学班的学生之间也更容易产生共鸣，因为他们在兴趣、能力、价值观上有一定的相似性，更容易形成集体潜意识，所以学科教师可以通过教室环境布置、教学座位排列、教学集体性活动、小范围辅导等方式来进行教育。

与传统的学科教学德育渗透相比较而言，教学班德育渗透的形式更多样，内容更丰富。如果出现学生完成作业情况不好、测验成绩不理想、上课状态不佳等情况，都由学科教师直接管理，这也间接地促进了"人人都是德育工作者"

的学校氛围。

2. 学生会职能强化

全员走班上课，让学生们感觉既属于任何一个"班级"，又不属于任何一个"班级"。随着行政班和班主任功能的弱化，班级干部的职能也有所削弱，这使得学生初中时那股建设班级的力气，现在不知道往哪里用。

这时最好的办法就是给予那些有领导才能，或是愿意服务他人的学生一个去处，因此学校强化了学生会的职能，包括学生干部培养、学生活动组织、学生纪律管理、学校志愿服务、师生沟通桥梁等，使得学生会不再是少数优秀学生的专利。

比如学校的升旗仪式、自习课纪律，乃至于新年联欢和运动会等大型活动的设计和实施，都由学生会负责；那些与其切身利益有关的事项，尤其是事关学生的规章制度、学习生活中的切身利益，也必须先经过相关学生组织审议。

职能被强化的学生会，可以让更多的学生有机会参与到学校、年级、同学的管理中来，这样一方面可以增强学生的责任意识与纪律意识，实现自我教育、自我管理与自我服务；另一方面，同辈人员之间的相互沟通、交流、约束，较易形成民主、和谐的人际关系与积极的校园氛围。

3. 学生课题组与社团

为了解决走班之后集体归属感减弱的问题，学校建立了学生课题组，即日常开展学习活动的小型组织。学生课题组成员不要求同属某一教学班，也不要求共同选择某个课程，可根据学校布置的研究性课题、调查访问、实践项目等，依照自身兴趣与特长来自主建立，并由专任教师指导。

课题组建立之后，内部选举队长、确定队名，在自主研修或课外时段统一行动。课题组之间各类竞赛活动则由学校整体来设计和组织，通过各种竞赛活动使团队内部成员之间、团队与团队之间形成合作与竞争的密切关系。

除了课题组，学校还鼓励学生创立或参加社团活动，并指导学生制定社团章程，指导活动的过程管理等，用这些方法加强学生的团队意识，培养他们的集体归属感，展现他们的领导能力和自主管理能力。

通过课题组和社团，学校引导学生关注自身的兴趣和行为，关注自己内在的成长与发展，促进其形成较为独立的自我认识和个性。

（三）德育工作实施载体是校本课程

全员走班制下，学校围绕"关注个性发展，丰富育人内涵"建立德育课程，将社会实践、创新素养、职业体验、国内外交流等教育实践活动纳入学生核心素养培育的校本课程体系中。

1. 主题教育

主题教育是根据时代、社会发展的宏观背景、学生的身心发展的实际需求，依照学校的办学理念和目标开展的富有时代特征和生活气息的教育活动。

从新生入学开始，学校开展夏令营以及入学教育等活动，包含有初高中衔接课程、团队建设活动、军事训练、行为规范教育等，旨在使新生学习学校的规章制度，学习如何进行自主管理，使学生能够尽快从初中生的角色转变为高中生，适应高中的学习节奏与生活，形成良好的校园氛围。

开学后，由学生会每周确定主题，进行国旗下讲话，内容或贴近社会现实，如"学雷锋日""五四青年节""一二九纪念"以及近期社会热点新闻等，引起同学们的反思；或讲述校园里的事件，如行为规范评优、校园活动总结等，引发同学们的关注。

2. 社会实践

德育要追求的是使学生获得真情实感，这样的教育才有价值。因此，社会实践也是学校德育工作的重要载体。

学校组织的社会实践分为常规实践和特色实践。常规实践是上海市教委相关文件规定的实践项目，学校按照制定好的方案实施，确保军训、志愿者服务、十八岁成人仪式等活动扎实开展。特色实践是由学校依据办学理念和办学特色，挖掘社会资源的教育价值，主动联系校外教育单位，策划设计的社会实践活动，其中包括职业岗位体验、大学专业探索等市内活动，也有前往绍兴、南京、曲阜、泰山、西沱、武夷山、临沂等外地进行研学旅行活动。

学生在实践中接触社会、了解社会，并提升了人际交往、活动组织、自主管理等能力，丰富了实践、感悟、反思的情感体验，为终身发展打下基础。

3. 心理健康教育

心理健康教育在学校德育工作中扮演着极为重要的角色。学校开设心理健康教育课程，并经常开展心理辅导活动，为学生个人和团体提供咨询、辅导服务,疏解学生心理障碍,引导学生做好心理调节。学校还将心理健康教育融入到教育教学之中,营造良好的心理健康环境,培养学生健康的人格。

4. 自主研修课

在全员走班模式下,尽管课程按照难度区分了层次,但依然有学生认为自己的水平已经超过了学校课程的最高难度。于是,学校在各科设立了新的模块:自主研修。

那些学业成绩好、自学能力强的学生,可以在通过专门测试达到一定标准后,选择自主研修课。这些学生要自觉制定个人的自修方案,包括对自己本学科基础情况的分析,下一步自主研修的重点、难点、预期目标、阶段计划等等,选择本学科教师以及个人导师。

教师不必再像过去那样,要给学生提供大量固定的学习资源,而是可以与学生共同分享网上的信息,搭建交流的平台,引导学生学会搜集、筛选、运用资源。但教师需要进行过程性诊断和监控,以及学期末考察,允许学生根据自己的实际情况,随时修正学习计划,也欢迎学生放弃自主研修。

学校认为只有这样真正做到自主选择,才能够释放学生的潜能,促进其个性发展。

(四) 家校联动是德育工作实施的保障

学校教育离不开家长的支持与理解,所以学校定期开展家长会、家长讲座、家长工作坊等活动,加大家长参与学校教育的广度和深度。此外,学校建立家长委员会,设立家委会沟通与商议机制,听取家委会成员的合理化建议;并从家委会中招募志愿者,激发家长参与教育的热情,帮助宣传学校办学理念,协助学校培养学生。

学校定期开展主题为"家长校园开放日"活动,邀请家长走进校园,关注教育,聚焦课堂,家校联动,合力形成育人氛围,共同引领学生更好地发展。

三、德育工作的评价体系

为了建立与全员走班制相适应的学生综合素质评价体系,学校目前在学生评价方面采用两种评价方式并行,一种是学业评价,使用客观数据记录办法,通过等级划分和学分绩点的方式进行;另一种是综合素质表现,使用文字实录和描述办法，给予过程性、写实性进行。

学校德育工作方面，主要侧重于评价学生综合素质。该评价主要由三部分组成，一是全部纳入学校课程体系的活动内容，例如学校专项培养计划、研学活动、学术论坛、社团课程、志愿者活动、职业体验等，以文字描述学生的参与情况和在活动中发挥的作用为主；二是记录学生一学期取得过的校内外各类成就，例如担任社会职务情况，获得的荣誉和奖励等；三是教师的综合评估，包括班主任和导师评语，根据学生在读期间的各种具体表现予以评价，并提出进一步自我提升的建议。

此外，学校为学生高中阶段的个性成长、心理健康、学业选择、升学方向提供配套辅导和评估。导师会指导学生制定《我的个人发展规划》，学生每学期开始时都需要按照规定填写长期与短期目标，组织与实施计划等；并协助学生建立生涯档案，将学生学习情况的变化过程记录在案，同时学生在校期间参与的拓展课、研究课以及参与各项社团、主题教育、社会实践等方面情况也做好相应记录，从而全面了解每一个学生学习及活动参与情况。利用这些写实性、过程性评价记录，导师在指导学生时可以有的放矢，给予有效的帮助或建议。

▲ 特色德育篇

利用生涯指导课程，促进学生个性发展

美国生涯指导专家、生涯发展理论的先驱金斯伯格认为，高中阶段是生涯发展尝试与价值形成时期，在这一阶段，个体开始认识到职业的社会价值，并试图将兴趣与能力统一到价值体系之中，因此高中阶段是生涯发展最重要的阶段。

而在我国《国家中长期教育改革与发展规划纲要（2010—2020）》中提到"要建立学生发展指导制度，尤其加强对学生理想、心理、学业等多方面的指导"，这也强调了对高中生进行生涯指导的重要性。

对正处于人格与能力不断发展的高中生而言，接受生涯指导，有利于提高学生的生涯发展意识，储备相应的生涯发展能力，为促进学生个性发展打下坚实基础。

生涯指导并非仅仅定位于选择和确定一份职业，而是个体终身学习的发展历程。高中生需要通过对自我的认识，思考自己的理想是什么，处理实现自己理想过程中遇到的问题，主动探索自己感兴趣的学习领域，为自己的发展承担必要的责任。

对此，学校精心设计"生涯指导"的相关课程与活动，旨在使教师更加贴近学生，能够从思想、学业、生活、心理等方面引导学生自主管理、个性发展、健康成长。它紧密围绕"生涯指导"，探索新形势下全员育人、全程育人、全方位育人的新途径、新方法。

一、理论背景

关于"生涯"的概念，目前学术界大都接受了舒伯在 1976 年下的定义："生涯是指生活中各种事件的演进方向和历程，它统和了人一生中的各种职业和角色，由此表现出个人独特的自我发展组型。它也指人生从青春期至退休所有有酬或无酬职位的综合。除了职业之外还包括任何与工作有关的角色，如学生、退休者甚至包含了家庭和公民的角色。"

生涯指导课程是指学校为了培养和发展学生的生涯规划能力，通过有计划、系统全面地安排和组织生涯发展相关的内容和活动方式，帮助学生进行生涯探索、规划、管理和决策。生涯指导课程的教学计划是长期的，贯穿于各个学年阶段，课程依据学生年龄和年级水平制定目标，并使得各个阶段的课程目标之间有一定的顺序，保持持续性。

二、实施生涯指导课程的根本动因

（一）顺应中学生身心发展和生涯发展阶段的内在需要

11 至 17 岁这个阶段正是中学生进行生涯探索的关键时期，在这个阶段为他们开设生涯指导课程，进行生涯教育，协助他们进行生涯探索，提高他们的生涯规划能力，对于他们今后选择正确的职业、建立良好的生活型态具有重要的意义。

（二）促进中学生生涯的抉择和自我价值的实现

高中阶段开设生涯指导课程可以帮助那些继续升学的学生，在更好地认识自我的基础上，厘清生涯发展道路上的困惑，科学理智地选择适合自己的志愿和专业，提高未来在大学里学习的动机和兴趣，使自己的个性潜能得到最大的开发。

三、生涯指导课程的目标与内容

（一）生涯指导课程的目标

高中生涯指导课程要为学生建立高度自主的生涯发展信念，对未来有积极的关注、好奇、自信和控制感；使学生形成对特定学习任务的效能感、意义感和兴趣，从而能够形成对自己未来的期待和个性化追求。

（二）生涯指导课程分年级目标

1. 高一年级：学生侧重于发展自我概念，认识自我；培养自主管理、主动学习的能力；适应高中生活。

2. 高二年级：学生侧重于自主规划学业；认识大学专业，认识职业要求；适应新高考政策下的学习要求。

3. 高三年级：学生侧重于培养生涯决策能力，厘清个性化发展方向；树立责任意识，适应社会与自身协调发展的要求。

（三）生涯指导课程的内容

加强对学生学习方法与过程的指导，使学生了解目前的学科学习和未来生涯发展的关联与影响，激发学习兴趣。

精心设计丰富的大学专业和职业认知活动、多元的课外实践与社会体验，帮助学生系统地探索自我和工作世界，初步确定个人未来发展目标的选择。

四、生涯指导课程的组织与实施

（一）生涯指导课程实施的主体是导师

学校实行的是导师制，导师与学生关系密切，在校园中言传身教，指导学生的学习、生活。为能够有效实施学校生涯指导课程，学校设计了专门的生涯指导培训项目,包括教师个人成长、生涯理论培训、生涯指导技能培训等,还编写了生涯发展课程的教材并录制微课、公开课。

通过培训,导师可以在自身生涯发展与职业规划上面有所成长,并具备对学生进行生涯指导的意识,会利用课程与活动培养学生生涯规划的能力。

(二) 生涯指导课程实施的主要途径

1. 设置生涯教育课

生涯教育课是在高中开展生涯指导最基本的途径。学校生涯教育课包含三个部分,专业生涯教育课、导师课、专家讲座。

专业生涯教育课,是由专业生涯教育教师通过正规的教学,向学生全面、系统地传授生涯发展知识和技能,从而对学生进行系统的生涯指导活动。

导师课,是以每周导师课为载体,导师针对组内学生个性化发展进行指导,帮助学生认识自己,科学、合理地定位自己。

专家讲座,是学校聘请专家学者为学生开展生涯发展指导相关讲座,包含升学政策解读、大学专业解读、职业岗位解读等,对学生普遍存在的问题进行指导。

2. 生涯指导与学科教学相融合

学校通过采用各学科教学渗透的方式在学校更大范围内实施并开展生涯指导。

在课堂教学中,教师自身的生涯意识和能力会对学生产生潜移默化的影响,使学生在不知不觉中形成相关生涯发展的意识与能力;学科教材中包含着丰富的生涯指导的相关素材,学生在学习相关学科知识的同时,也会获得很多与生涯规划有关的知识或能力。

此外,学科教室的专业作用得以发挥。例如物理教室里摆放了机械动力实验仪器,化学教室中放置了分子结构模型,政治教室有了定期更换的时政新闻,语文教室多了书架、书摘和习作展示等。这样的专业教室比传统班级教室更强调学科的专业特征,符合高中生的认知需求,为学生了解大学专业领域和选择未来的学业发展方向提供了潜移默化的影响。

3. 组织生涯实践活动

生涯实践活动注重体验性、开放性、自主性,主要包括社会志愿者服务、企业参观访问、职业岗位体验、大学专业探索等。这些活动可以使学生更科学地认识自我、认识职业、认识社会，同时发展学生的创新能力、实践能力以及综合运用知识的能力；还可以加强学生与生活、学校与社会的联系，从而使学生合理地进行自我审视和自我定位，为自己未来的人生打下坚实的基础。

4. 合理利用学校课外活动

课外活动也是向学生进行生涯指导的重要途径，它生动活泼，且不受课程计划的限制，可以让学生根据自己的兴趣、爱好自愿选择参加。

学生通过自主开展丰富多彩的课外活动，制定并遵守一定的计划与纪律，使得自身管理与组织能力得到了提升；同时了解并发展了自己的兴趣，从而认知未来发展的方向。

5. 建立学生生涯档案

建立学生生涯档案，是为了对学生进行客观评估、跟踪与反馈，是过程性关注与评价记录，有助于导师对学生进行针对性辅导。

6. 提供专业性生涯咨询和辅导

学生因其自身发展的独特性，不同学生所承受的压力、困惑不同，所以还需要重视个别咨询与辅导，尤其是对困难学生（学习困难、家庭贫困、单亲家庭、行为偏差、心理偏差）的辅导。

生涯咨询与辅导具有较强的专业性，包括促进学生自我和职业自觉，生涯探索互动，生涯规划技巧的学习，压力和情绪管理，处理生涯犹豫的问题，处理学习、生活适应的问题等。这些由学校专业的生涯教师来进行个体辅导或团队辅导。

（三）生涯指导课程的联动力量

1. 与家长联合

在生涯指导课程中，生涯决策和职业体验这两项内容需要家长有较为深层的参与，同时也有助于和家长达成共识、获取家长的支持。

家长对于子女的生涯发展，尤其是选科、升学、就业等问题十分关心，并会影响到学生的生涯决策。故学校为家长提供必要的教育与指导，帮助家长避免一些主观臆断、追逐潮流，使家长避免在不了解的情况下给予学生错误的指导。

同时，学校利用家长会向家长汇报生涯指导课程开展的情况，激发家长对学校生涯教育的参与性,提升家长协助学校开展职业体验等生涯指导工作的可能。

2. 与大学合作

学校利用复旦大学的优质资源,一方面帮助教师进行生涯教育理论素养的培训,另一方面让学生走进大学,了解大学生活、认识大学专业。

3. 社会支持

高中生涯指导课程的实施除了教师、学生、家长的参与,还离不开社会支持系统的帮助。学校与周边政府机关、企事业单位、居民社区等建立联系,利用校外资源帮助学生把学校所学与工作场所中习得的实际经验结合起来,达到一定的生涯指导目的。

苏联著名教育家苏霍姆林斯基在谈及学生的全面发展问题时,总是强调要尽力发掘每个学生的天赋才能。他指出:"最主要的是,要在每个学生身上发现他最强的一面,找出他作为个人发展根源的'机灵点',做到使孩子在他能够最充分地显示和发挥他天赋素质的事情上达到他年龄可能达到的卓著成绩。"高中生正处于其个性与能力发展变化的关键阶段,生涯指导课程为他们提供正确的视角和途径,引导他们认识自己,彰显自己的个性,追求进步与成长。

专家点评

上海市浦东复旦附中分校虽是一所新建的实验性示范性高中,却受着复旦文化的深刻影响,在办学理念、教育思想、校园文化上既有复旦附中的烙印,又有创新发展的轨迹,面对高考新政,学校实行了全员走班制,满足了学生的多元化需求和个性化选择,但这种改革无疑对传统德育是一种极大的考验。

学校较为全面、客观地分析了全员走班制对学校德育工作带来的挑战，加强了应对挑战的德育实践与探索，总结提炼了值得借鉴和推广的经验，为学校德育水平的进一步提升指明了方向。

变挑战为机遇，提升教师育德能力。当传统班级管理机制无法继续，以班主任为核心领导的管理模式和固有的把集体建设教育形态难以呈现、专门的思想道德教育时空难以保证时，学校不是坐等抱怨，而是借此契机，创设以"导师制"为主体的全员育人教育格局，将人人都是德育工作者的理念落实到操作层面，将教书育人的责任在每位教师身上明确到位，从而使学校德育工作上了一个新台阶。

变教师监管为自我发展，促进学生健康成长。当班级这种有班主任监管的组织形式不复存在、班干部职能弱化时，学生的归属感得不到满足，自我约束力也有所下降，学校没有放任不管，而是充分发挥了学生会、学生课题组、学生事务中心、学生社团等作用，通过主题活动、社会实践、心理辅导、自主研修等形式，努力营造自我教育、自主管理、自我发展的校园文化，让规范成为全校师生的文化自觉。

变冷硬考核为暖意评价，关注学生全面成长。全员走班制的教学多层次性带来了教育评价的复杂性，学校转变评价观念，变单一性评价为多元化评价，变结果性评价为发展性评价，通过学生"黄绿牌制度"、《学分绩点评价办法》、建立"个人生涯成长档案"等评价方式，从学业成绩、行为规范、综合素养等多方面形成关怀式、鼓励性评价，以促进学生的全面发展。

德育特色课程生涯指导，将导师的作用发挥极致，将学业辅导与人生辅导相结合，将成长档案与多元评价相结合，将学校教育和社会、家庭教育相结合，既关注了学生的个性发展，又丰富了学校德育内涵。

上海市特级教师，杨浦区教师进修学院德育室主任　戴耀红

身心为健，躬行为责

上海市嘉定区安亭高级中学德育顶层设计

文/孙 静

⭕ 学校简介

上海市嘉定区安亭高级中学地处嘉定国际汽车城中心城镇安亭镇,是一所公办全日制高级中学。

学校具有悠久和深厚的历史文化底蕴,前身安亭中学,始建于清朝道光八年(公元 1828 年),是为纪念明代著名散文家归有光(字开甫)在安亭讲学和生活 25 年,由道光皇帝御批建造的震川书院发展而成,至今已有 189 年。学校历经沧桑,数易其名,屡毁屡建。2007 年学校创建区实验性示范性高中,历时三年,全方位提升了办学品质,2010 年 1 月学校被命名为区实验性示范性高中。2011 年 7 月,根据嘉编[2011]68 号文和嘉教[2011]55 号文,撤消上海市嘉定区安亭中学,初高中分离,高中部建制上海市嘉定区安亭高级中学,校址迁至安亭镇墨玉北路 868 号。

两校分离后,高中部全体师生重新起航,在传承归有光的"以文载道、以教启智、以福维桑"精神的前提下,兴学办教,育人为本,开拓进取,努力创建学校新形象、新内涵。学校在实践中不断提炼,通过调研论证,凝聚全体师生的智慧,明确了新的教育教学发展思路,在"让师生共同健康成长"的办学理念下,确立了"身心为健,躬行为责"的德育导向。学校先后获得上海市安全文明校园、上海市绿化合格单位、嘉定区文明单位、嘉定区办学先进单位、嘉定区学校文化建设示范校等荣誉称号。

⬛ 理性思考篇

一、"身心为健,躬行为责"导向提出的原因

(一)社会问题的凸显

进入 21 世纪,我国社会的发展进入了新的阶段,经济飞速增长,人民的生

活水平不断提高。国民工资越来越高、住房条件越来越好、娱乐生活越来越丰富，安亭人民的生活水平也发生了翻天覆地的变化。人们的物质生活日益提高、生活质量整体提升的时候，随之而来的问题也不断凸显。生活快节奏、工作高强度导致人们的精神压力越来越大，时常处于对未来的焦虑和对现实的担心中。健康问题已成为本地区乃至中国和全世界普遍存在的社会问题，是与现代性的出现分不开的。"现代性"是一把"双刃剑"，在带给社会翻天覆地的变化，以及人类便利舒适生活的同时，也引发了一系列的负面效应，如种种"现代文明病"。现代性的出现导致人们身体运动缺乏，并产生心理焦虑和社会不适应感，于是出现身体上或是心理上的这样或者那样的不健康现象。健康是人类的共同愿望，没有健康什么都等于零。随着有关"健康"的社会问题的不断凸显，学校教育更要树立健康第一的指导思想，担负起传递健康、培养健康人才的责任，让学校真正成为学生健康成长、积极向上的乐园。而在追求健康的过程中，"躬行"是必不可少的过程，理论来源于实践，实践才能出真知。

（二）教育变革的方向

教育是民族振兴、社会进步的基石，教育肩负着提高国民素质、促进人类发展、开发人力资源的艰巨任务。我国历来把教育的发展摆在优先位置。面对日益激烈的国际竞争、社会的飞速发展，中国教育的改革和发展进入了一个十分关键的时期。《国家中长期教育发展规划纲要》提出，坚持以人为本，全面实施素质教育是教育改革发展的战略主题。教育要坚持立德树人，构建大、中、小学及幼小衔接的德育体系，创新德育形式，丰富德育内容，不断提高德育工作的吸引力和感染力，增强德育工作的针对性和时效性。

围绕《国家中长期教育发展规划纲要》《中共中央国务院关于进一步加强和改进未成年人思想道德建设的若干意见》《上海市学生民族精神教育指导纲要》和《上海市中小学生命教育指导纲要》等文件精神，学校坚持立德树人，以服务学生的发展需求为目的，以培育和践行社会主义核心价值观为重点内容，提出"身心为健，躬行为责"的德育导向，旨在着力提升学生的道德素质、创新精神和实践能力，为学生终身发展奠定核心素养。

（三）学校发展的选择

《国家中长期教育发展规划纲要（2010—2020）》提出，高中校园要加强特色建设,促进内涵发展。学校从 2011 年两校分离以来,在继承老校文化的同时,结合学校实际,努力寻找凝练学校的特色建设。学校地处以"国际健康汽车"为主题词的安亭地区,"身心为健,躬行为责"的德育导向是学校基于本地区情况及本校校情,经过一定时间探索、研讨逐步形成的教育方向。学校是教育的场所、学生发展的阵地、以健康、责任为目标的教育、师生共同发展的前提。"身心为健,躬行为责"德育导向的提出,使学校德育工作更加关注学生的健康成长,更加注重全体学生的综合素质的培养和提高,更加关注德育的实践性和时效性。健康、责任也是教师职业发展的需要。作为教师,社会给予我们重任、压力,唯有我们自身健康并有责任心,才能教育出健康、有责任的下一代;唯有我们健康有责任心,才能更好地学习、工作和生活。

(四) 学生终身发展的需求

《中国学生发展核心素养》研究成果于 2016 年 9 月 13 日在京发布。核心素养以培养"全面发展的人"为核心,分为文化基础、自主发展、社会参与 3 个方面,综合表现为人文底蕴、科学精神、学会学习、健康生活、责任担当、实践创新六大素养,具体细化为国家认同等 18 个基本要点。学生发展核心素养指学生应具备的、能够适应终身发展和社会发展需要的必备品格和关键能力,是关于学生知识、技能、情感、态度、价值观等多方面要求的综合表现。

学校提出"身心为健,躬行为责"德育导向,旨在让每个学生在身体、心理等方面都处于良好的状态,通过身体力行去提高自己的责任感,与核心素养的观点不谋而合。

二、"身心为健,躬行为责"内涵的挖掘

"让师生共同健康成长"是学校的办学理念,其中"教师成长"是指学校将促进教师成长的立足点确立为激发教师的专业潜能,打造一支高素质的优秀教师团队;"学生成长"是学校从学生的身心健康发展出发,将德育、智育、体育、美育、劳育有机统一,培养学生的文明素养、文化素养,使每一个学生得到充分发展,让每一个学生快乐学习、健康成长。"师生共同健康成长"是让师生的生理和心理素质得到全面的健康发展,使教师发展和学生发展融为一体,营造和睦融洽的师生关系,创设适合师生健康成长的教育环境,办成一流的品牌学校。

学校在"让师生共同健康成长"办学理念的引领下，提出"身心为健，躬行为责"的德育顶层设计理念。

"身心为健"指身体和心理都要健康。健康是指一个人在身体、心理等方面都处于良好的状态。传统的健康观是"无病即健康"，现代人的健康观是整体健康，世界卫生组织提出"健康不仅是躯体没有疾病，还要具备心理健康、社会适应良好和有道德"。因此，现代人的健康内容包括躯体健康、心理健康、心灵健康、社会健康、智力健康、道德健康、环境健康等。健康是人的基本权利。健康是人生的第一财富。

"躬行为责"指通过亲身实践来提高自己的责任感。陆游在《冬夜读书示子聿》中写道："纸上得来终觉浅，绝知此事要躬行。"中国历史上的教育家注重融理论研究和教育实践于一体，秉持知行合一的理念。学校提倡躬行践履，注重实践，"行动胜于空谈"，让学生在亲身实践中感悟、收获，从而提高自己的责任感。

"身心为健，躬行为责"是以生为本，是学生通过亲身实践获得健康生活能力的教育。"以生为本"是工作的支点和核心点，彰显了教育对于学生个体发展的关注。在开展"身心为健，躬行为责"德育中，学校把握两个方面：一是从德育的目的而言，主张德育要以培养和提高学生正确理解健康、培养健康能力出发；二是从德育过程而言，倡导德育这一过程是学生亲身实践的过程。

三、"身心为健，躬行为责"德育导向的原则

（一）传承性原则

紧紧围绕立德树人的根本要求，坚持以人为本，遵循学生身心发展规律与教育规律，将科学的理念和方法贯穿教育全过程。传承教育的基本要求，从学生的思想认识和品德发展的实际出发，根据他们的年龄特征和个性差异进行不同的教育，使每个学生的品德都能得到最好的发展。同时，让悠久的历史、浩然的中华民族节气、中华民族精神的优秀传统文化成为德育的重要源泉。将博大精深的优秀传统文化和具体形象的家乡文化相结合，用民族传统、文化家园培养学生的民族尊严感，帮助他们形成正确的价值观，使先贤不朽的生命、远大的理想、顽强的意志、高尚的品德在新生一代鲜活的生命发展中

延续。

(二)全员性原则

全员性是指教职员工的全员参与教育、学生的全员被教育和家长的全体辅助教育。人人都是德育工作者,让每一位教职员工发挥个人特长和岗位优势,参与到学校教育的每一个环节。教育的主体是学生,每一位学生都有自己的闪光点,要发现学生的闪光点,给予健康、积极的指导,让每一颗金子都闪光。家庭是每一个学生的生活环境,家长的支持是推进学校德育的必要条件。要合理组织与调动学校内部各个部门、各个层级以及学校外部(家庭、社会)的力量,使其协调一致地和谐联动,取得最佳的教育效果。

(三)实践性原则

人们在进行创造性思维的过程中,必须参与实践,必须在实践中促进思维能力的进一步发展,在实践中检验思维成果的正确性。没有实践,思维的发展就失去了动力,就不会有创造性的思维。实践是人类认识世界的首要环节,由实践到认识再到实践是人类认识世界的基本规律。学生在实践过程中,才能更好地感悟和提升。学生通过实践活动和直接体验,发现和解决生活中的现实问题。学校特别开设七彩课堂德育特色课程,把校内的课堂延伸至校外,使学生的学习从"教室小课堂"向"社会大课堂"延伸,使学生在校外课堂中通过实践不断获取书本以外的体验和感悟,培养探究能力和社会适应能力,在实践中拥抱不一样的健康课堂,丰富不一样的人生体验。

(四)时代性原则

充分反映新时期经济社会发展对人才培养的新要求,全面体现先进的教育思想和教育理念,与时俱进,具有一定前瞻性。学校结合学生核心素养的培养,全面推进"身心为健,躬行为责"德育导向的落实,充分利用"互联网＋"实现德育实践活动与学生喜用的通信工具的最佳契合,通过创设合乎学生需求的活动,精心设计活动,使学生对德育实践活动由被动到自觉践行的革命变革。

(五)社会性原则

学校采取切实可行的践行措施,除了让学生在校园内体验,更让他们走出学校,走向实实在在的社会,融于日复一日的生活,从而拆除了学校和社会之间的"高墙"。学生不仅会读课堂内的一本本"小书"，而且也会读社会这本"大书"，使学校原有的德育效应与社会、家庭生活相互共融。如七彩课堂校外志愿服务活动，在社会大课堂中发扬"奉献、友爱、互助、进步"的志愿服务精神，在活动中创新社会治理，净化社会风气，推动新形势下的精神文明建设。

◆ 德育工作篇

一、"身心为健，躬行为责"德育导向的目标和内容

（一）总目标

"身心为健，躬行为责"德育导向的教育旨在培养能够通过亲身实践提高自身的责任感，成为会珍爱生命、具健全人格、能自我管理的健康学生；同时在躬行践履的环境中，成就健康的教师、引导健康的家长。

1. 培养健康学生

珍爱生命：在亲身实践中，理解生命意义和人生价值；具有安全意识与自我保护能力；掌握适合自身的运动方法和技能，养成健康文明的行为习惯和生活方式等。

健全人格：在亲身实践中，形成积极的心理品质，自信自爱，坚韧乐观；有自制力，能调节和管理自己的情绪，具有抗挫折能力等。

自我管理：在亲身实践中，能正确认识与评估自我；依据自身个性和潜质选择适合的发展方向；合理分配和使用时间与精力；具有达成目标的持续行动力等。

2. 成就健康教师

教师的天职是教书育人。德育效果的高低取决于"教书"和"育人"是否和谐统一。教师是德育工作的引路人，从校长到每一位教师，人人都是德育工作的实践者。学校提出"身正为范，博学笃志"的教风，在教育教学活动中，每一位教师躬行践履，从而让师生共同健康成长。

3. 引导健康家长

苏霍姆林斯基说:"教育的效果取决于学校和家庭的教育影响的一致性。假如没有这种一致性,那么学校的教学和教育过程就会像纸做的屋子一样塌下来。"所以,学校开展的健康教育不仅着力于培养健康学生、成就健康教师,还在于引导家长用自身的行动开展健康的家庭教育。

(二) 年级分目标及教育重点内容

学校根据高中每个年级学生的不同发展特点,按照"纵向衔接,横向贯通,分层递进"的原则,架构各年级分目标,满足不同年级学生的真实需求。

高一学生处于生长发育的重要时期,身心发展是初中阶段的继续,随着自我意识的高度发展和自我判断的日趋成熟,具较强的自尊心,人生观、价值观、世界观逐渐形成。面对高中的新环境、新要求,需要寻找自己的位置。深入分析高一学生的特点,初步拟定高一年级的教育以"生命教育"为核心概念,尊重生命个体的独特性、潜在性、创造性,重视生命的丰富性、复杂性和生成性,让学生做生命的主人。立足于学生的成长规律,不断深化以"我与生命"为主题的高一"和"文化,关注个人与自然的发展与融合,加强行为规范教育,促进学生全面、自主、有个性地发展。

高二学生交往和学习自信出现两极分化。大部分学生乐于与他人交往,建立一定的师生、生生情谊。成绩分化明显,部分学生找到自信,成绩稳步上升,部分学生缺乏自信,学习较为被动。高二教育目标设定为"我与人格"的"信"文化教育。加强学生的自我教育、自我管理、自我服务能力。在强化行为规范的同时,学会自爱与他爱(爱他人),学会自信和信任他人,建立诚信、友善的人际关系。特别通过参与志愿服务实践活动,牢固树立艰苦奋斗和勇于奉献的精神。提高抗压能力,增强意志品质。

高三学生意识到自己即将走向独立,面对升学压力、择业的选择,价值观、择业观逐渐成熟,部分学生表现出迷茫状态。因此设定高三年级的教育目标是营造"我与未来"的"责"文化氛围。深化社会主义核心价值观教育,深入开展理想教育,引导学生树立正确的学习观,梳理正确坚定的理想信念。增强对择业的了解,了解自身兴趣、特长与社会要求,确定升学或就业方向。

各年级主题教育的目标表

学段	高一	高二	高三
总目标	科学生活	人格和谐	担当责任
具体目标	1. 理解并遵守规范，适应高中的学习环境，提高自律性 2. 了解我国传统文化，讲文明有修养，完善习惯 3. 认识并悦纳自我，自知自爱自尊 4. 掌握健康的生活方式，具有环保意识，能与自然和谐相处 5. 培养爱自己、爱集体、爱学校、爱自然、爱生活以及尊重规律、敬畏自然的积极心态	1. 理解个人与他人、社会的共存关系，学会与人交往和沟通 2. 面对生活，培养抗压能力，增强生命韧性 3. 提高自我管理能力，掌握规划人生、管理时间、管理情绪等技能 4. 能够与集体互助共融，提升自我认同感 5. 培养同情、宽容、合作、自强、感恩的品格	1. 直面生命，实现理想与现实的和谐统一 2. 坚定理想信念，做好学习管理和人生规划，奠基未来人生 3. 培养积极心态，掌握自信自控的技能，树立科学、正确的价值观 4. 感恩他人，提升责任感和使命感 5. 增强法律意识，做合格公民

二、"身心为健，躬行为责"德育导向的途径和方法

（一）培养民主自主的人才队伍——这是"身心为健，躬行为责"德育导向飞行的领航员

学校坚持民主、人文、科学、和谐的管理方式，健全现代学校管理机制，建构学校、教师、学生管理文化，提高学校、家庭和社会"三位一体"的教育共建合力，实现学校管理的科学化、规范化、人本化、民主化。"管"与"理"的和谐，"人"与"事"的和谐，"情"与"理"的和谐，点燃了全体师生和家长的工作、学习热情。追求热忱、科学、高效的健康管理目标，成为学校"身心为健，躬行为责"发展航程中的指示灯。

健全学校德育组织网络，健全学校德育管理体系，实现管理育人、教学育人、活动育人、服务育人，是搞好德育工作的前提和保障。学校形成校长——德育分管校长——德育处——年级组——班主任——任课教师全员参与的德育工作网络，着重抓好四条德育工作主线：班主任老师的教育主导线，学科老师的学习指导线，学生的自我管理线，家庭社会的辅助教育线。

优化德育队伍建设，特别加强班主任队伍建设。重视班主任工作培训，加

强班主任日常管理工作,做好班主任考核工作,提升班主任的育德能力,提升班主任队伍整体素质。推进团委学生会建设,建立拥有自主管理意识的学生团队,凝炼团队核心精神,建立学生自主管理新体系,提高学生自主管理能力。健全完善家长工作,健全家长委员会工作章程,完善各级家委会的组织建设、制度建设,形成工作网络。实行家校工作例会制度。实行家长参与学校决策制度,以多种形式采集家长对学校教育、管理等方面的意见和建议,形成"三位一体"的大教育格局。

（二）构建人文和谐的校园文化——这是"身心为健,躬行为责"德育导向品质的基石垒

学校文化建设是当代学校发展的重点主题。学校开展文化建设是提升办学品质和内涵的基础。校园文化是师生精神风貌、思维方式、价值取向和行为规范的综合体现,涉及学校的方方面面。学校坚持营造浓郁的学校文化、班级文化氛围,形成"让师生共同健康成长"的和谐环境。如在校园环境艺术化建设上,学校注重打造与办学理念和特色教育相适应的布局格调,形成浓郁的文化氛围。通过建设校园文化,把学校的价值观、指导思想、办学理念、历史传统、精神风貌、办学特色、办学目标、校训、校歌、校徽等进行宣传展示,使全校师生熟知本校的校园精神,让学生置身于一个文化气息浓、文明程度高的氛围之中,使其耳濡目染地接受熏陶、受到鞭策。

根据学生成长阶段的不同,三个年级形成了各自的年级文化:高一年级的"和文化"培养学生学会对自己负责的秩序感,开展以"我与生活"为主题的行为规范系列教育和文化认同教育活动,促进学生自主教育和自主管理;高二年级的"信文化"培养学生学会关心他人的成人感,开展以"我与修养"为主题的人格教育与集体主义教育活动,促进学生践行学校文化,学会与他人、集体相融合;高三年级的"责文化"培养学生学会反思的使命感,开展以"我与责任"为主题的理想信念教育和目标教育,促进学生以饱满的状态和成才报国的理念走进考场。

校园文化无处不在,而教室永远是师生共同生活的主阵地,是师生共同的家。学生在教室里不仅可以学习,同时也使身心、人格得到健康发展。每个班级都有自己的班名、班风、班旗、口号,有大家共同制定的班级公约等。这些外在的文化符号体现了班级师生的共同愿景，也就成为师生心目中的指路明灯。每学期的温馨教室建设评比活动中，以班级为单位开展建设活动，每一个师生都是学校的主人、班级的成员，大家用自己的行动为校园文化建设出一份力量。温馨教室建设评比活动，是师生共同建设、共同分享的过程，是增进师生幸福体验的过程，通过师生共同亲身实践，让教室恢复活力与快乐。各班在打造班级特色文化的同时，也融入了班集体中每个人的健康躬行成长过程。

（三）建设多元开放的躬行德育实践活动——这是"身心为健，躬行为责"德育导向高飞的动力源

德育实践活动是指在德育过程中，为帮助学生正确理解德育理论，加速叙事对德育理论的认知过程，而采取的有利于学生德育观念形成的各种考察、学习实践活动。德育实践内容体系是德育实践教育的重要载体，德育实践活动的内容是多方面的。学校德育实践体系的构成主要包括以下内容：

1. "三学"活动，即学军、学农、学工活动。高一年级开展为期一周的浏河营地军训活动和为期一周的东方绿舟国防教育活动。高二年级开展为期一周的浏河营地农村社会实践活动。高一、高二年级各另有为期三天的大众工业学校学工活动。

2. 校外志愿服务活动。学校以"学期＋暑期"的双通道模式，组织学生开展校外志愿服务活动。在学期中，学校利用平时教学课时，安排每周三 13：00—16：30，2 个班级分 8 个小组，开展为期半天的志愿服务活动。各班轮流进行，每学期每班每生安排 2 个下午的活动。另外，暑期进行全校大联动活动安排。通过学生亲身体验实践，树立和发扬"奉献、友爱、互助、进步"的志愿者精神，丰富自己的社会经验，提升自己的道德评价，学习一定的知识技能，在实践中锻炼成长。

3. 主题教育活动。学校开展各类主题教育活动，有围绕安全的疏散演习、灭火行动等；有围绕法制教育的模拟法庭、法制小品表演等；有围绕"我的节日"的春节、元宵、清明、端午、国庆等各传统节日活动；有学校传统的大型歌会诗会活动、班主任节活动、迎新活动、十八岁成人仪式、毕业典礼等大型活动。这些活动均由德育处统筹，学生参与策划、组织、落实、评价等过程，让学生在自主实践中感悟体验，提升责任感。

4. 日常行规评比管理活动。日常行规管理要求学生按照学校统一的规范去要求自己，用自己的行动去亲身实践，这不但是培养学生良好的纪律观念的必要途径，也是培养学生良好思想道德品质的重要保证。学校形成《安亭高级中学学生一日常规》，由学生自主管理团进行监督、检查，并统一反馈。同时，每月开展星级班级考核，每学期进行开甫之星、优秀集体、文明寝室等文明竞赛评选活动。这些活动要求学生在过程中不断地用正确的观念和行为规范要求自己，不断约束和修正自己的言行，是学生进行道德修养的直接体验，是培养学生良好思想政治素质的有效途径。

5. 心理咨询调适活动。作为上海市心理健康达标校，学校在高一年级开设每周一课时的心理课程，并根据不同年级学生的年龄特征和心理发展特点，有针对性地开展适合不同年级学生的心理游园、心理拓展等活动。如高一新生的入学适应活动、高二学生的"我就是我，颜色不一样的烟火"拓展活动、高三学生的高考考前游园减压活动等。学校心理辅导室每天中午和下午的部分时间面向全体师生、家长开放，可预约进行个案咨询。有轻微心理障碍的学生在心理咨询老师的指导下，不断对自己的认识进行调整，不断抛弃错误观念，树立正确观念。学生要有健康的心理，首先老师也必须有健康心理，所以学校每学期组织开展教师心理健康教育校本培训活动，积极探索为教师舒缓压力的心理辅导活动。同时，心理辅导室也承担着开展面向家长的心理讲座、沙龙等活动。

6. "红色之旅"考察实践活动。每学期开展一次优秀学生"红色之旅"考察实践活动，考察对象一般是历史文化遗迹、革命斗争遗迹、城市标志景区等。学生在寻访活动中学习红色精神，深入了解红色景区所承载的革命历史、革命事迹和革命精神，感悟体会革命奋斗精神，激发自信心和自豪感，增强使命感和责任感，通过亲身体验真正把爱国之志变成报国之志，形成良好的精神品质。

（四）开发丰富的七彩课堂基地——这是"身心为健，躬行为责"德育导向开花的实践地

生活是开放的教育，实践是发展的教育。在学生的成长中，如何选择一条适合自己发展的人生道路至关重要，这也是学校德育工作的重要内容。学生的生活是丰富多彩的，职业的选择也是多种多样的，让学生在有限的时间内了解更多的社会角色，是学校丰富学生活动的重要目的。七彩课堂，是学校结合学生身心发展特点，发掘和利用社会教育资源，为学生提供的一份校外志愿服务实践"自助大餐"。具体有：

课堂名称	地点	活动内容
"爱心天使"绿色课堂	安亭医院校外基地	"爱心书屋"献爱心、伤骨科病房的"生活护理"、"大厅导医"代填病历卡等
"我爱我家"紫色课堂	墨玉社区校外基地	暖巢行动、清理城市"牛皮癣"、美化社区环境、出宣传黑板报、整理分发报纸等
"爱我家园"紫色课堂	博泰社区校外基地	整理书籍、美化社区环境、出宣传黑板报、整理分发报纸、小家教上门等
"法律讲坛"青色课堂	安亭法庭、安亭司法所校外基地	情景剧编排表演、案件审理稿撰写、模拟法庭等
"生命乐章"绿色课堂	长安墓园校外基地	参观"人文嘉定""上海印象""人民英雄"等教育基地；擦拭墓碑，敬名人墓园，叹生命沉重；修剪植被、绿化环境等
"公民警校"青色课堂	安亭派出所校外基地	体验综合监控室、体验办案区窗口接待、参观装备机械室、随车出警等
"未来职场"橙色课堂	博泽公司校外基地	职业见习日、经济学课程、"我的未来我来说"活动等
"生命礼赞"红色课堂	松鹤墓园校外基地	参观松鹤文化长廊、松鹤名人苑、松鹤怡心园、游击队广场、擦拭墓碑、敬名人墓园、墓地档案整理等
"地铁卫士"蓝色课堂	11号线地铁站校外基地	地铁引导、地铁秩序维护、地铁安全知识学习、手指互换学习体验等
"浓墨书香"紫色课堂	安亭图书馆校外基地	书本整理、书本借阅、打扫卫生参与图书文化活动等
"多彩文化"橙色课堂	天华学院校外基地	社团对接指导、参观高校、参与高校节日活动等
"大手牵小手"橙色课堂	上外嘉定实验学校校外基地	带小学生开展午会活动、学习安全知识、打扫卫生、参与小学拓展课辅导等

七彩课堂以开发学生综合潜能为宗旨，以学生"自选课程—实践体验—自我提升"为模式，让学生在不同的基地活动中获取书本以外的体验和感悟，充分践行社会主义核心价值观，为学生实现健康成长搭建实践平台。以政治教育为根本，以思想教育和道德教育为核心，以法纪教育和心理教育为基础，构建特色

躬行德育课程。

三、"身心为健，躬行为责"德育导向的管理和评价

（一）健全德育管理网络，明确躬行工作职责

健全学校德育管理组织机构，形成分工明确、各司其职、相互协调的德育管理格局。各部门明确管理责任，保持管理的连续性、合作性。层层落实责任，定期监督检查各项工作，并及时总结反馈。

（二）完善德育工作制度，细化管理具体过程

形成完善的班主任工作制度、班主任考评奖励制度，产生班主任优秀群体、骨干班主任。学生自主管理工作制度不断完善，形成完善的学生自主管理体系。完善家委会工作制度、家长学校管理制度，细化家校联系工作。形成七彩课堂工作方案、课程体系，形成七彩课堂学生积极分子评选方案、优秀带队教师评选方案等。在每一项制度中明确过程和要求，使管理和评价更加细化。

（三）开展多元评价方式，健全完善评价机制

建立学生个人成长记录袋，改善原有学生综合素质评价方式，从不同方面挖掘学生闪光点，使其基本实现多元化评价功效。学校实施评价中，注重导向、诊断和强化，变以往的终结性评价为教师、学生、家长共同参与的综合性评价，既帮助学生查找不足，又突出学生的闪光点。每学期评选"开甫六星"，自荐和推荐相结合，发挥积极导向功能。开展日评、周评、月评制度，加强对学生仪表、习惯、行为、出勤、安全、学习、活动等方面的综合评价，拓展德育的评价空间。年级组、行政实行走动式管理，实施监控评价，从师生的多元评价，再到学生的自我评价，共同树立一种意识：以评价促发展。评价模式主要有以下四种：

1. CIPP 评价。运用 CIPP 评价模式对德育课程、德育活动等进行评价。主要包括四个步骤：（1）背景（Context）评价：对目标形成的背景、环境条件进行评价，分析教育目标的合理性与可行性；（2）投入（Input）评价：对德育方案实施中各方投入情况的评价，用以寻找、确认各类问题解决的途径；（3）过程（Process）评价：在方案实施中对方案的评价，用以发现并反馈问题，以不断改进方案；（4）结果（Product）评价：考查达到目标的程度。

2. 目标游离评价。各类德育活动发生之后，除了收到预期的效果之外，还

可能会产生许多意想不到的"非期望效应"。所以，运用目标游离评价模式进行评价，即从既定目标中游离开去，不受目标的限制，全面考察活动带来的效果。例如，开展军训活动主要是对学生习惯养成和意志品质的教育，学校在评价时除了看既定目标外，还通过对部分学生进行深入访谈和全体学生的活动小结，来发现军训带给他们的影响。

3. 表现性评价。表现性评价是学生在德育活动中，运用知识完成某项任务或解决某个问题，考察的是学生问题解决、交流合作等多种能力。如学生在校外志愿服务活动中，遇到指导老师辅导内容之外的现实问题时，学生是如何来解决问题的。

4. 情意领域评价。情感态度与价值观的培养是课程目标的重要组成部分，也是学校德育评价的主要内容之一。情意领域的目标是贯彻育人为本和全面发展的教育理念的一种体现。教师在学生参与德育实践过程中，对学生情意表现进行持续观察，收集更真实、丰富和有用的信息，从而对学生的情意表达形成更准确的推断。

▲ 特色德育篇

整合区域优质资源躬行践履获成长
——安亭高级中学七彩课堂校外志愿服务活动

一、实施背景

党的十八大以来，中央高度重视培育和践行社会主义核心价值观。习近平总书记多次作出重要论述、提出明确要求。中办下发《关于培育和践行社会主义核心价值观的意见》。党中央的高度重视和有力部署，为加强社会主义核心价值观教育实践指明了努力方向，提供了重要遵循。各中小学也结合学校实际情况开展各种校本课程和学校教育教学活动。

高中学生综合素质评价是高考改革"两依据一参考"的重要组成部分，上海市作为国家高考综合改革的试点省市之一,公布了《上海市普通高中学生综合素质评价实施办法(试行)》,各高中学校紧锣密鼓组织和实施学生综合素质评价。

为结合高考改革,践行社会主义核心价值观,走嘉定"品质教育下的课堂转型"变革之路,彰显学校"身心为健,躬行为责"的德育导向,学校利用安亭汽车城地域教育资源,先后建立14家校外志愿服务基地,因地制宜地开发形成"七彩课堂"校外志愿服务课程。每到周三下午,由学校教师组织学生前往各校外基地,走进社区、法庭、医院、墓园、派出所、地铁站等,开展形式多样的七彩课堂志愿服务活动。学校将社会教育资源、学校课程实施与校外教育活动有机整合,使学生的学习从"教室小课堂"向"社会大课堂"延伸,大大丰富了学生的学习生活。在课堂中开展中华优秀传统文化教育、理想信念教育、公民意识教育、生态文明教育、心理健康教育等,使学生在校外课堂中不断获取书本以外的体验和感悟,拥抱不一样的精彩课堂,丰富不一样的人生体验,在躬行中收获成长。

二、工作思路

学校以多样化、课程化、志愿化为目标,整合利用社会教育资源,构建学生校外志愿服务七彩课堂,设计实施课程战略,衔接校内外教育内容,融通各方面教育元素,创建多元化七彩课堂,在实践中培育和践行社会主义核心价值观。

(一) 从校内走向校外,活动场所多样化

学校主动与安亭地区多家单位联系,与他们签订共建协议,汇编《安亭高级中学七彩课堂校外志愿服务基地指南册》,让学生走进社区、法庭、医院、墓园、企业、派出所、地铁站等,进行定时定量长期的志愿服务,在躬行实践活动中体验、感悟。

(二) 课程设计制度保障,组织形式课程化

学校开设七彩课堂校外志愿服务课程,把志愿服务活动课程化、规范化,成为全校每个学生必修的社会实践课。

(三) 精心安排实践内容,志愿服务教育功能化

学校志愿服务带队教师和活动基地指导教师根据每个基地的不同特色,挖

掘每个基地的教育资源，定制特色活动内容板块。

通过七彩课堂校外志愿服务活动的开发和建设，学校逐渐建立了一些学生喜爱的校外志愿服务基地，研发了一批学生喜闻乐见的活动，建设了一支热爱校外教育、具有奉献精神的师资队伍，形成了一套较为完善的活动评价体系。活动的开设，旨在把社会主义核心价值观的教育渗透在社会实践活动中，让学生通过亲身体验和自我判断，引导他们正确认识和处理个人与集体、个人价值与社会价值的关系。社会实践体验提高了师生的爱国、敬业、诚信、友善的个人价值，了解了自由、平等、公正、法制的美好社会，加快了正确价值观在当代高中生身上的内化速度，让高中生在社会实践的过程中实现感恩社会、服务社会、自我成长。

三、推进措施

七彩课堂的开设需要学校、教师、学生、社会、家长等多方面的协作与配合，具体主要从以下几个方面开展和落实。

（一）注重组织管理，发挥学生自主能力

学校成立以校长为组长的校外志愿服务领导小组，由德育处、团委成员共同参与，做好顶层设计和价值引领；成立学校志愿服务工作教师教研组，设组长一名，定期开展教研活动，做好活动安排和落实；成立校外志愿服务学生自主管理小组，发挥高中生自主管理能力。

（二）做好师资配备，全面保障学生安全

学校通过岗位聘任制度，每个校外基地设置一名校内带队教师，教师通过竞聘上岗。每个校外基地安排一名基地指导老师，指导学生开展每次活动。校内带队教师和校外基地指导老师相对固定，一对一及时沟通交流，做好前期准备、指导活动过程、做好活动后的学生联络等工作，全面保障学生安全。另外，活动邀请家长、关工小组老同志等社会人士一同参与，发挥合力育人功效。

（三）开发更多基地，为学生提供多元平台

学校主动与校外单位联系，开发形成了"爱心使者"安亭医院、"法律讲坛"安亭法庭、"生命乐章"长安墓园、"我爱我家"墨玉社区、"公民警校"安亭派出所、"地铁卫士"11号线安亭站、"浓墨书香"安亭图书馆、"爱我家园"博泰社区、

"生命礼赞"松鹤墓园、"多彩文化"天华学院、"未来职场"博泽公司和"大手牵小手"上外嘉定实验学校等基地。下一步,学校还将继续深挖资源、开发基地,与更多校外单位签订共建协议,为学生提供更丰富的活动场所。

(四) 关注活动过程,通过评优鼓励先进

学生通过前期自主报名进行分组,前往不同基地开展不同活动,体验不同的收获。在教师的带领和指导、基地老师的培训和辅导、学生主动参与和实践下,实现由朦胧意识→理性认识→感性认识总结→认识进一步升华。活动后,学生根据实际开展情况填写《七彩课堂校外志愿服务社会实践活动手册》,记录志愿服务活动的收获感想等。校内带队教师和校外基地指导老师共同给予学生评价,并通过学生自评、小组互评的方式产生活动积极分子。

四、成效体现

七彩课堂校外志愿者服务活动项目具有"三高"特征,即高立意、高品位、高效应。

项目的高立意是指项目活动设置与时俱进,为学生喜闻乐见,在活动中践行社会主义核心价值观,突破常规德育难点。

项目的高品位是指项目具有一定的特色。项目充分以学生为主体,充分整合区域优质资源;活动在整体构架下具有一定的系列性和整体性功能,作为品牌促进学校工作、教师队伍、学生发展整体提升。

项目的高效应是指学生通过项目亲身实践,将正确价值观在自己身上迅速内化。学生把志愿服务转化为一种长期的自愿的服务活动,实现感恩社会、服务社会、自我成长的效果。同时,教师在指导的过程中,也实现了自我奉献。活动得到了家长、社会的大力支持,得到了媒体的关注,形成学校特色工作,在一定区域内发挥示范辐射作用。

五、得失反思

七彩课堂让正在形成三观的高中学生在体验与服务的亲身实践过程中,唤醒内在的潜能,加快核心价值观在其身上的内化速度。在实践中,学生体验社会道德风尚、践行中华传统美德、体验法律的威严、感悟生命的可贵、深层次地

理解环保、收获奉献后的快乐……这些活动培养学生良好的道德品质、强烈的社会责任感和较强的社会实践能力，促进学生全面健康成长。

随着课程的不断开发，活动的基地和内容在逐渐增多，活动越来越丰富多彩，与此同时，学校也发现了一些不足之处。如活动设计需进一步精细化，个别基地活动虽然丰富，但还没有形成一个体系，需要不断提炼和完善；部分基地活动新项目的开发和引入似乎已经走进了瓶颈，为此，需要不断地在将来的活动中探寻新思路，寻找新方向，将活动开展得更加丰富、多元化；课程化的理念需要进一步完善，在将来的活动中要加强课程理念的提升，注重过程的规划和活动后的检查。

学校将一如既往地开拓进取，不断弘扬志愿服务事业，优化校外志愿服务社会实践课程，为学生的健康成长保驾护航，让每一个学生在躬行中觉知、成长。

专家点评

说到嘉定安亭高级中学，人们一定会想到学校"七彩课堂志愿服务"的品牌项目。它凝聚了学校领导和广大教职员工多年来在品牌建设的道路上不断前行的艰辛和快乐，叠映出一所普通学校锐意改革、开拓创新的足迹和成果，闪耀着"安中人"务本求实、守望奉献、追求卓越的理想光芒，为我们提供了有益的借鉴，给人以感动，启人以理性，催人以奋进。主要反映在以下三个方面：

一、基于顶层设计的品牌建设

"顶层设计"最初是从工程学概念引进的，是西方国家源于自然科学或大型工程技术领域的一种设计理念。意思是：站在一个战略的制高点，从最高层开始，弄清楚要实现的目标后，从上到下地把一层一层设计好,使所有的层次和子系统都能围绕总目标,产生预期的整体效应。"顶层设计"在国家《"十二五"规划纲要》中出现后,这一概念被广泛地应用开来。安亭高级中学站在立德树人的高度,聚焦中国学生发展的核心素养,坚持顶层设计的思想,从高处着眼,紧紧围绕学校的办学思路、办学理念、发展战略、长效机制等事关学校发展的方向性、战略性的重大问题,对学校品牌项目进行了自上而下的层层设计和实施:创新办学理念,理清办学思路,找准品牌发展的关键点,突破品牌发展的制约点,形成了服务于学校德育理念"身心为健,躬行为责"的特色品牌《整合区域优质资源躬行践履获成长——安亭高级中学七彩课堂校外志愿服务活动》。在顶层设计中充分强调执行力,在执行中注重细节,实施精细化管理,并注重各环节之间的互动与衔接,凸显了顶层设计具有的应用性和操作性的突出特点,促进了学校品牌可持续性发展。

二、基于整体架构的品牌建设

学校德育顶层设计是学校德育的新理念,如何将其转化为学校德育的实践,需要注重其实施的策略,其中最重要的是"整体架构"策略。安亭高级中学在进行品牌项目建设时,既强调"预设与生成",凸显其"系统思考而做的一种高端设计"的特点,注重相对稳定的预设性和不断变化的生成性的互补统一;也强调"顶层与基层",凸显其"必定源于基层,源于学校德育的实践"的特点,注重接天线的顶层与接地气的基层的统一互补;尤其重点强调的是"整体与局部",凸显其"全局性的整体性设计"的特点,注重整体是由局部构成的,没有局部就没有整体的辩证统一。这种整体性表现在:第一,学校德育设计的完整性。既有时间的长度,又有空间的广度,更有德育内容的高度,涉及学校德育的各个方面、各个环节。第二,学校德育设计的结构性。学校德育并非是学校德育全部的简单集合,它是以一定程序排列的,从而构成了学校德育的生态结构。第三,学校德育设计的系统性。坚持"纵向衔接、横向贯通、分层递进、螺旋上升"的整体性原则,按照不同年级的特点和要求,构建了目标与内容、方法与途径、管理与评价等系统,形成了一个互动共融的整体架构、系统序列和群体氛围,克服了学校德育常见的碎片化和突击性的倾向,充分发挥了学校德育的整体功能,为提高学校德育的实效创造了条件。

三、基于课程意识的品牌建设

课程意识,指对课程的敏感程度,它蕴涵着对课程理论的自我建构意识、课程资源的开发意识等方面。课程意识的强弱程度直接影响着学校德育顶层设计和整体架构的成败以及德育品牌建设质量和效益的高低。安亭高级中学根据社会和个体发展需要,围绕实现立德树人的教育目的和根本任务,立足校本个性,增强课程意识,顶层设计和整体架构了适合各级各类学生学习和践行的"安亭高级中学七彩课堂校外志愿服务活动课程",关注并凸显了"学校德育应该达到哪些目标(目标)? 提供哪些教育经验才能实现这些目标(内容)? 怎样才能有效地组织这些教育经验(呈现)? 我们怎样确定这些目标正在得到实现(评价)?"等课程理论的基本问题,为学校德育的顶层设计和整体架构提供了课程化的长效保证,取得了令人瞩目的成效。七彩课堂让正在形成"三观"的高中学生在体验与服务的亲身实践过程中,唤醒内在的潜能,加快核心价值观在其身上的内化速度。在实践中,学生体验社会道德风尚、践行中华传统美德、体验法律的威严、感悟生命的可贵、深层次地理解环保、收获奉献后的快乐……这些活动培养学生良好的道德品质、强烈的社会责任感和较强的社会实践能力,促进学生全面健康成长。

安亭高级中学的学校德育(包括品牌打造)在顶层设计、整体架构和课程建设方面做了积极有益的创新与实践,为我们提供了鲜活的经验;但依然还有许多需要我们继续探索实践的新问题。我祝愿安亭高级中学不断为大家提供可以"攻玉"的"他山之石"。

上海市中小学德育研究协会副会长　陈镇虎

基于『知泽、守则、尽责』的提升公民素养的教育

上海市风华中学德育顶层设计 文/罗 欣

⭕ 学校简介

上海市风华中学是闸北区实验性示范性高中，创办于 20 世纪 70 年代。虽然建校历史不长，但学校办学起点较高，尤其近十多年来，学校坚持贯彻党的教育方针，坚持"学会做人，学会求知"的育人目标，积极开展教育科学研究，形成了"学校管理科学化、素质培养系统化、学生发展个性化"的教育特色，"崇尚科学、注重实效、追求和谐"的文化氛围和"科学精神与人文精神并重"的办学优势。

学校良好的办学传统和优质的教育教学质量得到了社会各界的赞誉和认可。学校先后荣获世界卫生组织健康促进学校实验基地及金奖单位、上海市文明单位、上海市行为规范示范校、上海市心理健康教育示范校、上海市花园单位、上海市安全文明学校等称号。

2004 年，学校傍大宁绿地易地重建。新校占地 46 亩，建筑面积 24 000 平方米。校园绿草平涛、绿树婆娑、鲜花四季、赏心悦目。学校建有现代化的教学楼、办公楼、实验室、图书馆、计算机校园网、电教中心、语音录播教室、计算机教室、电子阅览室、书法教室、多媒体综合教室；拥有大礼堂、地下多功能活动室、体育馆、塑胶田径场、网球场、排球场、篮球场、5 人足球场、桌球房、餐厅，为创建"实验性示范性高中"奠定了良好的物质基础。

风华中学心理健康教育经过近 30 年的经验积累，形成了师生关注心理健康和心理发展的自觉行为，有效保障了每一位师生的心理健康。心理健康教育在学校发展的每个阶段都有自己的品牌亮点。学校心理健康教育先后被评为区、市心理健康特色校。

数字化实验系统（DIS）作为完整的实验教学技术平台，是运用现代化信息技术进行学习的一种新的技术手段和方法。将 DIS 引入物理课程，为教学方式、学习方式的改变提供先进可靠的实验仪器和手段。

以 DIS 为龙头发展理化生课程，以物理学科为 DIS 课程核心，逐步向理化生等学科渗透,让学生接触真实世界、学会使用信息工具和明确"创造即组合"的道理,最终解决数理科技理科课程教学中长期困扰学生的认知困难、理解障碍和判断失误等问题,从根本上提高学生的生存与发展能力。

学校是全国体育卫生先进单位,乒乓球二线学校、游泳足球传统项目学校。学校改革体育课程,让学生掌握1—2项体育运动项目,并养成终身体育锻炼习惯。学校还积极开展形式多样的体育活动:广播操比赛,队列操比赛等,广播操在市、区比赛当中多次获得一等奖。同时学校开展丰富多彩的体育社团活动:篮球、排球、乒乓、羽毛球、瑜伽、健身操、田径、棋类、牌类、空手道等,学生根据兴趣进行自由选择,教师也根据自己兴趣或特长进行参与或辅导。

■ 理性思考篇

一、现实需要

青少年的道德、信念、理想、价值趋向、人生追求的确存在着很多问题,现实的教育状况并不乐观,目前学校德育成效并不明显,学校教育的途径、方法以及针对性、实效性还存在着许多问题。

原因归于三个方面,一是社会,二是家庭,三是学校。转型期的中国还没有形成统一的社会道德价值体系,开放的社会环境、金钱至上的社会现实正在冲击着传统道德信念的大堤,冲击着中华民族五千年建立起的优秀传统文化和道德准则,学生每天都在接受着广泛的社会影响。学生的第一任老师——家长,教育自己的孩子从小就"不要和陌生人说话、不要相信别人、你的东西不要让别人分享、只有你的亲人对你是真心的"这样一种扭曲的亲情教育。学校教育则是"呆板枯燥"的格式化的说教,不少教师只说不做、言行不一、言而无信,别说师表、世表,就连率先垂范也谈不上。步入青少年后受到的社会上的影响最大教育往往是一些"丧失道德,默认潜规则"的无间道教育,以至于在青少年中流传着这样的顺口溜"学习苦、学习累、学习还要交学费,大学毕业没有地位,不如有吃有喝有地位、潇潇洒洒混社会"。

二、新一轮教育综合改革需要

《国家中长期教育改革和发展规划纲要(2010—2020)》中指出,教育要发展,根本靠改革。要以体制机制改革为重点,鼓励地方和学校大胆探索和试验,加快重要领域和关键环节改革步伐。创新人才培养体制、办学体制、教育管理体制,改革质量评价和考试招生制度,改革教学内容、方法、手段,建设现代学校制度,构建中国特色社会主义现代教育体系。

跨入 2014 年,上海作为全国高考改革的试点省市,为贯彻落实党的十八届三中全会精神,按照《国务院关于深化考试招生制度改革的实施意见》,首先拉开了教育综合改革的序幕。这次改革要全面贯彻党的教育方针,践行社会主义核心价值观,坚持立德树人,以有利于促进每一个学生的终身发展、有利于科学选拔和培养人才、有利于维护社会公平公正为基本出发点。改革将坚持素质教育导向、确保公平公正公开、提高人才选拔水平、注重系统综合改革的原则,将原有的一考定终生的选拔模式转变为"两依据一参考"的模式,强调学生的综合素质培养,符合现代人才的综合要求。在这样的大背景下,风华的德育必须符合综合素质培养的要求,社会实践、创新能力等一大批新名词出现在学校的德育常规板块中。

三、办学理念与目标需要

学校历经六十多年的办学实践,逐步形成了适合本校学生的德育管理理念和管理方法,形成了"学会做人,学会求知"的育人目标,学校连续被评为上海市行为规范示范校、上海市心理健康教育示范校。近年学校又先后立项,在《学科德育素材的显性方式教学策略》和《积极心理学取向的学生生涯辅导调查报告及辅导策略研究》等方面进行积极而有效的探究和实践。

学校认为高中阶段是学生人生观、价值观,个性发展、自主发展的关键时期,也是成为社会人的准备期,因而对高中生进行公民健康人格教育尤显重要。

学校在提炼过往学校德育工作经验的同时,逐步形成"知泽·守则·尽责"的公民道德教育架构,这是学校从多年的办学历程以及师生的共生共长中逐步梳理出来的具有鲜明风华烙印的育人规程,即知恩感恩、恪守规则、履行职责的三个递进阶梯的品行要求。

"知泽、守则、尽责"的思想不单单印刻在学生行为规范教育中,"知、守、尽"三者之间互为影响互为补充,以各种形式呈现于校园的每一方寸,也呈现于师生的校园生活之中;并通过一定时间的积淀,由"他律"向"自律"转化,它已成为学校的一种育人文化。

◆ 德育工作篇

一、确立了德育的总目标和各年级分目标

总目标:通过三年高中生活,立足"学生全面发展和未来发展",提升"三力"(扎实的基础学力、充沛的生命活力、不竭的创新动力),培养塑造"知泽·守则·尽责"的优秀高中生。

各年级分目标:

高一年级:知恩泽,自我约束。通过知道学校的历史,了解学校的发展,让学生在学会感恩中,产生对学校的认同感和归属感,迈好高中生活的第一步。

高二年级:守规则,自我管理。通过各类校内外社会实践活动,强化学生模范遵守各项规则的意识,在自我教育、实践体验、榜样引领中,实现公民基础道德教育内涵的内化。

高三年级:尽责任,自我实现。通过主题教育活动,优化学生担当社会责任的公民意识,具备良好的道德品质和文明行为,学会规划人生与未来,为走向社会打好基础。

学校在制定三个年级的行规教育分目标时,充分考虑了高中学段各年级学生的特点和要求,以校内外各类活动为载体开展德育,由主题教育活动、校园文化活动、校外实践活动等板块构成。特别是近年着力打造的"风华绿ing"志愿者服务队,在军训、学农、暑期社会实践、见习楼组长、公益宣传等活动中,引导学生自律、自理和自立,促进学生集体观念、规范意识、组织协调、沟通合作的意识和能力得到培养和锻炼。

二、以编写《高中生活与成长指南》为契机,对三年高中生活作了梳理和提炼

学生带着诸多的未知来到了一个高中的环境,会有兴奋、有期待、有憧憬,更多的是有担心、有困惑、有迷茫。为了帮助学生更快地适应高中的生活,了解未来三年中所接触到的校园生活的方方面面,学校准备编写《高中生活与成长指南》,对三年高中生活作了梳理和提炼,通过对学校活动的系统认识,帮助学生自主安排、设计、规划未来三年的人生发展。"指南"内容包括日常行规、学生活动、党团建设、社会实践、家庭教育、生涯辅导六个方面。

三、课程支撑

2016 年开始,学校就通过不断整合建立特色课程并挖掘课程群中的德育内涵,通过实践活动、研究性学习等载体,让学生在实践、体验、思辨中自我认识,自我教育,提升自己的主流价值,得到情感、技能、态度、价值观的成长。

1. 学校开设四大系列行规教育课程群:

课程群名称	实 施 途 径	教 育 内 容
思想政治教育系列	升旗仪式	社会主义核心价值观、思想道德规范、法律意识、传统文化、党(团)章党(团)史、时政热点
	政治课	
	语文课	
	学生团校、青年党校	
心理健康辅导系列	心理课	心理健康基础知识、情感心理调适方法
	心理季	生涯规划辅导
专题教育系列	校(年级、班)会	人身安全教育、环境卫生教育、行规自我管理、人际交往指导、学习方法指导
	一日两操	班级个性化广播操展示、学生行规即日即时点评教育
	升旗仪式	全校学生一周常规点评教育
	运动季、综艺季、学科季	运动能力展示、个性特长展示、学科能力展示、人际沟通能力展示
	社团活动	
	毕业季、成人礼	尊师爱校,总结三年校园生活,展望未来人生发展

续　表

课程群名称	实施途径	教育内容
社会实践系列	学军、学农	认识军营,了解农村,培养吃苦耐劳、自信坚毅的性格品质,养成勤俭节约、珍惜劳动成果的行为习惯
	志愿者服务 "风华绿 ing"志愿者服务队	科普讲解、社区公益、中外文化交流、课题研究、定点志愿者服务、医院导医

2. 课程设置原则

（1）学生主体性原则。适应高中生年龄特点,重视学生个体的学习感受和思想认同,强调在活动中学习,在生活中感悟,在实践中提高,避免机械说教、严厉说教。

（2）形式多样化原则。综合运用调查观察、信息搜集、现场考察、参观访问、社区活动、专题研究等多种学习形式,帮助学生体会探究性、体验性、交互式、实践性学习的课程氛围,满足学生发展的需要,提升综合素养。

（3）设计灵活性原则。在行规教育实施过程中,根据学生的实际接受度和满意度,及时灵活地调整生成新的超出原计划的流程和内容,做到"预设"与"生成"的统一,切实提高行规教育的实效。

课程本身需要不断革新,学校注重周期性地对行规教育课程的执行情况、教育实施过程中的问题进行分析评估,调整内容,改进方法,以适应学生不断变化的学习需求。

四、学生自主管理

为了完善学生自主管理机制,强化学生自我管理能力,学校设立学生自主管理委员会。

1. 组织架构

学生自主管理委员会下设主席团（各项活动的统筹管理）、志愿者部（负责大型活动的志愿者工作）、文体部（负责大型活动的策划、组织及未来学者才艺展示活动）、宣传部（主题活动、传统节日的宣传活动）、外联部（大型活动的文案撰写及对外联络)、社团管理部(参与社团管理及考核)、学习部(负责学科节的各项策划活动与统筹)。

2. 主要功能

(1) 组织、承办每学年一次的校长与学生沟通见面会,牵头收集广大学生对学校发展提出的意见和建议,形成议题后,选派学生代表与校长面对面进行沟通交流,充分发挥学生自主参与学校管理的积极性。

(2) 选拔社会实践活动期间的见习书记和小助理,见习书记负责统筹管理班级同学的社会实践活动的工作安排和考勤,小助理负责实践活动时的各项图片文字资料的收集,并且负责制作相关微信公众号内容。

(3) 每年寒暑假,组织校级、班级学生干部培训周活动,通过学生自己设计的团队训练项目、互动座谈、参观考察等形式,总结工作,规划发展,切实提高学生的自主管理水平。

(4) 在教师指导下,管理学生会微信公众号,从学生的视角反映学生的活动和生活。

五、示范辐射有思考:校广播操季

学校依据校情和学生实际需求,大胆探索,自主研发,形成了具有学校特色的行为规范教育示范品牌:"飞扬青春 律动风华"校广播操季。

为了传承学校优良传统,积极开发行为规范教育新的成长点,创新升级教育手段和形式,还将组织"飞扬青春 律动风华"校广播操季大型宣传展示活动。

1. 活动时间:每学年第二学期(2月至5月)

2. 活动内容:

(1) 班级个性化领操:通过自主申报,每周有2—3个班级,每班8名学生,在早操时段上司令台领操。上台领操的班级团队在做操服装、队形变化、班级口号、操后点评等方面尽情发挥创意,为师生带来全新的领操感受、做操体验;

(2) 校广播操队现场展示:学校建有一支30人规模的校级广播操队,曾多次荣获市、区级广播操比赛一等奖;

(3) 大型校园广播操宣传片拍摄:聘请专业机构,用专业的镜头、独特的视角、学生喜欢的表述方式拍摄广播操宣传片。校长、政教主任、班主任、体育教师、保安保洁人员全部走到镜头里和学生一起做广播操。后期剪辑成标准版（体育教师教学用）、青春版（校际交流展示用）、动感版（学生个性动感元素）三个版本。

（4）全新的宣传教育方式：

①广播操季启动仪式：校长宣布开幕，校广播操队现场展示，学生自主管理委员会干部宣传动员。

②宣传片校内首映仪式：作为校园生活的青春记忆单元，在高三毕业典礼上首映，将视频分享给每个风华毕业生。首映仪式后，宣传视频在学校网站、微信平台、展示屏滚动宣传。

③首季季终颁奖礼：改版升级期末结业式的传统形式，同时颁发最佳展示团队奖、最佳领操个人奖、最佳点评奖、最佳队形奖、最佳口号奖、最佳服饰奖、最佳创意奖并预告 2018 年第二季的时间和主题。

六、以"课程＋平台"为核心的学生生涯辅导的探索

随着社会的发展、时代的进步，近两年，高中学生生涯辅导普遍得到重视，这与教育部重视推动这项工作有关系。教育部基础教育二司 2015 年工作要点提出："颁布普通高中学生发展指导纲要，指导学校加强对学生生涯规划、课程选择等方面的指导。"在这样的背景下以及高考新政的推出，高中学校基本上都开始部署这项工作。

1. 生涯辅导的认识和理念

高中学生在面对繁重的学习和高考之外，还面临着一个很重要的人生大事：就是"选择"。过去高中生只要完成三年学习任务后，在高考时作出自己的选择即可，在高考"3＋3"新政的背景下，学生从高一开始就要面对选课、走班，过去可以由父母和老师帮助选择，现在要学什么、要考什么必须由自己选择，传统的依赖习惯面临挑战。他们在自我选择和生涯规划时会遇到诸多的困惑和困难，这就需要学校给予相应的引导、指导和帮助。

《国家中长期教育改革和发展规划纲要（2010—2020 年）》与《上海市中长期教育改革和发展规划纲要（2010—2020 年）》都强调高中教育要建立学生发展指

导制度,加强对学生的理想、心理、学业等方面的指导,为学生的人生发展奠定基础。

随着新高考政策深入的要求,风华中学基于学生的需求与发展,遵循"学会做人,学会求知,让生命焕发活力"的办学理念,构建以"三力课程"为特色的体系,培养学生具有"扎实的基础学力、充沛的生命活力和不竭的创新动力"。学校确定了适合于学生生涯发展的课程结构,即"层维设计,适性选择"。"层维设计",是指学校课程体系在横向上由基础型、拓展型和研究型三类课程组成。每一类课程在纵向上又由不同的类别或层级构成,形成一个纵横方向上的分维、分类、分层设计的课程格局,凸显学校课程体系的多元性和适应性,为学生创设更多的发展空间与选择机会。"适性选择",是指为适应社会对多样化人才的需求,满足不同学生发展的需要,学校课程鼓励学生根据自己的个性潜能和兴趣特长作出选择。同时,加强对学生的选课指导,使学生能选其所需,学其所爱。

2. "课程 + 平台"的学生生涯辅导

2004 年,学校以学生发展为本,在区级课题《积极心理学取向的学生生涯辅导》和市级项目《以生涯课程与生涯平台优化学生生涯辅导的实践研究》引领和推进的基础上,开始开展学生生涯辅导的探索和实践研究,经过 10 多年的探索研究与实践积累,形成了"课程 + 平台"学生生涯辅导品牌特色。

(1)设计学生生涯辅导整体课程

学校从整体层面上全方位地思考与设计,把相关内容融合在学校教育教学工作之中。以"走班教学"为载体,探索学生一人一课表,充分满足学生的个性特长和生涯发展需求,以减负增效为目标,以课程改革为动力,以教师队伍建设为基础,以科学管理为保障,深入开展生涯辅导,提高办学质量。

学校通过建构学校课程群去服务与支撑学生的人生发展,为全体学生全面而有个性的发展提供服务,不仅扩展学生的基础学力,提高学习成绩,更为每一位学生的发展提供选择的平台,帮助学生认识自我,找到方向;不仅提升学生的自我管理与自主发展能力,而且培养学生的选择能力、担当意识、社会适应能力,促使学生个体社会化,为学生的高考升学、专业发展、职业生涯、生活及终身幸福奠定基础。

（2）建构学生生涯辅导专题课程

学生生涯辅导专题课程内容包括"认识自我、培养能力；认识专业、学会选择；认识职业、规划未来"，分为生涯认知课程、生涯探索课程、生涯规划课程三类课程（见图1）。

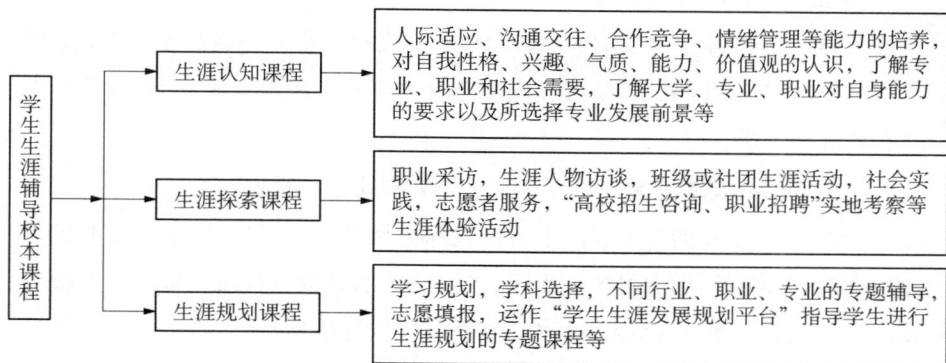

图1　学生生涯辅导校本课程架构图

（3）研发学生生涯辅导信息平台

为了激发学生自我意识，便于学生自我选择，学校研发了"学生生涯发展规划信息平台"，该平台由"生涯能力发展平台""生涯方向测量平台""生涯学习选择平台"组成，分别对应学生的能力发展、职业规划、学业成绩，把学生的能力自评、学业成就、职业兴趣、能力特长与大学及专业的选择，以及未来的职业规划进行了整合。

① 生涯能力发展平台——学生进行能力自评

这一平台的亮点是，学生通过"生涯能力发展平台"，可以对自己的学习能力、学习习惯、情绪调控、人际交往、意志品质等方面的能力情况进行自我评价。

平台对各项能力水平设计为10分制，学生在平台上对自己的每一项能力给出分值，系统就全体学生该项能力水平的评价，自动生成年级或班级群体均值。当学生看到自己评价分值与年级班级群体均值有较大差异时，他会不断自我修整，提醒自己改变行为，提升能力。平台还会用颜色反馈，呈现学生两次自评之间的变化，并有注释，给予学生积极导向。这种评价完全改变了一切由家长和老师评价的方式，唤醒学生的自我意识。

② 生涯方向测量平台——职业兴趣与专业群匹配

这一平台的亮点是,过去不重视学生的学习兴趣方向、人格特质与大学专业、社会职业之间的匹配关系,大部分学生报考大学填写专业要么完全听从家长的安排,要么服从老师的建议。为了改变传统习惯,学校先完成了两个"匹配":一是把全国所有大学的专业群与各类职业群进行了匹配。二是依据职业兴趣代码,把适合学生兴趣的职业群和专业群进行了匹配。学生在平台上通过多次完成"职业兴趣测试",就可形成吻合自己职业兴趣的专业方向,帮助学生合理地选择专业。

③ 生涯学习选择平台——学业成绩与大学及专业的匹配

依据学校 30 年的系统数据平台经验和区域数据库积累,把学生学业成绩进行加权统计分档,形成与各类大学、专业的录取分数进行匹配常模。平台会结合学生职业兴趣测试结果和实际学业水平,进行数据整合,给出比较符合学生的大学与专业群,自动生成"模拟志愿建议表",为学生和家长填报志愿提供适切的具体的参考建议。

家长也可登录"平台",察看孩子能力发展的动态变化,了解符合孩子兴趣的"职业群与专业群",帮助家长从经验、主观的决定,转到客观、尊重孩子与合理的指导,同时,也有效改善了亲子关系。

"自主+选择"是学生生涯辅导的核心价值,也是高考新政、深化教育改革的目标追求。"课程+平台"的学生生涯辅导,尊重学生的个性与兴趣,有效促进学生的自我认识与自我调控,激发学生自我选择的意识与能力,帮助学生更好地规划人生。

▲ 特色德育篇

一、突破传统德育教育模式,使德育活动更容易让学生接受

广播操是风华中学坚持了 20 多年的传统优势项目,从师资到技术都具备良好的基础。广播操是学校的窗口,直接反映了学生的精神面貌。做好广播

操,不仅能增强学生的身体素质,更能帮助学生塑造优美的形体,培养健康向上的个人气质,强化团队合作精神,形成良好的班风校风,所以历来是学校开展行规教育的一大法宝。在新的办学形势下,行规教育的实施手段必然需要开拓新的形式。如何找到一条新路来与学生讲好一个传统话题,广播操季的推出是学校进行的探索和尝试,它完全突破了以往分管副校长、政教主任、年级组长、班主任单向灌输的说教方式,通过校队精彩展示、班队个性化展示、宣传片动感展示,用全新的宣教方式、用学生的语言来完成主流价值观的引导,获得学生主体的认同与好感。整个广播季的推广过程中,更注重发展性、形成性的激励评价方式,充分关注学生主体参与行规教育实践的过程及在这一过程中所表现出来的认同性、积极性、合作性、操作能力和创新意识,最终的目的还是为了促进学生健康成长和文明素养的提升。

二、教育实践研究

1. 2014 年,学校课题《基于"知泽·守则·尽责"教育的高中生公民人格培养实践研究》被上海市德育研究协会立项。课题组在提炼过往学校德育工作经验的同时,逐步形成"知泽·守则·尽责"的公民道德教育架构,通过高中三年有计划、有阶梯、有内涵的道德教育,不断强化学生模范遵守各项规则的意识,在自我教育、实践体验、榜样引领中,实现公民基础道德教育内涵的内化。

2. 与生涯辅导紧密结合,拓展行为规范教育的外延。学生的良好行为习惯不仅是行规教育的要求,更是与学生未来的职业、生活,与人生发展紧密联系。行规教育训练作为学生生涯发展的基石,对学生终身发展起着奠基的作用。因此,当学生认识到自己的行为习惯与未来的职业、与社会适应、与自己的生活状态紧密相连时,自身强烈的自我发展期望使得他们对学校行规教育的意义理解得更为丰富和深刻,也就容易接受学校的行规教育,自主地养成和发展良好的行为习惯。学校根据高一、高二、高三学生的不同特点和发展需求,设计了不同的教育方案。高一学段主要突出新生入学对学校环境和高中学业的适应,学会如何与老师、同学和谐相处;高二学段主要加强对合作力、耐挫力、自信心的培养,自主高效地管理时间;高三学段,主要结合毕业升学,强调情绪调控和生涯发展规划的指导。

　　回顾近年来的工作,学校不断致力于行为道德教育的宣教创新工作,取得了一定的成绩。如何使当前教育综改背景下的德育更多体现现代教育精神,使德育更具有时代性、发展性;如何通过更有效的宣教形式使学生将学生行为守则自主内化为自律的要求,更好地适应社会发展的要求,是我们一直在思考并努力实践的课题。学校将进一步加强德育的理论研究和实践研究,以此推动学校工作的整体发展,促进学生的未来全面发展。

专家点评

　　学校德育是一项系统性工程,整体构建学校德育体系是每一个教育工作者必须面对和解决的课题。因此,必须从学校顶层设计系统考虑德育方向、目标、规划。作者将学校德育工作从"理性思考"、"德育工作"、"德育特色"几个方面进行系统梳理。作为一所区级实验示范性学校,作者通过德育工作的实践积累,提炼过往学校德育工作经验,确立了以"知泽·守则·尽责"的公民道德教育作为学校德育工作的纲领,具有鲜明风华烙印的育人规程,即知恩感恩、恪守规则、履行职责的三个递进阶梯的品行要求。随后作者从"知、守、尽"三个字展开确定了风华德育的总目标和各年级分目标,以课题引领、课程设计、学生自主管理、品牌建设、生涯发展探索等几个方面全面支撑起"知泽·守则·尽责"的德育纲领。整个顶层设计有较强的立体性、时代性、发展性,为学校今后的德育工作明确了方向。

　　当然本文中也存在一些缺陷,比如"知泽·守则·尽责"作为德育纲领,理论依据并不充分;配以的课程和品牌建设比较偏向行规方面,并不能最好地诠释德育纲领;学生自主管理方面相对比较薄弱,作为顶层设计缺乏时代感;同时课程设计、学生自主管理、品牌建设、生涯发展探索之间缺乏相互支撑,希望作者能进一步思考。

静安区教育局德育室主任　李正刚

以『环境素养』培育为核心的德育一体化课程实施构想

上海市曹杨中学德育顶层设计 文/郑 亮

⭕ 学校简介

曹杨中学创建于 1953 年，现为普陀区实验性示范性学校。自办学以来，学校始终秉承"厚德·报国"的赤子文化，以"爱国·精业·乐群"为校训，逐步形成"严谨·精业·求实·创新"的教风和"勤奋·求实·合作·进取"的学风，成就了一支高水准的教师队伍，办学成绩得到社会各界广泛认可。如今，曹杨中学以"环境素养培育"作为办学特色，致力于培育大视野、宽领域，明责任、敢担当，善思辨、会创新，懂自律、能力行的现代公民。

一、办学理念

根据国家与上海市中长期教育改革与发展规划纲要以及普陀区中长期教育改革和发展规划纲要的要求，学校在现有基础上，结合时代特征和可持续发展对人才的需求，丰富办学理念内涵，将"责任与自主"办学理念进一步提升为"担当责任，自主力行"。

担当责任：每一位曹杨人都应该拥有对自身、家庭、社会、环境、未来的责任意识和担当精神，尤其是人与社会环境（人文环境）、人与自然环境（人地环境）以及深受自然环境、社会环境影响，与其息息相关的人自身的心理环境，具有和谐共生、协同发展的责任意识和担当精神。

自主力行：每一位曹杨人都应该在社会使命感的驱动下，做到独立思考、主动探究、知行合一、环境友好、绿色践行、有所创新，成为能负责、敢担当、懂自律、有作为的现代公民。

二、办学思路

传承和发扬"含德之厚，报国之诚"的曹杨赤子文化，贯彻"担当责任，自主力行"的办学理念，做强特色，提升内涵，兼容并包，可持续发展。

做强特色：以创建"环境素养培育"特色高中为抓手，激励全校师生投入环境素养培育的探索与实践，营造浓厚的环境素养培育特色氛围，有效达成特色育人目标，成为社会各界高度认同的特色高中学校。

提升内涵：在创建特色高中的过程中，进一步加强国家课程与特色课程的融合、师资队伍与资源的整合、学业管理与评价的改革，依法治校，各项管理科学规范，积极培育学校绿色文化。

兼容并重：人文素养与科技素养培养并重，国家课程实施与学校特色建设并重，校内资源与校外资源建设并重。

持续发展：立足学校"担当责任，自主力行"的办学传统，贴近时代发展的需求，以环境素养培育为抓手，提升学校办学的内涵与品质，促进学校在创建特色过程中高品质地持续发展。

三、办学目标

曹杨中学办学目标为：充满时代气息，质量优秀，开放融合的上海市特色学校。

时代气息：瞄准上海建设国际化大都市的时代特征，在育人目标、课程结构、教育教学、教师队伍、教育资源、教学策略、学业管理、学生评价等方面凸显"环境素养培育"特色，让每个曹杨人都拥有强烈的与人文环境、人地环境以及自身的心理环境和谐共生、协同发展的意识和能力，成为具有时代特征、内外兼修、知行合一、自立自强的现代公民。

质量优秀：课程设置丰富，教学资源充分，教学水平优良，教学效果明显，学生视野开阔、知识面广、责任心强、环境素养好，具备与周边人文环境、人地环境以及人自身心理环境的和谐共生、协同发展的意识和能力；学校办学质量社会认可度高。

开放融合：课程开放、活动开放、资源开放、师资开放、教学组织与方式开放、学业管理与评价开放；人文与科技融合、国家课程与特色课程融合、学科间融合、理论与实践融合。在此基础上，积极探索并创建接受与体验相结合的高中教学模式。

四、育人目标

学校的办学理念为"担当责任，自主力行"。创建"环境素养培育"的办学特色,既充满时代气息,又是落实办学理念的重要抓手。学校通过丰富各类课程和校内外教学资源,拓宽学生对周边事物的关注点和眼界,培养他们正确看待与周围人与事物的关系,具有和谐共生、协同发展的观念意识,尊重包容、珍爱负责的情感态度,正确认识和处理环境问题的能力,自力自律、绿色健康的生活方式;通过目标设定、课程建设、资源配套、教学实施、学业管理、综合评价等方式,提升学生责任意识、人文素养、科技素养、创新精神与实践能力,以满足当代社会发展对人才的要求。

为此,将育人目标定为:将曹杨学生培养成为大视野、宽领域,明责任、敢担当,善思辨、会创新,懂自律、能力行,具有时代特征、内外兼修、知行合一、自立自强的现代公民。

大视野、宽领域:具有时代气息,宽阔国际视野,人文、科学、技术相融的知识与能力,树立人与社会环境、自然环境和谐共生、协同发展的世界观和价值观。

明责任、敢担当:明确人对自身、家庭、社会、环境、未来的责任,心理素质好、社会适应性强,拥有尊重、理解、包容、关爱与负责的情感态度,具有强烈的社会责任感和勇于担当的精神。

善思辨、会创新:善于分析并正确处理人与周边社会环境与自然环境中纷繁复杂的关系,具有创新精神和创造性解决问题的实践能力。

懂自律、能力行:能自觉将和谐共生、协同发展的观念与责任担当的精神落实在日常行为之中,知行合一,自觉践行健康的绿色生活方式。

五、特色定位

学校将"环境素养"界定为人们通过学习和实践体验而获得和形成的关于人与环境和谐共生、协同发展的观念、意识、态度、知识、技能、行为的总和,包括四个核心要素,六项目标。四个要素是指和谐共生、协同发展的观念意识,尊重包容、珍爱负责的情感态度,正确认识和处理环境问题的能力,自力自律、绿色健康的生活方式。六个目标是指环境意识的确立,环境伦理与健康心理的养成,科学思维的培育,环境知识的习得,环境科学技能的掌握和绿色生活方式的践行。

理性思考篇

一、实施背景

(一) 社会发展的需要

21 世纪,社会飞速发展,知识不断更新,科技不断进步,人类创造出了前所未有的财富。与此同时,人口剧增,资源过度消耗,环境污染,生态破坏,国家和地区之间贫富差距扩大等问题日益突出,严重威胁着社会的可持续性发展和生活质量的不断提高。若不将环境素养作为当代人必备的素养,唤醒对自然环境的尊重、维护意识,任其对自然索取欲望无限膨胀,将导致人类最终无法在地球上生存。21 世纪世界各国都将环境素养作为当代价值观教育的最重要命题之一。

(二) 符合学生持续发展需求

学生智能的多元和个性的差异在当今被充分认识并被日益关注。高中是学生世界观、人生观、价值观形成的重要时期,学校的责任不仅限于完成普遍意义上的教育教学任务,更应该关注学生的个性需求,通过教育内容组织、教育途径开发、教育资源整合、教育实效检测的一整套一体化的实践与研究,帮助学生发现自身的特长、培养兴趣、挖掘自身的潜能,实现自身的可持续发展以适应未来社会的变化和要求。因此,曹杨中学进行高中生环境素养培育一体化课程的实践与研究,全面培养学生的环境素养,使得新一代曹杨学子更加具有远大的理想和强烈的社会责任感,能自觉践行绿色生活方式,成为积极投身中华民族伟大复兴的建设者与接班人。

(三) 学校特色化发展的需要

《国家中长期教育改革和发展规划纲要(2010—2020 年)》明确指出要推动普通高中多样化发展。《上海市中长期教育改革和发展规划纲要(2010—2020 年)》强调着力构建富有特色的学校课程体系以及相应的运行和管理机制,推动高中学校错位发展、特色发展和可持续发展。普陀区也要求贯彻《上海市推进特色普通高中建设实施方案（试行）》，鼓励和引导本区普通高中以特色课程体系及其运作机制建设为抓手，深化课程改革，实现特色发展。

学校积极探索特色化发展之路，进行高中生环境素养培育一体化课程的实践研究，通过丰富各类课程和校内外教学资源，拓宽学生对周边事物的关注点和眼界，培养他们正确看待与周围人与事物的关系，和谐共生、协同发展的观念意识，尊重包容、珍爱负责的情感态度，正确认识和处理环境问题的能力，自力自律、绿色健康的生活方式，助推学校特色建设，从而达成学校的育人目标：将曹杨学生培养成为大视野、宽领域，明责任、敢担当，善思辨、会创新，懂自律、能力行，具有时代特征、内外兼修、知行合一、自立自强的现代公民。

二、基本概念的界定

（一）环境

学校将"环境"定义为人与周边自然环境（人地环境）、社会环境（人文环境）以及心理环境。

"心理环境"是德国心理学家 K. 勒温提出的拓扑心理学中的一个心理学中的基本概念。指人脑中对人的一切活动发生影响的环境事实，也即对人的心理事件发生实际影响的环境。曹杨中学将心理环境定义为深受自然环境、社会环境影响，与其息息相关的人自身的心理环境。

（二）环境素养

1975 年联合国贝尔格莱德"国际环境素养培育研讨会"制定的《贝尔格莱德宪章》，提出环境素养培育不仅要提供环境知识，更要培养大众对环境的态度和价值。

1977 年召开的第比利斯政府间环境素养培育会议指出，环境素养是"人们通过后天的学习而获得和形成的关于人类生存环境的知识、态度、意识、行为、技能的总和"。

2003 年中华人民共和国教育部颁布的《中小学环境素养培育实施指南（试行）》指出，作为学校教育重要部分的环境素养培育应该"引导学生全面看待环境问题，培养他们的社会责任感和解决实际问题的能力，提高环境素养"。

根据联合国教科文组织对环境素养的定义，结合曹杨中学的实际，学校将"环境素养"界定为人们通过学习和实践体验而获得和形成的关于人与环境和谐共生、协同发展的观念、意识、态度、知识、技能、行为的总和。

环境素养是科学素养和人文素养的有机结合的综合性素养。它体现了可持续发展、绿色发展、协调发展等发展理念指导下建设"绿色中国"的时代要求，是现代公民必备的核心素养之一。

学校将环境素养培育作为德育的重要内容和载体，努力构建环境素养培育一体化课程体系，使学校德育更具时代性，具有活力，更加有实效。

学校的环境素养培育以四个要素为核心，六个目标为指向。

1. 四个要素

和谐共生、协同发展的观念意识：指人与周边自然环境（人地环境）、社会环境（人文环境）以及深受自然环境、社会环境影响，与其息息相关的人自身的心理环境，和谐共生、协同发展的观念意识。

尊重包容、珍爱负责的情感态度：指对自身、对他人、对社会、对自然怀有尊重、包容、珍爱、负责的情感态度。对己：悦纳自己、珍爱生命、宁静致远；对人：尊重理解、宽容友爱、合作乐群；对社会：感恩、兼容、尽责、担当；对自然：敬畏、顺应、善待、共生。

正确认识和处理环境问题的能力：指正确认识并处理人与周边社会、自然环境以及自身心理环境间纷繁复杂的关系及由此产生的各种问题的能力。

自力自律、绿色健康的生活方式：指在日常的生活点滴中，能自觉践行绿色环保、健康自律的生活方式，并能主动引导他人认同并践行绿色的生活方式。

2. 六个目标

环境意识的确立：主要指个人与周边人文环境（人与社会）、人地环境（人与自然）和谐共生、协同发展的世界观，包括多元文化、多样生物、多种社会形态和谐共生、协同发展，自身与周围环境和谐共生等观念。了解人类活动的特点、人与自然的关系和我国传统文化"天地人合一"的思想，知道人类如何活动才能与社会、自然、他人和谐相处，形成天、地、人之间协调、和谐、可持续发展的世界观、价值观和发展观。

环境伦理与健康心理的养成：包括对周边人文环境、人地环境的伦理、道德、情感等方面的素养,体现为个体在心理上对周边人文环境、人地环境的感知、情意和自律程度,表现出对人文环境、人地环境、自身心理环境的认同、接受、适应、融入等态度及行为意向和尊重、平等、对话、合作,善待自然、珍爱生命,悦纳自己、积极进取等价值取向。

科学思维的培育: 指适合高中学生认知和能力发展的科学的认识论与方法论,包括系统思维、辩证方法、协同论、实证方法等有关的科学思维与方法的基础理论知识和基本方法的培育。

环境知识的习得: 指与个人有关的各类环境知识,包括基于政治、历史、地理等人文学科的政治环境、社会环境、经济环境、法治环境,基于生物、生态、能源等科学的生物多样性、生态环境、自然环境、人造环境,基于社会学、心理学的人际交往、团队合作等相关知识与技能的习得。

环境科学技能的掌握: 指与人文环境(人与社会)、人地环境(人与自然)、自身心理环境的友好和协同发展的能力与技能。与人文环境友好包括国家意识、文化认同、国际关系、多元文化、公民自觉、民族情怀、集体意识、社会适应、人际交往、团队合作等;与人地环境友好包括珍视地球、敬畏自然、爱惜资源等观念和绿色能源的开发和利用,能源的节约、降耗、减污、循环利用,环境的保护、监测、修复等方面的措施与技术;自身心理环境友好包括:悦纳自己、正确认识和评价自己、心理调适、情绪管理、保持平和心态和积极向上人生态度的方法和能力。

绿色生活方式的践行: 指具有国际视野的现代公民的自主自律能力和健康环保的生活方式。体现为把与人文环境、人地环境和谐共生、协同发展的情感、认知、伦理道德观和技能等落实在个人的行为中,实现知行合一,从身边做起,从日常行为做起,积极影响他人,共享绿色生活。

(三)一体化课程

一体化课程是指将特色课程和德育课程一体化,形成有机渗透、深度融合的一体化学校课程体系,其重点是环境素养培育。它是培养现代公民核心素养的立德树人课程的重要内容和载体。这种将德育课程有机渗透、深度融合于学校特色课程之中的一体化课程体系(简称一体化课程),既是学校创建特色学校的核心内容,又是学校德育工作创新,增强德育时代性、时效性的重要载体和实施途径。这种将知识类课程、实践体验类课程和德育课程深度融合的一体化课程，也是学校力图创新德育工作的积极探索。

三、效果

（一）进一步优化学校顶层设计

学校深刻认识到环境素养培育对于立德树人教育、对于学生终身发展的重要性，进行顶层设计，构建以环境素养培育为重点的一体化课程，以促进每一位学生终生发展为宗旨，提高每一位学生包括科学、人文、环境素养在内的综合素养，切实做到立德树人。

（二）提升办学理念

依据时代发展、可持续发展对人才的需求，学校丰富了办学理念内涵，将"责任与自主"办学理念进一步提升为"担当责任，自主力行"。

担当责任：每一位曹杨人都应该拥有对自身、家庭、社会、环境、未来的责任意识和担当精神，尤其是人与社会环境（人文环境）、人与自然环境（人地环境）以及深受自然环境、社会环境影响，与其息息相关的人自身的心理环境，具有和谐共生、协同发展的责任意识和担当精神。

自主力行：每一位曹杨人都应该做到在社会使命感的驱动下，独立思考、主动探究、知行合一、环境友好、绿色践行、有所创新，成为能负责、敢担当、懂自律、有作为的现代公民。

（三）延展育人目标

秉持"担当责任，自主力行"的教育理念，学校深化延展了原有的育人目标。瞄准上海建设国际化大都市的时代特征，将育人目标定为：将曹杨学生培养成为大视野、宽领域，明责任、敢担当，善思辨、会创新，懂自律、能力行，具有时代特征、内外兼修、知行合一、自立自强的现代公民。

大视野、宽领域：具有时代气息，宽阔视野，人文、科学、技术相融的知识与能力，树立人与社会环境、自然环境和谐共生、协同发展的世界观和价值观。

明责任、敢担当：明确对自身、家庭、社会、环境、未来的责任，心理素质好、社会适应性强，拥有尊重、理解、包容、关爱与负责的情感态度，具有强烈的社会责任感和勇于担当的精神。

善思辨、会创新：善于分析并正确处理人与周边社会环境与自然环境中纷繁复杂的关系，具有创新精神和创造性解决问题的实践能力。

懂自律、能力行：能自觉将和谐共生、协同发展的观念与责任担当的精神落实在日常行为之中，知行合一，自觉践行健康的绿色生活方式。

◆ 德育工作篇

一、一体化课程体系构建

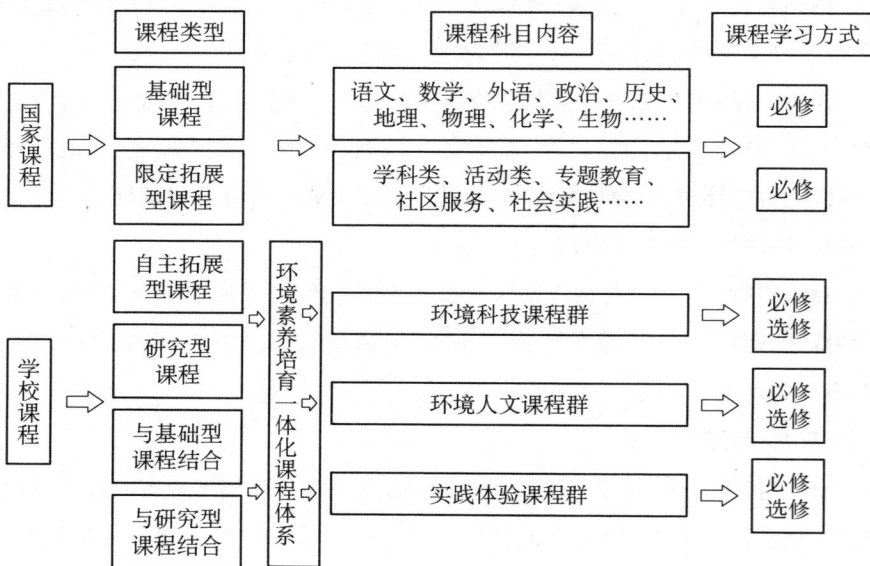

学校不断开发和完善以环境素养培育为重点的一体化课程体系，将其分为环境人文课程群、环境科技课程群、实践体验课程群等三大类课程群。通过活动体验、技能强化、创新探究由低向高逐渐提升的分层课程实施，从兴趣培养到高阶思维训练，分层递进地培养社会责任意识、可持续发展观、科技素养、创新精神以及高雅得体的人际交往能力和审美能力，养成绿色、环保、健康的生活方式。

环境科技课程群	环境人文课程群	实践体验课程群
《科学思维导引》	《心理健康读本》	尚理明德"五进"实践活动
《科学方法概述》	《情感世界读本》	环境教育社会实践活动
《能源知识概要》	《心灵世界读本》	校园"自主管理项目"活动
《绿色能源》	《精神家园读本》	人文科技社团活动
《水技术与环保》	《中国古代哲思——天人合一观通俗读本》	系列创新实验室
《校园植物档案》	《国学基础知识辑要》	冬令科学探索营
《唯美校园"维"美生命》	《可持续发展教育案例》	夏令思维训练营
《头脑OM》	《LTCC——基于跨文化思维培育读本》	"阳光"心理社团活动
《物候》	《幸福人生启示录》	海外游学课程
《人工湿地读本》	《尚理明德读本》	
《气候与环境》	《礼仪交往文书》	
《特色课程与基础型课程融合各学科实施指南》	《中国少数民族教育读本》	
《建筑与环境艺术模型制作》	《民族团结教育通俗读本》	
《机械设计从入门到精通》	《生命教育读本》	
《健康膳食读本》	《环境美学：自然、艺术与建筑的欣赏》	
《大气环境监测》	《国际理解教育读本》	
《极地环境知识》		
《物理拓展课程》		

二、一体化课程实施

学校将把一体化课程与基础型课程、拓展型课程、研究型课程紧密结合，以环境意识的确立、环境伦理与健康心理的养成、科学思维的培育、环境知识的习得、环境科学技能的掌握、绿色生活方式的践行为目标取向，在文科中渗透相关人文素养（侧重人与自然的和谐发展），在理科中渗透相关科学知识、技能和思维方式，在实践中提高学生的修养与品德。

一体化课程的实施在高中阶段采用学分制，学生在高中三年学习阶段，每学年在每个学习领域都必须获得一定学分,总分必须修完 40 学分,方可认定完成本课程的学习。其中必修课程不得少于 30 分,选修课程不得少于 10 分。学校鼓励学有余力或希望多方面发展的学生修习更多选修课,获得更多学分。

(一)责任教育主线

"责任教育"分为三个层面:人对于自然环境的责任;人对于社会环境(对于他人、家庭、集体、社会、国家)的责任;人对于心理环境(对于自我)的责任。学校的德育是基于"环境素养培育"办学特色的,基于学校办学历史的,是有特色课程群支撑的,因而是具有曹杨特色的"责任教育"。

"责任教育"是学校的德育主线。年级育人主题如下:

学段	年级	主题	内　涵
初中	预备	责任与习惯	敬畏自然 适应初中学习生活 懂得自律,养成良好习惯
	初一	责任与礼仪	爱护自然 参与班集体、学校活动与事务 悦纳自我,礼仪交往
	初二	责任与自信	与自然和谐共生 服务他人、集体 建立自信

学段	年级	主题	内　　涵
	初三	责任与梦想	引导他人爱护自然,与自然共生 服务集体、周边社会 开始规划自我
高中	高一	责任与规范	敬畏自然 适应高中学习生活 养成良好习惯并树立规范意识
	高二	责任与自主	爱护自然 参与班集体、学校活动与事务 悦纳自我,礼仪交往
	高三	责任与规划	通过自我掌握的环境素养引导他人爱护自然,与自然共生 服务集体、社会与国家 规划自我学业与未来职业

（二）德育课程实施原则

德育课程按照"理念统领、年级推进、螺旋提升"的原则有序实施。理念统领："责任教育"是德育课程的主线;年级推进:按照年级层次,符合学生的年龄、生理与心理发展规律及教学实际需要实施;螺旋提升:责任教育主线贯穿整个德育课程,并不断巩固提升。

（三）德育课程实施途径

1. 思想政治课

思想政治课不断改进和完善教学内容体系,教学方法适应学生的年龄和心理特点,紧密联系学生思想和社会实际,避免空洞说教。考试方法注重考察学生对所学知识的理解程度和实际接受情况。时事课是国情教育的一条重要途径,做到时间保证,内容落实。

2. 班会课

每周的班会课是最好的德育课堂,采用单双周制,固定课程与灵活课程相结合,整体德育与年级实际相结合。单周进行德育统一的课程;双周由年级和班级根据实际情况自行安排。班(校)会课包括主题班会课、主题教育课、校会课、讲座等。

3. 心理咨询

心理咨询是培养学生健康心理品质的有效途径；职业指导是发展学生个性、进行理想教育的有效途径。鉴于中学生处于青春发育期，又面临对未来职业的选择，学校通过谈心、咨询、讲座、热线电话等多种形式对不同层次学生进行心理健康教育和职业指导，帮助学生正确处理好学习、生活、择业、人际关系等方面遇到的心理矛盾和问题，提高他们的心理素质，培养承受挫折、适应环境的能力。

4. 生涯指导

高中阶段的生涯教育指导对于学生整个人生的规划和发展具有非常重要的作用。学校对学生在校学习、职业、生活等方面给予全面的指导。

5. 社会实践

教育与生产劳动相结合是坚持社会主义教育方向的一项基本措施。学校把生产劳动和社会实践活动作为必修课列入教学计划，根据不同的年龄层次，指导学生学会自我服务性劳动和必要的家务劳动。组织学生参加一定的生产劳动和公益劳动，在劳动中切实培养学生热爱劳动、热爱劳动人民、珍惜劳动成果的思想感情、行为习惯和艰苦奋斗的作风；积极组织学生参观、访问、远足、进行社会调查、参加社会服务和军训等实践活动，使学生开阔眼界，认识国情，了解社会，增长才干，把理论和实践结合起来，增强辨别是非的能力。

校外教育是对学生进行政治思想道德教育，培养健康文明生活方式的一个重要阵地。学校主动和校外实践基地、文化馆、博物馆、纪念馆、科技馆等校外的文化教育单位建立联系，充分利用这些专门场所和社会文化教育设施，并积极开拓和建设校外教育的场点、营地，有计划地组织学生参加各种活动，在活动中进行教育。

6. 共青团、少先队与学生自管组织

团、队、学生自管组织是学生自我教育的重要组织形式，是学校德育工作中一支最有生气的力量。团与学生自管组织根据各自任务和工作特点，充分发挥组织作用，通过健康有益、生动活泼的活动，把广大学生吸引到自己周围，落实本大纲的各项任务，引导学生树立远大的理想和良好的道德风尚，继承革命传统，学会自我教育、自我管理；通过举办业余团校、党校、马克思主义理论小组活动,培养学生中的优秀分子。

7. 学校活动

各种科技、文娱、体育及班团体队活动是促进学生身心健康发展,培养良好道德情操的重要途径。学校和班级保证列入课程计划的各类活动的时间,并通过多种形式指导学生开展丰富多彩的科技、文娱和体育活动,培养学生良好的道德情操、意志品质、生活情趣和个性特长,提高他们的审美能力。

8. 学科德育

各学科教学是教师在向学生传授知识的同时进行德育的最经常的途径,对提高学生的政治思想道德素质具有重要的作用。各科教师教书育人,为人师表,认真落实本学科的德育任务要求,结合各学科特点,寓德育于各科教学内容和教学过程之中,各学科的教材、教学大纲和教学评估标准,坚持正确的思想导向;教学主管部门和教研人员深入教学领域,指导教学工作同德育有机结合。各学科教师及全体职工都在政治、思想、道德方面做学生的表率。

9. 班集体建设

班级是学校进行德育、实施本大纲的基层单位。班主任工作是培养学生良好思想品德和指导学生健康成长的重要途径。班主任是本大纲的直接实施者,根据本大纲的内容要求,结合本班学生的实际情况,有计划地开展教育活动;组织和建设好班级集体,做好个别教育工作,加强班级管理,形成良好的班风;注意发挥学生的主观能动性,培养他们的自我教育和自我管理的能力;协调本班、本年级各科教师的教育工作,密切联系家长,积极争取家长与社会力量的支持配合。

三、一体化课程实施的评价体系

学校借鉴 CIPP 评估模式,对"环境素养培育"一体化课程实施及其效果进行全方位评价,推动课程的不断完善。

(一)一体化课程实施中对学生的评价

在一体化课程的实施中,注重学习的过程评价,在每个阶段都采用互评、自评、教师评价等方式对学生进行评定。

评价项目		评 价 要 求
参与程度		积极参与活动的全过程,并且有所收获
环境素养	环境意识的确立	确立个人与周边人文环境(人与社会)、人地环境(人与自然)和谐共生、协同发展的世界观,包括多元文化、多样生物、多种社会形态和谐共生、协同发展,自身与周围环境和谐共生等观念
	环境伦理与健康心理的养成	个体在心理上对周边人文环境、人地环境的感知、情意和自律程度
		对人文环境、人地环境、自身心理环境的认同、接受、适应、融入等态度及行为意向
		尊重、平等、对话、合作,善待自然、珍爱生命,悦纳自己、积极进取等价值取向
	科学思维的培育	具有认知和能力发展的科学的认识论与方法论。包括系统思维、辩证方法、协同论、实证方法等有关的科学思维与方法的基础理论知识和基本方法的培育
	环境知识的习得	学习与个人有关的各类环境知识,包括基于政治、历史、地理等人文学科的政治环境、社会环境、经济环境、法治环境
		基于生物、生态、能源等科学的生物多样性、生态环境、自然环境、人造环境,以及基于社会学、心理学的人际交往、团队合作等相关知识与技能的习得
	环境科学技能的掌握	与人文环境友好:国家意识、文化认同、国际关系、多元文化、公民自觉、民族情怀、集体意识、社会适应、人际交往、团队合作等
		与人地环境友好:珍视地球、敬畏自然、爱惜资源等观念;绿色能源的开发和利用,能源的节约、降耗、减污、循环利用,环境的保护、监测、修复等方面的措施与技术
		与自身心理环境友好:悦纳自己、正确认识和评价自己、心理调适、情绪管理、保持平和心态和积极向上人生态度的方法和能力
	绿色生活方式的践行	能把与人文环境、人地环境和谐共生、协同发展的情感、认知、伦理道德观和技能等落实在个人的行为中,实现知行合一,践行绿色生活方式
创新能力		善于思考、勇于质疑、见解有新意;举一反三,灵活运用方法解决问题
实践体验		确立研究课题,动手进行实验、操作,取得课题研究进展或成果
创新作品		有设计创作的成品或设计方案

方式 \ 项目	参与程度	环境素养	创新能力	实践体验	创新作品
自评					
互评					
综合评价					

（二）一体化课程实施中对教师的评价

加强对教师"环境素养培育"过程的监控、评价与反馈，促进教师树立科学的育人理念，拓宽眼界，打破学科壁垒，不断提升专业素养，改进教育策略和方法，提高教育的针对性和实效性。

评价项目	评价要求
指导思想	体现教为指导、学为主体、动（练）为主线的教；重视实践能力和创新思维的培养
目标与内容	目标明确具体，符合学生实际；内容开放、容量恰当，层次分明，针对性强
指导过程	重点突出，难点突破，善于设趣启迪思维，激起教学高潮；学生全体参与、积极性高；能给予学生充分的思考空间和动手实践的机会
教师专业素质	善于学习环境科技相关的前沿知识；具有创新意识，具有较强的课题开发和研究能力，具有较强的启发和指导学生制作的能力

（三）对一体化课程体系的评价

在一体化课程实施的过程中，定期开展自我评估。对课程目标、课程设置、课程内容和课程实施、课程资源的配置等方面进行评价，提出新的发展目标和要求。力求通过一体化课程的开设，探索符合曹杨学生特点和认知水平的课程创新发展的路子，在一体化课程开发实施中深化办学理念、提升特色品位。

评价项目	评价要求
课程目标的恰当	符合现代社会对学生的需求，有利于学生的可持续发展
课程内容的适切	内容符合学生年龄特点和现有知识结构特点；教材框架清晰，难度循序渐进；内容科学、有时代性，启发性强，突出创新能力培养
课程实施的途径	知识学习，动手操作，社团活动，创新实验，社会实践等课程实施途径的选择科学有效
课程评价的多元	评价可操作性强、方法科学、具有激励性

专家点评

　　学校特色是学校办学的总结、积淀与升华,是学校办学的优势、特长体现,是学校在未来办学中的继续追求和优化发展。学校办学特色进一步优化发展,学校便有可能发展成为特色学校。曹杨中学作为普陀区的名校,自 1953 年办学以来,学校始终秉承"厚德·报国"的赤子文化,以"爱国·精业·乐群"为校训,逐步形成"严谨·精业·求实·创新"的教风和"勤奋·求实·合作·进取"的学风,成就了一支高水准的教师队伍,办学成绩得到社会各界广泛认可。以"环境素养"培育为特色的学校理念一直以来贯穿学校的发展,此次上海市特色普通高中的评比中,学校被命名为第一所特色高中可谓实至名归。

　　学校将德育和特色课程结合在一起,高屋建瓴地提出德育建设的新思路,从实施背景、实施原则、实施途径以及相关评价体系等方面较为完整地构架了新时期特色学校德育体系。同时将知识类课程、实践体验类课程和德育课程深度融合的一体化课程,也是学校力图创新德育工作中的积极探索,值得肯定。

　　在历次曹杨中学特色建设的考察中,我作为观察员也进入学校与师生深度交流,学校的德育建设给我留下非常深刻的印象。

上海市普陀区教育学院院长　　瞿志军

以艺载育　以才树人

上海市信息管理学校德育顶层设计　文/徐一朵

⭕ 学校简介

　　始建于 1983 年的上海市信息管理学校（董恒甫高级中学）是以培养现代服务业从业人员为主的大型综合性公办学校。原名为上海沪光图书情报中专，1992 年，学校更名为上海市董恒甫职业技术学校。2005 年，学校被评为国家级重点中职校。为更好地体现办学特色和专业品牌，2009 年 6 月学校更名为上海市信息管理学校（董恒甫高级中学）。2013 年，学校获上海市中等职业教育改革发展特色示范立项建设学校，2016 年 6 月建设完成并通过验收评估。

　　学校先后荣获上海市文明单位、上海市职业教育先进单位、上海市安全文明校园、上海市行为规范示范校、上海市花园单位、上海市华侨捐赠管理先进单位、上海市三八红旗集体、上海市巾帼文明示范岗、全国及上海市五四红旗团委、上海市 A 级诚信办学单位、上海市少儿住院基金管理先进集体、国家及上海市语言文字规范化示范校等荣誉称号。

　　学校办学至今，秉承以培养高素质应用型专业人才为宗旨，不断提高教育教学水平和办学质量，不断转变人才观和质量观，正确处理好学生综合素质提高和职业能力培养的关系，正确处理好学生文化基础知识学习与职业技能训练的关系，使职校学生不但具有较强的操作能力，而且具有较强的发展能力。为此，学校将才艺教育与学生发展相结合，激起求知欲和集体荣誉感，再把热情与兴趣移到学习上。将兴趣附于课堂，将生动的实践活动结合课堂理论，如此，学生才会自发地推动学习进程，把学习化为内动力，引导每位职校学生做一个"有教养，会学习"的"准职业人"。

■ 理性思考篇

与普通高中学生相比，中职生的学习和品行问题显得更为突出一些，这有其自身原因，也有社会和家庭原因。而针对这些问题，根据学校传统与特色，基于相应的心理学与教育学理论，提出并实施一定的教育方案，是实现以学生发展为本的理念以及学校办学目标的有效路径。

一、中职生学习和品行问题及原因分析

大多数中职生都是应试教育体制下的中考失利者，他们共同的特点就是自卑心理重，自信心不足；又因社会用人制度的改革尚未完善，公开、公平、公正、合理的用人机制尚未建立，对职业教育、职校学生存在偏见等，大部分中职学生在学习上缺乏动力和自信心，在行为习惯上普遍存在偏差。

（一）社会消极因素影响加剧

人是社会的产物，正如马克思指出的那样："人的本质并不是单个人的抽象物，实际上，它是一切社会关系的总和。"人的个性、行为都要受人们生活的社会环境的影响。社会转型期，人们的生存方式和样态都发生了变化，这一变化深刻而广泛地改变了道德作用发挥的社会背景和机制，也不可避免地会对正在社会化的中职学生产生影响和冲击。

目前，社会道德失范现象使中职学生在社会化过程中无所适从，迷失方向，由此造成中职学生社会化中的偏差、失败。社会上盛行着极端个人主义思想，为了个人利益，为了追求自我价值的实现，不惜牺牲别人的利益和幸福，损人利己。这些不良的社会风气，对成长中的中职学生有十分恶劣的影响，这也是造成他们品德行为偏差的原因之一。

（二）中职学生自身问题突出

中职学生是指初中毕业后为掌握职业技能而参加学习的中学生，其学习的目的鲜明地指向毕业后直接从事相应的工作。由于社会的转型和教育体制的

变化,目前中职学生大多为准备尽快参加工作者、参加高中学习无望者、家庭条件困难者、家庭破裂受害者等。

一是学习方面表现出失效现象。因学习而产生的各类问题是中职学生面临的主要问题,学业不良学生在中职学校中所占比例较大,以我校为例,有50%以上的中职学生属于学业不良型。前苏联教育家巴班斯基指出:所谓学业不良学生就是指那些比其他学生花更多的时间和精力,才能达到掌握知识技能的某种水平的学生。除学业不良外,中职学生厌学人数占到70%,他们对所在集体和周围个体带来负面影响,在学校完全是在被动地混日子,厌学是目前中职学生比较突出的问题,不仅是学习成绩差的学生不愿意学习,一些成绩较好的学生亦出现厌学情绪。主要表现形式为:一是学习动力不足,他们迫于形势不得不学;二是学习习惯和学习能力差,有的逃学或辍学,在社会闲散人员的利诱下,容易走上犯罪的道路。因此全方位渗透德育,将学生吸引到课堂,已经是摆在中职学校面前的一个亟待解决的紧迫问题。

二是思想品德方面表现出游离现象。思想品德的游离性是一种不良的品德现象,表现为不稳定、不同一和两面性等特点。这种不良的品德现象在当前中职学生身上并非少见。中职学生思想品德中的游离现象主要表现为:言行不一,说得漂亮,做得马虎;"他德"和"我德"的游离意识,即宽于律己,严以待人。现在的中职学生绝大多数是独生子女,从小就形成了一个以自我为中心的世界。他们把自己的利益凌驾于他人利益之上,只考虑自己的感受,不顾及他人,对他人缺乏同情心。遇到困难、挫折,心理承受能力差,自我约束差,自我平衡差。面对困难、挫折,往往是采取逃避或攻击的行为方式。如在学习上遇到困难,为逃避学习而逃课、逃学,甚至出走等;面对生活中的挫折不能正确对待,如受到批评后采取对抗、报复、迁怒等攻击行为,来寻找维护自己心理平衡的支撑点;受到委屈后就采取离家出走、服毒、跳楼等极端的行为方式。

(三)家庭教育缺失

家庭是中职学生生活的重要场所,它是人生的第一所学校。对一个人的教育在他诞生后就开始了。他虽然还不会说,不会听,但已经在学习了。经验先于教学。父母,尤其是母亲是人生最重要、最可贵的第一任教师,也是最有影响力的教师。正如马克思指出的那样："孩子发展的能力取决于父母的发展。"

一是父母自身品德上存在缺陷。父母亲的性格、品行总是在孩子们的身上折射出来。当前,大众文化中"唯利是图""一切向钱看"等冲击家庭成员主体——父母。他们的价值观、人生观、世界观被扭曲,呈现较大的功利性、低俗性,影响着家庭生活。另外,父母自身沾有某些恶习,自身品德上存在缺陷,给中职学生提供了直接模仿学习的榜样,中职学生从小耳濡目染,给其走向社会化带来很大困难。

二是家长教育观念上存在偏差。随着时代的发展,越来越多的家长开始重视家庭教育。但现在不少家庭中,父母在教育上存在重智轻德、重智轻体、重知识轻能力、重书本轻实践经验等观念。中央综治办和全国青少年研究中心在全国范围内进行了闲散中职学生犯罪调查,通过对两千余名未成年犯和一千余名普通中职学生的比较表明,忽视思想道德教育导致了中职学生犯罪,这是家庭教育的最大失误。

三是家长教养方式上存在失误。爱孩子是父母的天性。然而,令人担忧的是,我国目前家长教育方式上存在很多问题,许多父母把握不住对待孩子情绪天平的砝码,往往在严格要求与溺爱之间极端地选择。

四是家庭结构不健全。在社会转型期,我国的家庭结构也发生了巨大的变化。由离婚导致的单亲家庭、再婚家庭大量增加。家庭的危机与矛盾,使学生失去正常的教育环境。在这种情况下,一些缺乏道德判断能力的孩子往往会因坏人的引诱、拉拢,而走上邪路。被人们亲切称为"法官妈妈"的尚秀云介绍说:"失和型家庭严重影响孩子的健康成长。2003 年,北京海淀区法院少年法庭受理的未成年刑事案件中,来自单亲家庭的占未成年犯总数的 26.4%,来自继亲家庭的占未成年犯总数的 6.3%,来自婚姻动荡家庭的占未成年犯总数的 25.2%,三者相加为 57.9%。"

(四) 学校德育工作乏力

著名科学家爱因斯坦评价学校的教育作用时曾说:由于经济生活现代化的发展,作为传统教育的家庭,已经削弱了。因此,比起以前,人类社会的延续和青少年身心健康的保证,要在更大的程度上依靠学校。未成年人最需要受到良好的学校教育,学校教育阶段是为建立正确的世界观、人生观、价值观打基础的关键时期。但当前的学校德育工作还处于"说起来重要，做起来次要，忙起来不要"这样可有可无的尴尬境地。

一是德育目标定位偏移。我国目前学校德育目标较多体现了国家主导的意识形态，导致道德教育泛政治化，甚至被混为一谈，给基础道德建设带来一定的负面影响，弱化了道德的社会控制功能。当道德规范与学生生活实际、思想实际发生矛盾时，往往是要求学生被动听从、盲目服从，而不是鼓励学生从实际出发感受和体验生活，这在很大程度上限制了学生个体道德反省和自主选择的价值判断能力的发展。

二是德育方法简单化。目前，学校德育方法很多，但在德育实践中，相当多的教师仍以说服教育法为主，满足于单纯的特定的价值准则的传递，停留在道德知识的宣传和理论灌输上，忽视学生的道德情感和道德践行能力的培养，这容易使学生形成知行不一的"双重人格"。由于教育方法不当而引发学生"精神厌食"，导致德育接受障碍。

二、才艺教育及其理论基础

以上以上海市信息管理学校为例，总结分析了当前中职学生存在的主要问题。这些学习、品行上面表现出的问题，究其实质，就是他们缺乏一种应然的态度，当无趣、漠然、失意笼罩于他们心头而挥之不去的时候，必然以消极、被动、退缩的心态对待社会活动的对象。因此需要找寻一个切入点，借此唤醒他们的热忱，激发他们的动力，培育他们的善行。根据学校特点，最终确立的突破口是——才艺教育。

（一）才艺教育的思路及目标

学校才艺教育的思路，是在德育通盘观照下，选取符合学生发展需要，又为其喜闻乐见的才艺项目，通过课程学习、社会实践等体验式团体活动形式，激发其学习兴趣，培育其职业精神，引导其高尚品行。

才艺教育的目标包括以下几个方面。

1. 开阔视界，拓展才能，掌握技艺。

2. 激发学习兴趣，增强学习动机，并有效迁移至专业学习领域。

3. 培育乐业、勤业、敬业的职业精神。

（二）理论依据

本项目内容是才艺教育，方式是体验式团体活动，机制是学习迁移。此构想以下述理论为依据。

1. 体验式学习

体验式学习是指以学习者为中心，个体通过实践来认识事物，结合观察反思，获得知识、技能以及情感态度的一种学习方式。早在两千多年前，孔子即意识到亲身体验对于个体认知的作用，他说："不观高崖，何以知颠坠之患？不临深泉，何以知没溺之患？不观巨海，何以知风波之患？"他的经验得到了科学的印证。美国心理学家罗杰斯指出，学习分认知学习和体验式学习两种基本形式，体验式学习具有"情意"价值，它对学习者产生渗透性的影响，据此学习者能够在潜移默化中习得知识，尤其在生成、强化积极的情感和价值观方面作用很大。才艺教育重在创设情境，使学生在身临其境中进行学习体验，以激发他们的兴趣，提升他们的情意水平。

2. 建构主义学习迁移

学习迁移，简言之，就是一种学习对另一种学习的影响。它可以发生在知识、技能，以及态度、学习方法上面，这一学习心理机制作为教育中的重要议题，首先由美国心理学家布鲁纳在 20 世纪 60 年代提出。在对学习迁移进行一系列研究之后，心理学家发现，这一学习机制可以发生在相近水平的学习领域内，也可以发生在难度和复杂程度不一致的内容上面；可以发生在同质性情境中，也可以发生在异质性情境中。也就是说，将经由才艺教育激发的学习兴趣、动力，以及良好的学习习惯、方法，迁移至专业学习领域，是可能，也是可行的。至 20 世纪 80 年代，一种新的建构主义学习迁移观提出并逐步受到重视，这一理论建立在"知识是学习者主动建构"的假设之上，将迁移理解为是认知结构的重新建构。此理论认为知识是情境化的，情境影响了学习者对知识的新的应用，而迁移则是由各种不同的情境所决定的，知识的建构以学生为中心。同时该理论还强调协作学习是知识的意义构建的关键。借鉴建构主义学习迁移理论，才艺教育力求做到：（1）教育过程以学生为主体，尊重学生的兴趣和需要；（2）营造积极、活泼的才艺学习环境，促使学生与外部学习环境的良好互动；（3）将才艺知识和技能的意义与应用情境相联系，创设良好的态度和习惯的学习迁移的心理条件。

3. 群体动力学

人的本质由其社会关系所决定,个体生活于一定的群体之中,一个有内聚力和明确方向的群体,其力量必然大于所有个体力量之和,并能促动个体激发潜能,提升士气,竭力行动。这便是所谓群体动力理论的主要内涵。该理论最初源自于心理学家勒温的格式塔心理学,这一心理学理论认为人的内在需要和周围环境的相互作用决定了一个人的心理和行为,而个人所属的群体,就很自然作为周围环境中的一个重要变量受到关注和研究。有关群体动力的研究结果显示,群体内聚力会演化为一种"精神",吸引、组织和影响团体成员,其强弱会对群体的存在和发展以及群体成员的士气产生直接影响,具体表现在内聚力有利于成员的责任感、价值取向一致性的增强。才艺教育旨在培育学生乐业、勤业、敬业的职业精神,这些品质的形成需要以个体的团队意识、责任感和利他品性等道德价值取向为基础,借鉴群体动力理论,通过团队合作活动,打造群体内聚力,借此影响学生个体,促使其形成积极、良好的道德品质。

◆ **德育工作篇**

一、工作目标与内容

学校坚持以立德树人为办学方向,积极探寻才艺育人的模式,以培养"信息技术能力强","综合素质能力强","后继发展能力强"的"三强"学生为目标,不断践行中职学生"乐业、勤业、精业、敬业"的职业理念,提升中职生职业素养。针对目前中职生普遍存在的行为习惯不够规范,自卑感较强;学习动力和自信心不足,学习习惯普遍较差;职业目标不够明确,职业素养不高等现象,学校提出面向全体学生的旨在激发学生兴趣,改变学生学习态度,培养学生适应职业教育特点和未来就业趋势的一技多能的才艺教育思路,构建学校德育新体系。

二、途径与方法

(一) 途径

坚持走"学校—校内外实践基地—家庭—社区"的才艺教育体验式德育综合实践之路。2015年教育部出台了《关于深化职业教育教学改革全面提高人才培养质量的若干意见》,就产教融合,校企合作开出了具体"药方",指出要"推进行业企业参与人才培养全过程,实现校企协同育人原则"。为此,学校利用已建有的校内企业工作室、校外实训实习基地,深化校企协同育人,充分发挥企业的主体作用。建设基地的宗旨,是让学生在体验中学会生存、学会交往、学会做人、感悟职业、敬畏职业。校企双方按照"资源整合,文化融合,产学结合"的协同育人模式,共建校内外生产性实习实训基地、技术服务和产品开发中心、技能大师工作室、创业教育实践平台等,切实增强学生技术技能积累能力,逐步培养学生敬业精神。基地是一个浓缩的社会,学生走进基地,就可以体验社会、体验生活。基地不仅有"言传",更有"意会",使学生在体验成年人的酸甜苦辣中,真正成为"小大人",学会自理、自律、感悟人生真谛。通过建设体验基地,给学生搭建展示才艺的平台,使他们体验到集体生活和合作的重要,掌握知识,训练技能,增加阅历。

(二) 方法

采用体验式德育综合活动的方式,结合各年级组学生的特点,有针对性地进行才艺课程内涵建设与才艺师资队伍打造,同时制定各年级实践活动实施目标等,有效地推进才艺教育综合实践的开展,落实到课堂教学、主题活动和社会实践中,培养学生具有良好的综合素养、优质的行为品格以及社会适应能力。

1. 才艺教育课程建设

(1) 尊重学生兴趣爱好,开设与专业相结合的才艺课程

开设以围绕社会主义核心价值观和学校传统教育为主的通用性才艺教育课程,以及有助于专业发展的才艺课程群,逐步完善"一圈三群"("一圈"即以围绕核心价值观开设的五门才艺课程,"三群"即以结合学校专业群开设的才艺课程)的才艺课程建设。在才艺教学中体现"有趣、有用、有效"的思想。

（2）夯实校本课程建设，编写才艺教育校本课程

开发校本课程是推进才艺教育可持续发展的必然，也是形成才艺教育特色的重要保障。依据学生学习的特点和才艺课程自身的优势，不断更新教学的内容，切实提高教学效果，体现学校在培养学生多方面发展的特色。同时，校本课程的开发有助于提高教师对课程和教学思想方法上的驾驭能力，有利于提升教师的课程意识，促进教师多方面发展。

（3）实行"走班制"教学，才艺课程融入课堂教学

才艺教育实施走班制，兼顾学生兴趣特长，充分给予学生学习自主选择权，体现学生的主体地位。实行"走班制"，才艺任课教师可按照学生的才艺特长、接受能力，确定教学内容。学生也可有的放矢地选择、安排自己的课程结构，学会如何正确评价自己，正确估计自己的能力。

（4）引入积分评价机制，激发学生学习积极性

才艺教育除了要转变学生学习态度，提升学生学习兴趣以外，也要激发学生的主观能动性、创造性以及提高学生的自主管理能力，积分制的实施有利于这一目标的实现，也是对项目化教学、走班制学习的一个有效保障。指导教师对学生考勤、课堂纪律、完成作业以及各类获奖情况作出评分，学生科定期检查。与此同时，学校还每年举行运动会、五月歌会、才艺展示等活动，并积极组织学生参加校外的各级各类比赛，为学生搭建展示才艺风采的广阔舞台，将学生的才艺积分与个人评优挂钩，各班学生才艺总积分与班级评优挂钩。

2. 才艺教育师资队伍建设

（1）鼓励"一专多能"，培养学校自身的教师队伍

学校充分挖掘学校现有教育资源，动员全体有才艺特长的教师加入到才艺教育的队伍中来，由学生科具体负责才艺教育的开展实施与师资培训，尤其是鼓励青年教师开展才艺教学，进一步提高自身的综合素质和教学水平。

（2）加强与相关院校共建，建设专家型的外聘教师队伍

针对才艺教育的师资队伍总体实力不强，缺乏高层次、行业中有影响的领军人才这一问题，学校除了积极培养自身师资队伍以外，还聘请艺术类专业、行业领军人才为学校才艺教育助力，与专业院校共建，组建一支由德艺双馨的老艺术家陆澄老师带队的高素质、专家型的外聘教师队伍，并逐步形成规范有序

的外聘教师管理模式。

3. 才艺教育社会实践探索

学校将才艺教育这一有效的育人载体,落实到社会实践之中,与社区学校开展了中职校才艺教育进社区的实验项目,开展相关课题研究。才艺教育实践探究按照不同年级分目标、分阶段制定并实施方案。结合职校一年级学生实际,以"乐业教育"为主线,让学生感受职业乐趣,体验天道酬勤,培养学生"乐业、勤业"的爱岗敬业道德理念。根据二年级学生特点,以"敬业教育"为主线,让学生树立正确的就业观,结合岗位资质要求,实现敬畏神圣职业,成就精益求精的总体目标,培养"精业、敬业"的价值理念。

表1　才艺教育建设情况

建设名称	原有水平	建设内容	达 成 目 标
(一)才艺课程深化项目——内涵建设	以活动为主,课程为辅的模式	立足中职学生特点,开设学生有兴趣的才艺课程,在形式上实行走班制,在考核上采用积分制,因势利导地激发学生的学习兴趣以及自主管理能力	1. 依据才艺教育课程调研报告开设"一圈三群"的才艺课程,完成相关课程的教案、教材等编写工作 2. 实行才艺课程走班制,优化各校区课程设置 3. 通过积分制的实施,激发学生的学习兴趣 4. 才艺课程社团化管理,提高学生自主管理能力
(二)校本课程开发项目——依据学生自身特点开设才艺课程	才艺课程有一定的积累,但缺乏专家的指导,未形成一定的体系	通过专家的指导,开发出适合学生特点及学校实际情况的课程	1. 开设五门通用性才艺教育课程:《诵读与演讲》《篆刻艺术》《微电影制作》《影视与欣赏》《辩论与口才》 2. 开设十门各校区自定才艺教育讲义:《书籍装帧设计》《茶韵飘香——绿茶篇》《知礼、守礼、讲礼——礼仪课程》等
(三)才艺教育实践活动综合探索项目	才艺教育在校内得到长足发展,学生夯实自身才艺基础	与社区学校结对,让学生走进社区,通过实践得到认可,促使其对自身提出更高的要求	1. 与企业、街道等多家单位签订社会实践共建协议 2. 17家企事业单位参与学校才艺教育活动 3. 组织"信管杯"区级系列活动若干场 4. 主办市级学生论坛展示交流活动 5. 主办校级校园文化活动若干 6. 师生获得国家级3项,市级44项,区级78项

建设名称	原有水平	建设内容	达成目标
			7. 《新民晚报》《学生导报》《书法报》等多家媒体对才艺教育进行全方位、多角度报道 8. 建成基于才艺教育实践活动的主题德育综合实践课程 9. 逐步完善社会、家长以及学校对学生的评价
（四）才艺教育师资队伍建设	才艺教育原有师资队伍为我校在校教师，通过自学有一定基础后，对在校生进行教学	聘请外校的专业才艺教师与本校教师形成教学共同体，促进教师专业能力上的提升	1. 完善《双师型教师培养方案》《才艺课骨干教师培养方案》 2. 建成一支由艺术教师与学科教师组成的才艺师资队伍，专业教师增加1名，非专业教师增加6名 3. 建立由陆澄老师领衔的专家指导委员会
（五）市、区、校级教科研重点课题项目	2010年区级课题《教育对中职生行为习惯的转变与学习兴趣提高的实践研究》	通过课题研究对才艺教育的过程进行总结与反思，推动才艺教育向纵深推进	1. 完成《中职校才艺教育服务社区的实践研究》课题，获区级二等奖 2. 《才艺教育对中职生行为习惯的转变与学习兴趣提高的实践研究》获上海市教育教学成果二等奖

三、管理与评价

在才艺教育的实施过程中，学校坚持以下原则，对学生进行综合评价。

（一）主体性原则

学生是教育的主体，更是发展的主体、体验的主体，学生的品德形成，是在各种活动中通过自身和外界的相互作用来实现的。为此，教师要由单纯的知识传授者向学生学习活动的引导者、组织者转变。要尊重学生的主体地位，调动学生的内在动力，将德育内化为身心发展的需要。教师所创设的氛围是供学生体验的，学生又在体验中学到道德知识，形成道德行为。

（二）活动性原则

德育课程目标主要通过教师指导的各种教学活动来实现。活动是教和学的中介。在体验式教学中,要让学生直接参与主题活动、游戏活动和其他实践活动。这是学生提高道德认识,形成道德行为的重要途径。学生通过长时期的不断参与活动,获得大量的知识和经验。教师要根据教学内容将活动的过程、方法、技能与知识融合起来,寓德育于活动之中,有目的地为学生创设恰当的情境,引导学生积极参与学校、家庭和社区的活动。在活动中体验,在体验中提高道德水平。

(三)生活化原则

《学会生存》一书指出:"学校不能和生活脱节。"课程要从脱离学生生活的状况中转变过来,成为面向学生生活的课程,无论是课程目标、课程内容都应当向学生的生活回归,这是"体验式教育"应该强调的原则。新课程要从过去的理想化、政治化、模式化的框架中走向生活化,让学生在生活中深刻认识社会和自我,从切身的体验中学会识别美与丑、善与恶、真与假,并在生活交往中学会做人。学校大胆让学生面对纷繁复杂的社会生活和多元道德价值观念,不回避现实生活中学生遇到的种种矛盾,放手让学生在多变的社会生活中,灵活运用知识去通过分析、比较作出正确而合理的选择,切实做到"生理—心理—情感—个体经验"等体验经历的融合。

▲ **实践特色篇**

"呦呦鹿鸣"展才艺"德音孔昭"育敬业

"鸣音"合唱团的对象是高中阶段的中职学生,合唱团的开设主要针对目前中职生普遍存在学习愿望低、职业规划缺乏指导等现象,首先借助合唱社团这一形式在中职学生中孕育"敬业"精神,将社会主义核心价值观中要求公民忠于职守、克己奉公、服务人民、服务社会的公民职业准则注入作为"准职业人"的中职学生中。

一、实施背景

(一) 开展才艺教育,变堵为疏,提升学习动力

中职学生的中考成绩远低于普高学生,同龄人的歧视;家长的责怪造成他们心理偏差,相当一部分学生存有自暴自弃的态度。学校开展才艺教育,变堵为疏,让学生在才艺学习活动中提高自信心,品尝成功感,将学生潜在的能量转移至学校课堂,从而改变学习态度,提升学习动力。

(二) 开展才艺教育,认同价值,规划职业未来

中职生对未来的职业生活倍感兴奋与好奇,却缺少理性思考与设计。学校90%以上的学生对自己未来的职业没有规划,这显然不利于他们职业生涯的发展。从"准职业人"素养讲,学校通过喜闻乐见的形式,搭建多元化实践体验平台,提升学生职业意识,思考发展方向,规划自身未来。

二、目标

通过开设合唱才艺课程,开展跟合唱有关的社会实践活动,利用社团化的管理模式,把学生推到社会实践之中,让学生在实践中检验能力,感受成功,激发学习热情,打造出具备健全人格和专业技能的新型职业人才,逐步把学生培养成为具有"敬业"精神的"准职业人"。

三、过程与策略

"鸣音"合唱团依据才艺教育项目组要求制定了该团的管理条例。并编写了合唱校本讲义,该合唱讲义成为才艺教育课程系列化建设中的一部分。

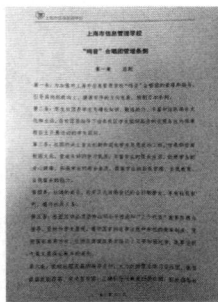

图1　才艺教育工作条例　　　　图2　才艺教育教材及讲义

分阶段实施。学校以年级为单位将"鸣音"合唱团的培养目标细化为"四业"，即"乐业、勤业、精业、敬业"，以"敬业"为核心，从各年级学生的个性特点以及日益发展的社会生活等方面的需求出发，有针对性地制定分年级、分阶段的教学目标和活动内容，将其有效地落实到课堂教学中，践行于社会实践中。

建立二级合唱机制。针对学校专业分布特点以及校区分散的现状，"鸣音"合唱团建立校区、学校二级合唱机制。由校级合唱团制定制度、章程，各校区结合自身专业特点推进实施。让合唱这一声乐艺术的参与人数实现最大化，将普及与提高相结合；让中职学生都能参与进来，提高学生综合素质，领悟艺术之美，感悟职业之美。

1. 一年级培养学生"乐业、勤业"的道德理念，感受职业乐趣，体验天道酬勤

（1）编写合唱校本教材，激发兴趣成"乐业"

对于大部分零起点学习声乐，且一直以来对学习并没有浓厚兴趣的中职学生来讲，激发他们的学习兴趣成为关键。学校音乐教师结合生情，自编难易适中的合唱教材。

（2）合唱作为课程进课表，机制保障成"勤业"

为了保障"鸣音"合唱团成员能够有充足的时间投入到合唱训练中，学校建立了相应的体制机制。学校不仅将才艺课程统一纳入课表，不同年级不同专业的学生在这一时间段统一参加合唱训练；同时采取走班制、积分制的形式，由指导教师对参加合唱的学生进行考勤并结合课堂纪律及各类获奖情况给出综合评分。

（3）实施内容

表2　一年级实施内容

年级	目标	内容	形式	评价	时间	次数	目的
一年级	培养学生"乐业、勤业"的道德理念，感受职业乐趣，体验天道酬勤	欣赏音乐公开课	校外学习	感悟交流	1课时	2次/学期	以丰富的音乐情感来陶冶学生，以阶段性成果鼓励学生，让学生感悟"乐业、勤业"的意义，热爱生活，关爱自然，从音乐审美体验中获得真善美
		体验音乐剧			2课时	2次/学期	
		建立训练常规，进行乐理知识、发声、节奏、吐字等合唱技巧训练	校内教学	展演比赛	1课时	1次/周（课内）	

续　表

年级	目标	内容	形式	评价	时间	次数	目的
		精选歌曲学习			1课时	1次/周（课内）	
		艺术修养培养			1课时	1次/周（课外）	

2. 二年级培养学生"精业、敬业"的价值理念,敬畏神圣职业,成就精益求精

(1) 优质场地,专业指导,让学生"精业"

为保证"鸣音"合唱团的排练不影响其他社团的教学,学校把音乐专用教室作为"鸣音"合唱团的指定排练教室,并在资金上加大投入,添置相关专业设备;配备专业师资,学校指定校专业音乐教师为"鸣音"合唱团专职指导教师,保证了教学水平。同时,学校还聘请校外专家,建立了一支具有国际水准的兼职指导教师队伍,让学生在"精益求精"上下功夫,不断提升专业水平。

(2) 搭建平台,交流实践,让学生"敬业"

学校搭建平台,开展实践活动,让学生在实践中感悟"敬业"。"鸣音"合唱团突破课堂教学的局限,充分发挥其优势,使学生在第一课堂所学专业知识和技能在课外、校外得到有效延伸和补充。2015年,"鸣音"合唱团参加了徐汇区合唱比赛、七校合唱展演、校内的5月歌会展演等各层次交流演出。演出不仅检验了学生的水平,更增强了学生的团队意识、团队荣誉感,培养了学生的集体主义精神。通过这些校内外的实践活动,学生从不同角度发现、感悟社会对职业技能的需求,让学生对什么是"敬业",如何"敬业"有了更进一步的理解。

表3　二年级实施内容

年级	目标	内容	形式	评价	时间	次数	目的
二年级	培养学生"精业、敬业"的价值理念,敬畏神圣职业,成就精益求精	训练合唱曲目	课内教学	比赛展示	2课时	1次/周（课内）	通过学生合唱队的训练,培养学生专业能力;通过比赛培养学生集体荣誉感,最终实现"敬业"
		策划校区、校级"五月歌会"活动方案	校内实践活动	比赛展示	4月—5月	1次/学年	
		参加市区级比赛、展演	校外社会实践活动	比赛展示	以各级比赛时间为准	多次/学期	
		策划校际间合唱大赛					

四、机制与保障

（一）成立以学生为主的核心小组

在才艺项目组的指导下，"鸣音"合唱团以示范校建设要求为蓝本，以《上海市信息管理学校社团管理条例》为基本原则，同时建立了以范雯倩老师为组长，邵静嫚、王思佳、黄诗懿、王格、朱殷悦、范周忻等六位学生为组员的核心小组，推进合唱团建设。

（二）组建专家队伍

本项目组根据实际情况成立了由高校声乐教授、音乐教育专家、德育专家等组成"鸣音"合唱团专家指导委员会。指导委员会负责审议合唱团课程设置、教材编写体例等，定期开展合唱团研讨与指导性会议，并将才艺教育项目建设中所提出的培养出"三强四业"的"有教养、会学习"这一目标融入合唱团建设中。

（三）实施过程监控

根据才艺项目的要求，"鸣音"合唱团坚持每周有例会，每月有进度汇报，每学期有阶段总结，保证建设任务有实效。

专家点评

　　这篇以"以艺载育　以才树人"为题，旨在构建中职学校才艺育人模式的顶层设计，通过组织、引导学生开展才艺活动，达到陶冶其情操、培育其善性、促进其学习的目的，由此显现出此项目具有很强的现实意义和应用价值。作者以目前中职学生存在的品德问题切入，分析这些问题的表现及产生原因，继而基于其所在学校的传统与特色，提出以才艺教育培育学生良好道德品性、学习动机及职业精神的构想。

作者明确提出了才艺教育的目标,以体验式学习、建构主义学习迁移和群体动力学为理论依据,初步建构起了包含才艺课程建设、师资队伍建设、才艺教育管理与评价制度建设等方面在内的实践体系。总体看,此顶层设计以现实问题为导向,项目主题明确,切合职业学校和中职学生特点,理论基础扎实,实践方案体现出系统性、针对性和操作性强的特点。文章思路清晰、内容丰富、逻辑性和条理性较强、行文流畅,体现出作者较强的问题意识及分析能力、逻辑思维能力和表达能力。

2017年教育部在第32期《各地扎实推进学校美育教育改革发展》的简报中,明确了"强化育人目标,深入推进学校美育教育教学改革"的重要性。此顶层设计不仅契合了教育部的这一要求,同时也是符合了《上海市教育改革和发展"十三五"规划》中提出的"让每一个学生至少有一项艺术爱好,掌握一项艺术技能"这一目标。这一才艺育人的顶层设计的提出,是对中等职业学校在创新德育实践的探索和创新,是推动社会主义核心价值观进课堂的尝试,是提升中等职业学校学生综合素养的方法和途径,是实施校园文化创新传承发展和青少年艺术教育彩虹行动计划的有效手段。同时又注重才艺教育的课堂教学与课外实践相结合,才艺素养与职业规范相结合,美育教育与职业学校的特色相结合,这不仅拓展了职业教育的功能,更对全面推进职业学校的内涵建设起到积极的作用。此顶层设计从中等职业学校的实际出发,针对性强、可复制性强。

上海师范大学　朱　炜

好学致用　立诚向善

上海财经大学附属中学德育顶层设计　文/凌　岭

⭕ 学校简介

学校建校 80 余载,原名上海市建设中学,于 2007 年与上海财经大学合作办学更名为上海财经大学附属中学,是杨浦区实验性示范性高中。随着上海教育综合改革的启动,学校的发展迎来了新机遇,学校把"建设一所传承历史传统,培养富有担当意识、具有一定财经素养的现代社会公民的示范性特色高中"确立为办学目标,坚持"厚德·博学"的校训,确立"好学致用,立诚向善"的办学理念,提出"德优学精——培育具有经世济时之精神,财德、财商、财智之能力的高中毕业生"的育人目标,并受到师生的认同。

学校原有德育工作基础扎实,积极倡导全员德育,提高教师队伍育德能力,形成良好的育人环境。学校在心理教育、家庭教育等方面形成了良好的经验,在区域有一定的影响力。针对上海新高考改革方案,学校根据实际制定方案寻求转型,关注学生体验和感受,关注学生综合素养评价的过程性管理,重新整合教育资源,改进德育的方法与途径。学校以制定三年规划为契机,对德育建设提出新的创建思路,在学校规划顶层设计中充分考虑德育板块的设计,使之成为特色学校发展中密不可分的一部分。

⬛ 理性思考篇

一、办学理念的解读

(一)"好学"的解读

〔传统文化〕:"好学"是中国传统文化中推崇的一种治学品德,是对知识的一种热忱向往。《论语·公冶长》中就提到"敏而好学,不耻下问,是以谓之文也"。古有匡衡凿壁偷光,好学者成为大家学习的榜样。

〔学校文化〕："好学"的提出与学校"厚德博学"的校训密切关联，同时与学校"德优学精"的育人目标相呼应。培养学生喜欢学习、学会学习、主动学习是学校的基本任务，是谓好学。

（二）"致用"的解读

〔传统文化〕："致用"出自《易·系辞上》"备物致用，立成器以为天下利，莫大乎圣人。"唐人孔颖达疏："谓备天下之物，招致天下所用。"即尽其所用，此其第一层意；其第二层意谓付诸实用之意。学而后能用，是认识到实践的一般规律，也是融会贯通的认知表征，更是知行合一的认知道德。

〔学校文化〕："致用"的提出是基于学校育人目标的不断清晰。学而能用、学而会用、学而精用，成为全体教师的一种共识。"致用"也是一种内化的过程，德育的成效即在于内化成良知和行为。若将"致用"精神进一步提升，便与上海的城市发展相映衬，培养学生运用知识的能力及适应社会发展的能力。

（三）"立诚"的解读

〔传统文化〕："立诚"，语出《易经·乾卦·文言》"修辞立其诚"，意为写文章要说真话。后人取其中"立诚"二字，含义引申为：一是对真理、对国家和民族的忠诚；二是真诚待人、强调诚信，一身正气、光明磊落。"诚"既是为人的基本德行，也是立人的目标所在。

〔学校文化〕："立诚"的提出既体现社会主义核心价值观，又考虑到对于学生品德的重要性。学校作为以财经素养培育为特色的高中，在"财德"方面注重"诚"的教育，"忠诚""诚信""诚恳"是学校德育的关键词。无论是在学校生活还是社会生活中，"诚"是德育的重中之重。

（四）"向善"的解读

〔传统文化〕：《国语·晋语》中提出"善，德之建也"，善是德行的基础。中国传统文化历来追求一个"善"字：待人处事，强调心存善良、向善之美；与人交往，讲究与人为善、乐善好施；对己要求，主张独善其身、善心常驻。

〔学校文化〕：学校提出"向善"，在学校倡导与传授"善"的文化与实践"善"的行为，使之成为师生的一种价值取向，并延伸到校外。"向善"即朝着善的方面做，朝着善良美好的方面发展，朝着符合一定社会道德原则和规范的方向培养人。"向善"是学校营造一种引导师生朝着善良美好的方面发展的文化,朝着符合社会道德原则和规范方面发展的文化。

"好学致用,立诚向善"的办学理念完全符合社会主义核心价值观对社会公民个体层面上的要求。通过解读,更加明确学校德育工作的方向,为学校德育顶层设计打下基础。学校德育目标、德育内容、德育途径、德育方法、德育管理和德育评价就有了可以贯穿的主线——"好学致用,立诚向善",这些工作便成了可以串成一条美丽项链的珍珠,散发着具有鲜明学校特色的各种瑰丽的色彩,并具备有效的实践性和持续性。

二、发挥理念在德育中的引领作用

"好学"是德育的前提,"致用"是德育的关键,"立诚"是德育的重点,"向善"是德育的目标。

(一)"好学"是德育的前提——知性德育的再认识

在德育中的"好学",学什么? 这让我们不得不去面对一些争议,因为长期以来以知识学习为中心的德育模式即知性德育近年来受到了很多非议,德育有效性的弱化及一些道德行为失范事件的发生,让人们把责任归咎于"知性德育"的呆板,传统的说教和传授只重视德性的认知,与社会生活产生隔离。从我国德育现状看,知性德育占据了学校德育很大的一部分,也曾经在很长的时间中发挥了一定的教育作用,我们不应该去一味否定知性德育,而是应该结合现代社会发展及学生成长的需要去思考知性德育所传授的道德知识到底有哪些? 让学生"好学"。

"现代知性德育"源于西方教育的理性主义传统(即崇尚理性、相信知识、智慧和理性是人类获得幸福的根本保证)。它肇始于古希腊教育的理性主义传统,经由近代科学主义思潮的推动而深刻影响着现代教育。通俗地说就是"讲道理",而这些道理不是教育者不断重复前人留下的东西,而是进行重新梳理后精心烹制的精神食粮。知性德育关注的重点是道德理性能力的发展,但同时兼顾道德情感、道德行为的共同形成。知性德育的内容可以有道德信念(核心价值观)、道德原则、日常道德规范(如学生行为规范等内容)的知识传授,也可以在学校其他知识传授过程中融入政治道德、职业道德、生活道德及社会道德的教育。传递正确的思想和正能量是知性德育的关键所在。"好学"学习的内容是教育者需要思量的,"好学"学习的方式是教育者不断探索的,"好学"学习的氛围是学校知性德育所必备的。

(二)"致用"是德育的关键——生活德育的再思考

对知性德育进行再认识有利于学校管理者清醒地思考生活德育。生活德育即是充分关注德育的社会性和实践性,考虑整体性、真实性和有效性的德育,对于当今学校德育工作的开展来讲非常重要。德育过程是学生在活动和交往中接受多方面影响的过程,具有社会性和实践性。活动和交往是学生思想品德形成和发展的基础和源泉。首先,从哲学观点看,人的思想品德不是先天遗传的,也不是人脑固有的,而是后天环境、学校教育影响作用的结果。其次,从心理学观点看,知、情、意、行作为思想品德的心理构成要素,它的形成和发展与人的其他一切心理现象一样,离不开人类社会的实践活动。最后,从教育学观点看,受教育者作为社会的人,有活动和交往的需要,随着年龄的增长,他的活动和交往的范围也必然随之扩大,教育的责任在于创设活动情境,正确指导交往,没有活动就没有交往。

德育过程中的活动与交往是教育者有目的、有计划地按照学生思想品德形成和发展的规律来组织和指导的,是一种教育性活动与交往,它不同于其他的社会活动,不同之处就在于其教育性。这种教育性,即它的特点,主要体现在以下几个方面:第一、德育过程的活动与交往是在教育者的指导下展开的,是服从并服务于德育目标的,具有明确的目的性与组织性,而不是盲目的、自发的;第二、德育过程中的活动与交往的内容与形式主要是德育实践中的活动与交往,有其特定的范围,而不是一般的、广泛的社会活动与交往;第三、德育过程中的活动与交往是依据学生品德形成与发展的规律和教育学、心理学原理组织起来的,是能更有效地影响学生品德形成的,因而具有很强的科学性和有效性。

德育过程具有社会性和实践性:一是德育过程必须适应社会实践的客观状况和客观要求;二是德育过程中必须引导学生实际地履行一定的社会道德义务;三是学生是否形成良好的道德品质,只有在社会实践生活中才能衡量和检验。

（三）"立诚"是德育的重点——特色德育的再定位

学校的德育工作内容很多，在繁多的线索中应该厘清与学生道德发展所契合的板块。学校作为特色普通高中建设的项目学校，在高中生财经素养培育特色上着力探索。学校根据特色发展定位，将高中生财经素养界定为：个人理财素养，涉及个体理解、管理和计划自己及其家庭的财经事务的方式方法，是谓"财商"；通过学校教育，在各门学科中都对财经有所了解和知识迁移运用，是谓"财智"；同时，高中生财经基本素养包含深层次学习的能力、健康的心理状态及在经济活动中的基本道德素养，诚信意识和规则意识，是谓"财德"。这些都是学校特色德育的基点，使得学校德育工作的特色能够彰显。

从学校特色发展定位出发，"立诚"成为学校特色德育的关键词，也是特色德育的学校名片。围绕"立诚"开展各项德育活动，根据"诚于人、诚于事、诚于国"的不同层面进行活动设计，以此作为构建特色高中的特色德育内容。"诚于人"基于对个人道德修养的培育；"诚于事"基于对处事作风态度的培养；"诚于国"基于对国家忠诚行为的锻造。从而让"立诚"的教育成为学校文化的一部分，让"立诚"的各项德育活动成为学校特色德育的基础。

（四）"向善"是德育的目标——人文德育的再拓展

"礼之所存，人心向善；礼之不存，人心不古。"向善就是愿意做对他人有益的事情，它是人内在的最高的道德品质，是一种不折不扣的正能量。同时也可以把"向善"解读为做一个善良的人，保持一颗善良的心，这既是学校德育的目标，也是优势人文德育的再拓展。现代德育的核心是人文关怀，人的品德行为受其内在的需要、愿望、观念、情绪、态度、价值观的影响、支配和控制。学生品德的形成发展与道德需要是否得到满足、道德价值是否得到认同、道德情感是否获得支持、道德行为是否得到强化、道德理想是否得到实现等等，都与现代德育有密切的关系。以促进学生素质发展为使命的人文关怀德育，正是通过关注每一类学生、每一个学生和全体学生的成长与发展的需要，关注学生的理想、信念和情感世界，努力创造让每个学生都能够自主选择和实现个人理想、才智和潜能的平台，促进学生品德人格的自我完善和自我发展。从而使每一个学生都能在学校"向善"的引导下辨别是非，使之成为指导学生言行的主流文化。学校有了这种"向善"的心态和氛围，学生会逐渐形成反思自省的习惯，拥有辨别善恶的能力，从"向善"自觉发展到"扬善"的过程，这也是德育从认知到内化的过程。"扬善"更多的是行为上的认同，认同内心"善"的定义，成为自己的一种行为习惯。

◆ **德育工作篇**

一、"好学致用，立诚向善"学校德育目标与内容

（一）德育目标

学校育人目标：德优学精——培育具有经世济时之精神，财商、财智、财德之能力的高中毕业生。

学校德育工作的总体目标：乐于求知、勇于实践、诚于做人、止于至善，逐步将德育工作推向序列化的轨道，为特色高中建设和争创上海市行为规范学校奠定扎实的基础。

学校德育工作的具体目标：把握学生身心发展的规律，根据不同年龄段学生的生理、心理特点，针对学生人生观、价值观及思维方式上出现的新特点，提出不同的要求，将整个德育目标从横向和纵向上进行细化（表1、2）；同时与学校的办学特色紧密结合，作为财经素养培育的特色高中，高中生"财经素养"的核心要素指向高中生的成长规律，渗透诚信意识和规则意识。

表1　学校德育目标横向细化表

总目标：乐于求知、勇于实践、诚于做人、止于至善		
目标项	关键词	目 标 简 述
道德品质	诚信与善良	深刻理解和践行中华传统美德；做诚学、诚信之才；做善良踏实之人
公民意识	担当与责任	具备公民基本素质，具有权利和义务意识、规则意识、法治意识等，成为具有与时代共同进步能力的现代公民
个性发展	学识与实践	具有健康的心理和健全的人格；掌握自主学习的能力；完成初步的个人生涯规划

表 2　年级德育目标

年级	乐于求知	勇于实践	诚于做人	止于至善
高一	能了解核心价值观的内容,树立正确社会意识,具有爱国情怀	初步形成劳动观点与习惯;掌握国防教育实用技能;具有志愿服务的精神	能正确处理个人与他人、个人与集体的关系,诚恳待人	初步形成能辨别是非的能力;具有一定自我教育和管理能力;做善良的人
高二	能理解核心价值观的意义,建立起对祖国、对集体、对自己的责任感	了解农村,有热爱劳动、爱护劳动成果的品德;形成志愿服务的习惯	初步形成顾全大局、先人后己的品质,养成诚实做事的态度	具有独立思考能力;基本形成良好公民道德素养;做有善心的人
高三	能践行核心价值观,有与祖国休戚与共的情感,用行动展示自我	能够具有学以致用的能力;具备勇于创新实际的能力	具有健康意志和情感;具备诚实守信的品质	具备现代公民基本道德素养;践行中华传统美德;做有善行的人

(二) 德育内容

德育内容紧紧围绕"好学致用,立诚向善"的工作主线,以"乐于求知""勇于实践""诚于做人""止于至善"为目标关键词,对学校德育内容进行梳理和统整。同时,根据各个年级学生的不同特点,将德育内容整理为不同的层级,为达成预设目标开展德育活动。以学校的教育来对学生进行引导、浸润和熏陶,考虑学生的体验与感受,遵循情感道德发展的规律,力求提高德育有效性。

【乐于求知】

"乐于求知"主要聚焦核心价值观和学校文化的学习。以"学"让学生感受(接受)、注意身边的事和人。所谓"事",有学校的历史沿革、规章制度;社会的发展进步、国家的日新月异;还有在日常生活中待人接物等。所谓"人",有同伴、长辈、校友、名家,而这些身边的人组成了社会群体的一部分,学习他人之长,对形成自身正确的人生观和价值观帮助很大。

核心价值观的学习是学校德育的核心内容,其中"爱国、敬业、诚信、友善"作为道德规范基本涵盖了学校德育的认知部分,结合学校的历史文化,设计校本德育内容认知系列,让知性德育发挥应有的作用。

"书香致远"——中华经典书目阅读,浸润中国传统优秀文化。

"光影魅力"——优秀影视作品鉴赏,使教育"无痕"却"有痕"。

"学校故事"——身边"人"与"事"的故事讲述,传承正能量的精神。

"行规漫谈"——校本行为规范读本,学生自我编撰的德育图册。

【勇于实践】

"勇于实践"是充分挖掘现实生活中富有教育意义的德育内容,即德育内容联系生活,运用于生活,构建各类养成教育和实践的平台。以"用"让学生对所学的德育内容作出反应,通过三年的学校生活能够"内化"成个人的自觉行为,能够达成学校育人的目标,学以致用于个人、家庭、国家,从而立足于社会。

"志愿服务实践平台"——校内、校外的实践平台,培养志愿服务精神,提升志愿服务的品质。

"生涯导航实践平台"——校外实践基地平台,包括部队、农村、高校、企业、社区等实践基地,德育内容在社会生活中的具体体现。

【诚于做人】

"诚于做人"主要以"诚"教育为主线,以"诚"让学生的道德品质得到不断的修习与提升。作为财经素养培育特色的高中,对"诚"字教育的就显得尤为重视。而"诚"不仅仅是诚信、诚实,它的内涵在学校德育内容中更加广泛。"以诚待人——诚信做人——抱诚守真"是不断进阶的过程,也是学校在德育过程中通过不同途径和方法不断渗透的价值取向。

【止于至善】

"止于至善"主要以"善"教育为主线,把"与人为善——择善而从——积善成德"作为学生道德品行不断完善的过程,从做好自己到能够有自己的道德价值的判断能力,这也是成为社会公民的基础。学校在"善"的素养培育中倡导"爱"的教育,让学生的心中充满爱,对未来充满希望,爱自己、爱他人、爱家庭、爱祖国。

表3　年级德育重点内容

目标关键词	高一	高二	高三
乐于求知	了解核心价值观 学校史和校规 安全与生命教育	理解核心价值观 学校友和长辈 生存与生活教育	践行核心价值观 学同伴和名家 升学就业指导教育

续　表

目标关键词	高一	高二	高三
勇于实践	国防教育、生涯导航教育	志愿者精神教育及践行	理想成才教育
	军训（东方绿舟）	农村社会考察	十八岁成人仪式
诚于做人	以诚待人教育——诚恳	诚信做人教育——诚实	抱诚守真教育——真诚
	无人监考、诚信少年评选		
止于至善	与人为善教育——友爱	择善而从教育——爱心	积善成德教育——仁爱
	日行一善活动、善行少年评选		

二、"好学致用，立诚向善"学校德育途径与方法

（一）德育途径

学校充分发挥主导作用，并与家庭、社会密切配合，形成学校、家庭、社会三位一体的德育网络体系。坚持课内外、校内外相结合，相互配合，形成合力，完成德育任务。

1. 学校教育

（1）发挥课堂主阵地的作用——课堂育人

充分发挥课堂主阵地的作用，各学科都结合学科特点，对学生进行思想品德教育，寓德育于各科教学内容和教学过程之中。开展学科德育校本研修，每年暑假召开"好学致用，立诚向善"学科德育交流会，提供教师交流的平台。重点关注语文、历史、体育、艺术等课程教学中的德育渗透，提升综合育人效果。

（2）"体验与感受"的主题教育——活动育人

学校是学生的乐园，是学生成长的天地。学校的德育必须注入新的生机，过去那种就教育谈教育的"刻板式"的方法已不能适应如今的教育对象了。为了实现教育的目的，学校广泛开展丰富的主题教育活动，一方面丰富学生的学习生活，另一方面也使学生在活动的参与中受到多种教育。内容上贴近学生生活，对主题活动进行设计，不走形式，根据具体情况分年级、分时段实施。

（3）建设特色德育校本课程——课程育人

根据学校情况及学生的现状，建设开发两门特色德育校本课程：

【生命导航——学生生涯规划课程】

学校生涯规划课程与原有的心理课相结合,根据财大附中学生的情况,设计课程内容。提出"重实践与反馈",由三个板块组成,每个板块下有 2 至 3 个主题,每个主题延伸若干实践活动,学生在实践中去体验。作为心理课程,同时对学生的心理健康做辅导。

表 4 "生命导航"课程板块

生命导航	内在思索	自我认识
		生命意义的探讨
	外在探索	学会学习
		学会交往
		了解职业
		认识生活
	规划未来	规划高中生活
		规划职业
		规划人生

【寒暑假研究性学习课程】

研究型课程是学校三类课程的组成部分,是对学生创新探索精神的一种培养途径,同时也是德育的一种载体。该课程的推出基于研究性学习的拓展,更是对"好学致用,立诚向善"的一种践行。

高一主要聚焦生涯规划教育,课内与课外相结合,前期有指导,过程中有要求,结束后有反馈及评价。通过设计一份对生涯人物的访谈问卷;完成对生涯人物的一次访谈,并完成访谈报告;完成填写《生涯调查研究性学习专题报告填报表》;访谈内容完成一份调查电子小报(A4 纸张大小、插入访谈的照片);根据生涯人物的职业,选择阅读一本人物传记,撰写 200—300 字的读书心得等六项课程作业开展研究性学习。

高二主要围绕"好学致用,实践创新"的主题词展开,运用课堂所学的知识去解决生活中的实际问题。由各学科组根据课堂学习内容提出适合本校学生的探究小课题指南手册,由社会科学类(文科内容为主、艺体)、自然科学类(理科内容为主)、生活财经类(特色课程、相关拓展课程及部分理科内容)板块组成,教师指导、过程记录、反馈交流总结。暑假中开展的"理财小当家"主要聚焦家庭日常生活财经活动内容展开研究性学习活动。

表5　寒暑假研究性学习内容表

假期	高一	高二
寒假	走近职场（访谈校友及长辈）	"好学致用,实践创新"小调查、小研究社会实践活动
暑假	走进大学城	理财小当家社会实践活动

（4）打造品牌班集体——班级育人

班集体建设是学校德育工作的重要环节,随着新高考改革的逐步深化,"分层走班"的教学形式日益广泛,行政班的日常管理及建设带给我们很多思考,但是行政班依旧是学校日常教育教学的一个重要场所。班级建设围绕学校德育目标,根据班级学生具体情况,打造品牌班集体。一个品牌的班级,需要有共同奋进的目标、具体实践的活动、特色鲜明的班级印记和教室氛围的营造。

（5）共青团等学生团体建设——自我教育

共青团、学生会、学生各类社团都是学校现有的学生团体,学校采取"一体两翼"的模式,以共青团组织为主体,以学生会和学生社团组织为两翼,形成自我教育、自我管理、自我服务的学生组织。部分主题教育活动由学生团体组织开展,例如"日行一善"主题教育活动中"爱心义卖"板块等。发挥青年党课班、团校的作用,培养学生干部,大胆放手、留有空间、分类指导、突出重点,构建学生团体自我教育网络。

（6）打造特色德育的校园文化走廊——环境教育

著名的教育家苏霍姆林斯基曾说过:要让学校的每一面墙都会说话。有道是"环境造人",人的成长离不开一定的环境,不同的环境对人的成长起着不同的作用。这种教育的独特之处就在于它能绕开意识的障碍,让学生不知不觉中接受。滴水穿石,润物无声,却有着强大的凝聚力和明确的指向性。

为了彰显财经素养培育的学校特色,学校在校园环境文化上有所更新,进行"学、用、诚、善"校园财经文化整体设计,将财经素养渗透到校园的每一个角落,同时彰显特色德育的脉络。金融创新实验室所在区域的走廊整体设计,财经小知识、财经国际动态、财经大咖等内容通过多种形式呈现,并与智慧校园平台连接,实时更新。另外,校园的告示栏呈现电子化,用于播放财经相关的知识、事件与新闻,作为学习资源的外延;校园内的海报、灯杆旗等软装内容体现财经特色,引领学生社团文化;校园内的各处实验室,如植物暖房、生物实验室等,都通过外部活页灯箱的形式与社会财经领域挂钩(如农业经济,生物制药产业),让校园各部分资源紧紧围绕财经特色,知识扩展中有所聚焦,凸显核心。

2. 家庭教育

教育只有在学校和家庭携手并肩,形成合力的情况下方能事半功倍。因此,学校逐步确立了家庭教育指导的实施理念。首先是转变家长的"人才观",让家长参与学校活动,多方面、多层次了解学校的教育教学活动,支持学生全面而有个性地发展。其次是家校互动,充分发挥家委会作用,形成家校互相支持的良性循环机制。

(1)多样式活动促进家庭教育效果。

每学期开展一次家长学校活动。家庭教育工作领导小组根据各年级家庭教育的特点,精选主题,以讲座、讨论、互动体验等形式对全年级家长开展教育,如开展心理讲座、高考改革等。学校专职心理教师结合当代高中生易出现的心理问题的外在表现,提出针对性的教育措施,使家长更重视平时与孩子之间的沟通交流。每年举行一次家长开放日活动,让家长走进课堂,参与班级、学校活动,同时举行"感恩"为主题的主题班会。

(2)形成"沟通与合作"的机制

学校成立家庭教育工作领导小组,建立家委会。家庭教育领导小组制定每学年的家庭教育指导工作,召开例会部署家庭教育指导工作,并对一阶段中出现的问题予以讨论,力求找出合理的解决办法。在教学过程中,学校会针对特定的热点问题制作调查问卷,发放给家委会成员,以帮助查找发现学校在家庭教育指导工作中存在的问题,并在家长学校中予以解决,不断完善家庭教育工作。

此外,学校利用军训、学农的机会,让学生给父母写一封家书,汇报军训、学农的情况,谈一点离家在外,与同学过集体生活以及军训、学农的感受,倾吐对父母的思念之情。通过这样的活动,让学生从中感悟亲情,感悟父母对自己的关爱,更体验到独自离开父母后的种种不便,从而更加珍惜与父母在一起的时光。

3. 社会教育

社会教育是学校德育的有效延伸,同时需要学校精心组织和设计活动的内容与形式。学校围绕德育总目标"乐于求知、勇于实践、诚于做人、止于至善"开展社会实践活动;聚焦财经素养培育特色,设计适合学生综合能力培养的社会教育活动。

(1)组织开展"重过程与体验"的社会实践活动

学校把学生社会实践活动进行项目化管理、模块化实施。成立社会实践活动工作小组,确保课外实践活动的组织保证。成员有分工,各负其责,统筹兼顾,形成合力,把课外社会实践活动纳入到学校课程编制中,确保课程和社会资源及利用落到实处。实施课外社会实践活动的项目化管理。活动前有计划、有辅导;活动中有内容、有记录;活动后有反馈、有评价。探索课外社会实践活动模块化实施。根据综合素质评价内容要求 90 天社会实践、60 课时志愿者服务,学校根据现有资源,分年级段、模块化设计实践。安排内容如下:

表6

	军训 13 天	社会考察 10 天	社会文化活动 17 天	志愿服务 3 天
高一 43 天	暑期实践基地军训 6 天 学校政训 2 天 东方绿舟国防教育 5 天	春秋季社会考察 2 天 寒假社会考察 3 天 暑假社会考察 5 天	学校运动会 3 天 学校艺术节 3 天 学校组织参观场馆 2 天 寒假场馆参观 3 天 暑假场馆参观 6 天	24 学时计 3 天
	学农 8 天	社会考察 9 天	社会文化活动 17 天	志愿服务 3 天
高二 37 天	基地学农 7 天 学校政训 1 天	春秋季社会考察 2 天 寒假社会考察 3 天 暑假社会考察 4 天	学校运动会 3 天 学校艺术节 3 天 学校组织参观场馆 2 天 寒假场馆参观 3 天 暑假场馆参观 6 天	24 学时计 3 天
		社会考察 3.5 天	社会文化活动 5 天	志愿服务 1.5 天
高三 10 天		春季社会考察 0.5 天 秋季社会考察 1 天 寒假社会考察 2 天	学校运动会 1 天 学校艺术节 1 天 寒假场馆参观 3 天	12 学时计 1.5 天

(备注:表中"寒暑假社会考察"以学校"好学致用、创新实践"小调查、小研究社会实践活动内容为主;"参观场馆"由学校组织和个人参加相结合,有相关主题内容引导。)

（2）众多资源整合利用取得双赢

高校资源的充分利用。学校首先利用与上海财经大学合作办学的资源，开展学生各类实践活动，包括志愿者服务（财经图书馆）、金融夏令营、与大学生社团互动等。杨浦区域内高校众多，组织开展"走进大学"的活动，了解高校文化、浸润学生心灵、树立目标志向。

社区资源的拓展整合。与所在大桥街道结成共建单位，为学生志愿者服务提供场所，培养爱心和善举。借力长阳创谷中各创业团队，为学生提供了解杨浦、了解新业态、了解创客的机会，组织开展社会实践活动，为学生生涯规划教育、财经素养培育搭建平台。

（二）德育方法

德育方法是提高德育实效的关键，在具体德育工作中必须根据实际情况，选择行之有效的方法，这样才能达到事半功倍的效果。方法的使用是与学校德育的设计相匹配的。学校主要运用以下德育方法（表7）：

德育方法	主　要　形　式
说服教育法	利用升旗仪式、校班会课等时间定期开展"诚善讲堂""行规漫话"等形式多样的说服教育
榜样示范法	举行"财德少年"评选，分设"好学少年""知行少年""诚信少年""善行少年"，树立榜样，宣传先进
情感陶冶法	"书香致远"读书活动、"光影魅力"影视教育，学校文化的环境营造
行为训练法	建立行为规范学生自治管理平台，同伴教育促进良好习惯的养成
品德评价法	关注过程，与综合素质评价相关内容相对应，形成学校奖励、惩戒和操行评定的流程系统
实践锻炼法	建立"志愿者服务实践平台"、"生涯导航实践平台"，让学生在实践过程中得到锻炼

三、学校德育管理和评价

（一）德育管理

德育是一项复杂的系统工程，其影响的因素是多种多样的，只有充分利用科学管理的手段协调多种关系，发挥各方面优势，才能取得最优的系统功效。

德育管理是学校规划组织指挥、监督协调的活动过程。

1. 完善学校德育管理网络

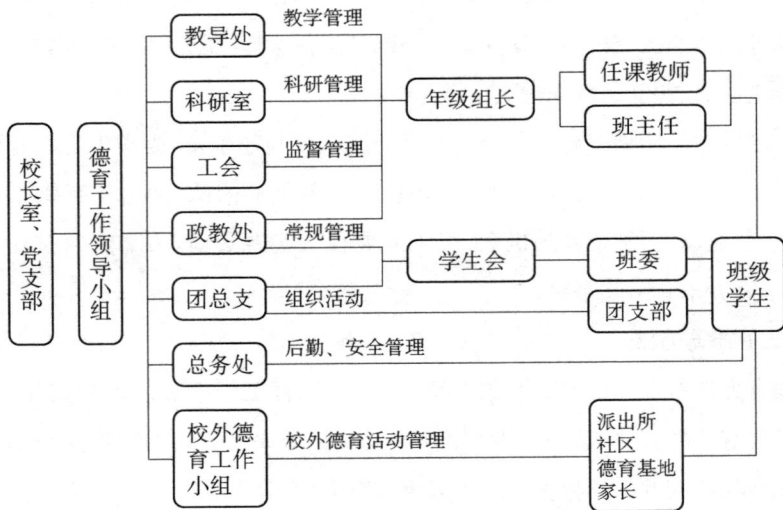

建立德育管理的网络，并不断完善。在德育领导小组的统筹领导下，加强管理的实效性。常规管理规范到位，每个年级由一名副校长分管，年级组长是年级德育工作的主要负责人，班主任是主力军，年级组长协调年级所有任课教师共同参与德育管理工作。

2. 健全各项规章制度

对学校规章制度进行梳理、归类，根据学校德育工作的整体设计，对原有制度进行增补和删减。

表7　学校德育工作制度设计一览表

制度类别	制度内容
学生管理制度	学生行为规范管理、学生奖惩管理、社会实践活动管理、勤工俭学管理、学生青年团(学生会)管理、学生社团管理、涉及学生的安全预案等
德育考评制度	综合素质评价管理、班级绩效考核、班主任考核、学生个人评优考核等
德育科研制度	德育科研长效机制管理、德育科研评比奖励等
经费保障制度	学生素质教育经费使用及管理、德育工作经费使用及管理等

3. 加强德育队伍建设

重视师德建设。教师恪守职业道德规范,做到"爱岗敬业、关爱学生、刻苦钻研、严谨笃学、勇于创新、奋发进取、淡泊名利、志存高远"。学校通过形式多样的师德教育活动,树立每位教育工作者都是德育工作者的全员育人思想,"学为人师,行为示范",以高尚情操引领学生全面发展。

加强队伍培训。班主任是学生思想道德教育的骨干教师,是班集体建设的组织者、指导者、引领者,班主任在教师职业道德建设中应成为师德建设的标兵和典范。为了提高班主任整体素质,学校切实搞好班主任岗前、岗位培训和心理健康教育培训,同时结合学校实际切实搞好校本培训,通过培训夯实内功。继续开展班主任沙龙、青年教师德育论坛、班主任工作经验交流会等活动,创新活动内容和形式,不断提高班主任的政治素质、业务素质、心理素质、科研能力和工作水平。

努力培育名师。充分利用区"三名工程"这一有效载体,充分发挥德育专家、历届名班主任、骨干班主任作用,采用多种形式,积极营造"互助帮教"氛围。立足岗位培养,重点培养优秀青年班主任,为他们提供发挥才能、展现魅力、崭露头角的实践平台,逐步搞好班主任队伍的梯队建设。

4. 开发学科德育功能

实践表明,提升学校德育实效离不开课堂,也离不开教学。开发学科教学中的德育功能,从而提升德育实效,是学校所要担负的重要任务。学校从管理的角度,提升教师的品位,提高学科教学的"品味",做好教师相关学科德育的校本培训,不仅仅是讲座或经验介绍,更多的是案例分享和实践感悟,以提升教师的能力,提高学科德育的效果。学校德育实效的提升需要教师对德育规律的深刻把握,对学生现状的深入了解,因此,学校提供平台和载体,用科研引领学科德育在学校的推进。

(二)学校德育评价

在上海高考改革的背景下,学生综合素质评价成为高校选拔人才的参考,如何把原有评价的内容与当前的综合素养评价进行整合,把学校的特色指标在综合素质评价表中进行体现,学校依旧紧紧围绕德育主线,创造性地进行探索。

1. 学生综合素质评价"特色指标"评价探索

以布卢姆等的教育目标分类学的内容为基础,参考后来者对该内容的代表性的改动,把认知领域的教育目标分为五个大类:识记、理解、简单运用、综合运用、创见。学校主要根据财经素养培育中的认知领域的教育目标拟定《上海市财经大学附属中学"财经素养"特色指标评价表》(表8),非认知领域的内容在学生综合素质评价的其他表格内容中都涉及,就不作重复评价。

表8　上海市财经大学附属中学"财经素养"特色指标评价表

板块	特色指标评价内容	指标达成认定标准	评价方式
识记	了解财经知识通识内容、金融风险的防范知识及家庭理财的基本内容	完成学习财经特色课程必修课的学习,考察成绩合格	优、良、合格、不合格等第方式
理解	掌握家庭日常经济生活的技巧	完成学习财经特色课程必修课的学习,考察成绩合格	同上
简单运用	解决家庭日常生活开销中的小问题	参与寒假"理财小当家"社会实践活动,提交可行性建议	同上
综合运用	参与模拟金融实验活动,能够学以致用	参与"走进职场"——职业生涯规划活动,提交活动报告	同上
创见	能够运用学过的财经知识开展研究性学习,提交研究报告	与综合素质评价第五部分内容合并实施研究性学习,完成研究报告	同上

从上表中可以看出,学校强调学生在活动中学习、在学习中活动,能够学以致用。

2. 利用现代技术打造德育评价的平台

用证交所风格打造学生服务中心,展现学校特色。中心设计仿造纽约证交所的多屏风格,通过不同的电视屏,显示实时变动的学生评价数据、班级评价数据、校园活动信息。校园活动与学生校园积分体系打通。每个学生会有一张校园"信用卡",根据学生的表现,这张信用卡的积分会涨跌。学生可以用信用卡实现学生校园活动预约,积分兑换礼品等。

上述的"学生服务中心"体现的是以学生为主体的评价平台,内部设计的系统与上海市学生综合素质评价的博雅网有部分内容的对接,另外把学校生活中的饭卡、借书、实验室预约和社团活动安排等纳入其中。校园"信用卡"能够让学生在模拟社会生活过程中,逐步养成学校所倡导的"好学致用,立诚向善"的品行。

▲ 特色德育篇

··

生命导航

——上海财经大学附属中学"学生生涯发展指导"课程方案

一、指导思想

学生在完成高中学业的时候,都会站在人生的十字路口,面临着人生选择,无论是升入大学,还是走向社会,分流是不可避免的。即使是升入大学,也面临着选什么样的大学、学怎样的专业等每个高中生必须面对和思考的问题。因此,如何利用三年时间,通过合理有效的学业设计和合适的生涯规划,让学生先准备一步,多计划一些,早一步实现目标,为成人、成才、成功奠定基础,是学校义不容辞的任务。

在教育部《关于加强和改进普通高中学生综合素质评价的意见》《上海市学生职业(生涯)发展教育"十二五"行动计划》以及"学以致用,立诚向善"的办学理念指导下,学校尊重学生的个性差异、爱好特长和梦想追求,针对实际情况,制定了《生命导航》的生涯发展指导课程计划。

二、课程目标

通过课程及实践活动,学生在学习态度、职业生涯规划方面实现积极的变化与发展。

(一)态度层面

帮助学生树立职业生涯发展的自觉意识,树立积极正确的职业态度和就业观念,确立职业的概念和意识,实现个人的职业发展和社会发展的有效结合。

（二）知识层面

使学生了解职业发展的阶段特点，客观全面了解自身特质、相关的职业分类知识及就业承业的基本知识。

（三）技能层面

使学生掌握自我认识与分析技能、信息搜索与管理技能、生涯决策技能、沟通技能、自我管理等基本技能。

三、教学计划

课程在高一作为必修课开设，每学期 18 课时，一学年 36 课时。在高二年级作为选修课、讲座开设，一学年 18 课时。在高三作为必修课开设，一学年 18 课时。具体课程版块内容如下：

〔版块一〕：我思故我在

本版块主要围绕"最熟悉的陌生人"和"追寻的意义"两大主题，旨在激发学生进行自身的内在思考：正确地自我评估和自我认识，清楚地了解自己，对自我进行全面的分析，其中主要包括能力、兴趣、性格、气质、价值观等分析，发现自己的优势和潜能，悦纳自己，提升自我。同时关注生命意义的完善和生存价值的体现，引导学生深入思考了解自己更为潜在深远的想法和追求。

主题一：最熟悉的陌生人
本主题将通过测试、主题活动等多种形式，帮助学生全方面认识自我、提升自我、悦纳自我

	主题名称	目　标	预计课时	主要形式
最熟悉的陌生人	做我自己	学习气质理论，了解自己的气质类型及其特点，探讨如何在生活学习中发挥自己的气质优势	2 课时	测试，讨论
	乔哈里之窗	感受正确自我认识的重要性，从多角度了解自身特点，对自己进行全面分析	3 课时	画图、测试、游戏、案例分析
	我的重要他人	回顾自己的成长过程，了解自我评价的来源，调整自我评价和认识	2 课时	案例分析，分享
	让人羡慕的人	学会欣赏他人，发现自己的闪光点，悦纳自己	1 课时	主题游戏
	我的情绪我做主	明确情绪的作用，学习 ABC 理论，掌握若干种情绪调节方法	4 课时	案例分析，讨论分析，分享，影片观摩

续　表

主题二：追寻的意义
本主题旨在激发学生对生命意义和生存价值的思考,探索自己对人生的追求

	主题名称	目　标	预计课时	主要形式
追寻的意义	人生纪念册	回顾自己生命的重要片段,畅想未来人生	1 课时	画图,分享
	人这一辈子	感悟生命可贵,思考生命的意义	2 课时	影片欣赏,分享讨论
	幸福是什么	关注身边事物,体会幸福真谛,讨论困难阻境的存在意义	1 课时	情景模拟,讨论分享
	成功人士	树立正向榜样,探讨成功的条件,激发正能量	6 课时	案例分析、讲座

〔版块二〕：外面的世界很精彩

本版块由"畅游学海""沟通你我他""美好生活"和"职场大搜索"四部分构成。旨在引导学生探索外部世界,关注身边事物,了解社会生活。通过获取相关信息,学习相应方法,帮助学生能够正确认识和评估当前社会的形势、需求等情况,在这基础上探求自己的兴趣,调适自己的行为。

主题一畅游学海
本主题以学会学习为目标。探寻学习的意义,激发学习动力;了解自己的学习特点,寻找适合自己的学习方法;发掘自己的优势和潜能,感受学习的乐趣

	主题名称	目　标	预计课时	主要形式
畅游学海	如果不学习	探讨学习的意义,重新定义学习的范围,换角度看待现有的教育制度	1 课时	情景模拟,讨论
	课堂那些事	学习掌握一定的课堂听讲技能	1 课时	图片欣赏,互动游戏
	记忆小窍门	学习相关理论,了解记忆和遗忘的规律,掌握一定的记忆方法	1 课时	图片欣赏,互动游戏
	学霸的秘密	分享自己学习中的问题,交流学习方法,学习优生的经验	1 课时	观看视频,分享总结
	你我皆聪明	认识不同的学习风格,学习多元智能理论,发现自己的才能,了解自身的学习风格及相应的学习方法	1 课时	测试,讨论
	创意无极限	感受创新的意义和乐趣,激发创新意识,学习创新的若干方法	2 课时	主题活动

主题二：沟通你我他
旨在帮助学生明确沟通的重要性,学习人际交往的礼仪,掌握一定的交往技巧

	主题名称	目　标	课时	主要形式
沟通你我他	和谐你我他	明确人际交往的重要性,学习交友技能	1课时	分组讨论
	一起去旅行	探讨"好人缘"特质,感受他人评价,学会欣赏他人	1课时	主题活动
	双赢金钥匙	学习沟通技巧,感受人际沟通的渠道,调适自己的语言和非语言沟通	2课时	情景模拟,互动游戏
	友谊树	回顾曾经陪伴过自己的朋友们,发掘潜在的朋友,探讨维护友谊的方法	1课时	测试,画图,分享
	咱这一家子	评估自己的家庭,换位体验家人感受,掌握亲子沟通的方法	2课时	影片欣赏,情景模拟

主题三：职场大搜索
本主题让学生对职业生活有大致认识,了解自己的职业兴趣和能力,引导其开始思索自己的职业理想

	主题名称	目　标	课时	主要形式
职场大搜索	岛屿旅游	引发对职业理想的思考,了解自己的职业能力和兴趣	1课时	测试
	未生	观察职场新人在职场的生活,分享心得感受	2课时	影片观赏
	家庭职业谱	调查家庭成员的职业情况,增进亲子感情,了解部分职业,探索自己的职业倾向。	8课时	小组合作、摄影,调查,观看视频,分享

主题四：美好生活
本主题以学会生活为目标,旨在激发学生对生活的热爱,培养正确的生活方式,提升生活品位,为之后的人生抉择奠定积极健康的大方向

	主题名称	目　标	课时	主要形式
美好生活	健康新概念	更新健康概念,明确身心共健康的意识,提升对健康的重视度,掌握一定的心理健康知识	1课时	案例分析
	休闲时光	分享业余生活安排,发掘生活乐趣,推广正确的生活方式	1课时	分享交流
	如果爱	思考爱情的意义,探讨青春情感的把握	3课时	案例分析,影片观赏,情景模拟

主题名称	目　　标	课时	主要形式
我对我的选择负责	学习两性知识,树立正确的两性观;培养自我保护的意识和能力	3课时	案例分析,影片观赏,情景模拟,互动游戏

〔版块三〕：我的未来不是梦

本版块主要由三大主题组成：百年大计,梦想家和校园时光。主要是在之前了解内心世界、了解外部环境的基础上,帮助学生将潜能、职业目标和主客观条件进行最佳的匹配,探寻与其能力、兴趣等特点相匹配的职业和生活方式,确定长远及阶段性目标,制定相应的实施方案。

主题一：百年大计
本主题旨在帮助学生规划人生,探寻人生意义,澄清自己的价值取向,确定人生目标

	主题名称	目　　标	课时	主要形式
百年大计	少年壮志	介绍基本生涯理论、认识生涯规划的作用,提升对生涯规划的重视度,了解制定规划的方法	2课时	理论介绍、案例分析,游戏
	生涯拍卖会	思考自己的人生追求,澄清价值观,了解若干成功的原则	1课时	主题活动

主题二：梦想家
本主题让学生获取各种职业的相关信息,加深对职业的了解,在这基础上,探寻与自身匹配的职业,初步确定职业目标

	主题名称	目　　标	课时	主要形式
梦想家	职业大超市	大致了解各种职业,进一步澄清自己的职业价值观和兴趣	2课时	演讲,游戏
	我要做老板	模拟规划创业,加深对社会对职业的了解和思考	2课时	主题活动
	超级大面霸	制作自己的简历,全面审视自己的优势劣势,探索与自己能力兴趣匹配的工作	1课时	主题活动

主题三：校园时光
本主题旨在让学生在确定长远目标的基础上,分解出阶段性目标,制定具体实施方案。关注当下,合理规划高中生活

	主题名称	目　　标	课时	主要形式
校园时光	我的大学梦	了解大学生活和部分大学的情况,激发奋斗热情	1课时	图片欣赏,分享交流

续　表

主题名称	目　　标	课时	主要形式
专业大搜索	学习了解专业的方法,介绍部分专业情况	6 课时	演讲、讲座
追逐时光	规划高中生活,调整实施方案。学会合理管理时间	2 课时	案例分析

四、评价方法

1. 评价以档案袋评价为主。根据板块内容组织学生活动,相关文本、照片、资料等作为学生在高中阶段生涯导航课程的"档案",教师对收录档案袋的内容进行点评和指导。

2. 评价以激励性评价为辅,重视教师和学生的过程评价。每个主题都有相关学生活动及作业,活动表现及作业情况作为学生该课程的评价内容,使用等第制进行评价。

五、保障机制

(一)建立教研团队

学校 2 名专职心理教师及德育领导小组成员组成学校"生命导航"学生生涯规划课程教研团队,定期开展研讨活动,适时对课程内容进行讨论改进。

(二)建立反馈改进机制

每学期进行学生调查问卷,了解学生对课程学习后的感受,了解学生感兴趣的话题,并对课程内容及活动进行调整。

(三)经费保障

学校根据课程需要提供必需的经费保障。

专家点评

　　上财附中立足创建特色普通高中的契机,围绕学校办学目标、办学理念、育人目标,对德育工作从传承学校传统,厘清理念内涵,深化理性认识作了全面细致梳理;从德育目标、内容、途径、管理、评价诸方面实践作了框架性规划。

一、精准诠释学校办学理念

办学理念是学校规划设计的核心,其内涵准确诠释是做好规划设计的基础。上财附中的办学理念是"好学致用,立诚向善"并达成全校师生的共识。学校从传统文化和学校文化两个维度出发对办学理念进行追根溯源的诠释。"好学":从中国传统文化的治学品德到学校文化中主动学习,更多地指向高中阶段学生学习品格的提升;"致用":指向学用结合,学而精用,知行合一作为现代社会公民关键能力的培养;"立诚":指向以求真为宗旨的学生品性的养成;"向善":体现学校的向善德行的培育。"好""致""立""向"体现学校育人过程,"学""用""诚""善"体现学校的育人内涵,构成上财附中独具校本特色的办学理念。办学理念内涵的精准诠释为学校各项工作的顶层设计奠定基础。

二、全面把握办学理念的德育功能

学校办学理念是学校各项工作的总纲,起着纲举目张整体引领的作用。如何发挥办学理念在学校德育中的引领作用,这涉及办学理念在学校德育工作中的功能定位,涉及如何理解学校德育的育人定位。学校对长期以来占据学校德育工作的知性德育作了有效反思,汲取其合理内核,提出了将办学理念融入知性德育、生涯德育、特色德育、人文德育之中,从全面育人的角度综合学校德育在道德认知、社会实践、校本特色、人文情怀诸方面功能要求,提出"好学"是前提,"致用"是关键,"立诚"是重点,"向善"是目标的学校德育工作功能定位,学校办学理念和学校德育工作形成内在逻辑,有效地解决学校办学理念和育人目标脱节的问题。从而建构在办学理念指导下的学校德育工作功能定位顶层设计。

三、构建办学理念指导下学校德育工作实践框架

围绕"好学致用,立诚向善"的办学理念,学校从德育目标、德育内涵、德育途径、德育方法四个方面对学校德育工作进行统整,构建德育工作实践框架;同步建立德育工作保障体系,从德育工作网络体系,必要的规章制度,德育工作队伍建设等方面形成管理机制;进一步提炼财经素养培育特色指标,建设德育评价实践平台脉络,又建构富有学校个性特点的德育工作实践形态,使德育工作推进理念清晰,目标精准,张弛有度,具有实践层面上的操作性。

尚需进一步完善之处:1、学校办学理念和德育目标除了从传统文化和学校文化加以梳理提炼外,应进一步对接 2016 年 9 月教育部颁发的《中国学生发展核心素养》总体框架,并将学校的育人目标落脚于面向未来社会必备品格和关键能力上。2、从实践层面而言,应进一步加大课程建设综合化,使学校德育工作更加贴近学生的生活,在此基础上建设财经素养系列课程,突显学校的办学特色。

上海市特级校长、控江中学校长　姜明彦

日习一小步，进步一大步

上海市闵行区七宝第三中学德育顶层设计

文/仇安珍

⬤ 学校简介篇

　　上海市闵行区七宝第三中学成立于 2011 年,是一所年轻的公立初级中学。学校大力倡导"每天进步一点点"的教育理念,积极开展进步教育。

　　建校至今,学校稳步发展,上升态势喜人。先后获得上海市安全文明校园、上海市航空特色校、上海市心理健康教育达标校、闵行区依法治校示范校、闵行区法制教育宣传示范校、闵行区语言文字示范校、闵行区电子书包项目优秀实验学校等多项荣誉。

　　学校以"知行合一,和谐发展"为办学理念,依据学生身心特征,以能实现、可考核的"微"目标为导向,落到实、落到细的"微"活动为载体,递进式团队共进步的"微"评价为反馈跟进,通过"微"教育式熏陶,将养成教育内化于心,外化于行,扎实培养学生的良好品行,努力实现"知书达理、身心健康、兴趣广泛、特长鲜明"的育人目标。其中,创建实施的"一班一特色"专题式教育已逐渐成为学校的德育特色工作。

　　目前,学校聚焦学生核心素养,大力弘扬传统文化,开设射艺、皮影、民乐、葫芦丝、书法等传统文化校本课程,力求在特色发展过程中进一步发掘师生内在潜能,赋予每位学生精彩人生。

◼ 理性思考篇

每天进步一点点:"微"时代下的"微"教育

一、学校德育的现实背景

(一)"微"时代对学校德育工作的机遇和挑战

《中国学生发展核心素养》发布后,每所学校都在积极思考探索核心素养落地的教育。落实学生发展核心素养要求初中教育应针对初中生年龄特点，以培育全面发展的人为核心，系统设计育人目标框架，根据学生发展的连续性和阶段性特点，把核心素养细化为不同教育阶段的培养目标，促使其形成良好的品德，为学生健康成长和未来发展奠定坚实的品德之基。

子曰："致广大而尽精微。"原意是指求学者要好学善问，既达到博大宽广的宏观境界，同时又浸润到精细详尽的微观之处。这是一种极高明的和谐，而这种精微体现在德育理念上，就要求学校应关注每个学生的成长，重视每一个教育细节，并落到实处，让每一个细节活起来，使每个学生都得到最大限度的发展。

当今，"微"时代已经到来，微载体利用普及性广泛，其中流动信息短、小、快，流动和互动性增强。"微"时代的到来，改变着人们的思维方式和行为方式，也改变着我们的教育思路和教育模式。

在"微"时代的浪潮中，教育应有属于自己的"微"特色。一方面，德育工作应融入元素，体现信息时代的教育"微"魅力；另一方面，教育效果也应着眼于"微"。教育本身是一个循序渐进的过程，教育效果由每一个微小变化开始，每一个阶段的效果都是以小见大，通过点滴渗透、持久深入，最终实现由微小到巨大的量变到质变的教育效果。

可见，在"微"时代背景下创新开展学校德育工作有着十分重要的意义。

（二）"微"教育的现状分析

七宝三中是一所年轻的公办学校。开办初期，生源流失、学生行为习惯养成缺失等给学校德育工作带来挑战。基于现状，程庆校长提出了进步教育理念，要求全体师生脚踏实地，从最基本的做起：抓实常规、奠定基础、关注细节，大力倡导"每天进步一点点"的教育理念。

德育工作实施中，学校发现：德育设置目标过大或者目标指向不清晰，往往难以激发学生的积极性和参与感；传统的说教等教育形式，收效甚微，难以在学生日常言行中得到体现。通过认真分析研究校情，理性思考德育价值取向，学校决定依据学生身心特征，以能实现、可考核的"微目标"为导向，落到实、落到细的"微活动"为载体，递进式团队共进步的"微评价"为反馈跟进，通过"微"教育式熏陶，将习惯养成内化于心，外化于行，扎实培养学生良好品行，努力实现"知书达理、身心健康、兴趣广泛、特长鲜明"的育人目标。

二、"微"教育内涵

华东师范大学思想政治教育研究中心邱伟光教授认为：教育本身是一个循序渐进的过程，从发展过程角度可以划分为三个阶段：内化阶段、外化阶段、反馈调节和重新教育阶段。每一个阶段的效果都是由小见大，教育的效果是从每一个微小的变化开始的。教育专家关鸿羽教授也指出：对孩子提要求要"近"一点、"小"一点、"实"一点。"近"是指离孩子的实际生活更近一点，不要好高骛远；"小"是指要求小一点，以小见大，不要"高口号"式；"实"是指要实在、具体，不要太抽象。

学校提出的"微"教育是指：聚焦学生核心素养，贴近时代需求，倡导"每天进步一点点"的教育理念，根据初中生成长规律，教育者有针对性地将德育工作落"小"、落"实"，以"微"目标为导向、"微"活动为载体、"微"评价为反馈跟进，采取积极的教育手段，有目的、有方向地开展教育活动，培养知书达理、身心健康、兴趣广泛、特长鲜明的初中生。

其中，"微"目标重在将学校德育工作目标分解成能实现、可考核的小目标，确定突破点、找准进步点，充分调动师生积极性；"微"活动重在发挥学生自治，抓"细"和抓"实"每一个可渗透的教育环节，利用"一班一特色"班级特色创建、少先队微课、升旗仪式等学生微阵地来开展主题教育小活动；"微"评价，重在构建递进式的团队进步评价体系，及时反馈，发挥赏识积极作用，引导学生民主参与，在评价中互动，在集体中进步，体验"自主"与"责任"的统一。

三、实施原则

（一）理论与实践相联系

德育课程目标实现主要也是通过教师指导的各种教育教学实践活动来实现的。学校办学理念是"知行合一，和谐发展"，这要求德育工作要把思想政治观念和道德规范的教育与参加社会生活的实际锻炼结合起来，寓德育于活动之中，在实践中体验，在体验中反思，在反思中发展，实现知行合一，和谐发展。

（二）尊重与要求相结合

马卡连柯曾说：要尽量多地要求一个人，也要尽可能地尊重一个人。教育者的主动性与受教育者的主体性是辩证统一的。班集体建设、德育活动实施，要求受教育者将教育者的要求落到实处，但这是以教育者对受教育者全面尊重为基础的。坚持尊重与要求相统一原则，就是围绕育人的根本任务，以学生为主体，尊重学生人格，发挥教师主导作用，激发学生主动性和积极性，实现教育与自我教育的高度统一。

每个学生都蕴含着巨大的发展潜力，具有无限的发展可能。作为学校，需要积极培养学生良好习惯，促使其形成良好的品德，不断激发学生潜能，并努力使其从可能变为现实，赋予每个学生一段出彩的初中人生。

（三）整体性与层次性相结合

德育内容体系是一个多层次、多维度的整体，既应考虑各个阶段德育内容纵向衔接，也应考虑内容的层次性。具体而言，德育顶层设计应遵循学生品德的发展特点及规律，根据不同年龄阶段的学生身心特点，由浅入深安排德育内容，使之序列化。德育目标内容体系应着眼于学校组织的整体，通过调动全体师生参与的积极性，确定出学校德育发展的总目标，并通过目的链方法，将总目标层层分解，形成目标体系；实施过程，要把思想政治观念和道德规范的教育与参加社会生活的实际锻炼结合起来，把提高学生的思想认识与培养道德行为习惯结合起来，寓德育于活动之中，在实践中体验，在体验中反思，在反思中发展，从而实现知行合一，和谐发展；反馈评价，也应该以教育者对受教育者全面尊重为基础。

◆ **德育工作篇**

....

日习一小步，进步一大步：构建学校"微"教育式德育体系

初中阶段是人生发展和思想道德形成的关键期。学校工作应立足育人为

本,聚焦学生核心素养,完善以学生发展为核心的育人体系,坚持全员、全过程、全方位育人,逐步形成教书育人、实践育人、文化育人、管理育人等长效机制,大力创设进步教育氛围,扎实落实"立德树人"根本任务。

一、目标与内容

(一)目标导向,调动积极性

1. 立足校情,找准进步点

学校生源属对口就近入学,家长高中学历居多,对孩子的教育期望值高,但隔代教育比较典型。家庭教育中,部分家长对子女教育重智轻德,导致孩子心理、行为习惯产生问题,学生的自信心和成功感不强。

学校班主任队伍年轻,富有朝气,工作有热情;整体学历高,科研素养较好。但普遍为新班主任,对班级管理工作缺乏经验和教育智慧。

针对校情,学校力求通过循序渐进的系统性"微"目标研究,以点带面,有效引导班主任突破习惯养成等难题,关注学生可持续发展,提升班级管理效能。从而积极构建以进步"微"教育为体系的学校德育工作格局,激发学生追求进步,促进师生主动和谐发展。

2. 分解目标,确立"微"目标

目标激励教育是一种激励式教育管理模式,强调"人"的主观能动性。它具有导向功能,有利于师生能力提升,在一定程度上增强集体凝聚力。结合办学理念和学生实际状况,学校通过目标分解,确立师生认同的总目标、班集体建设目标、德育队伍建设目标等,激发师生主动性,充分挖掘学生潜能。

德育工作总目标:倡导"每天进步一点点",丰富德育内涵,着力养成教育,重在习惯培养,为学生终身发展奠定基础。

德育队伍建设目标:在进步教育思想指导下,打造出具有良好的职业道德、专业素养和人文素养,师德高尚、业务精湛、善于合作、勇于创新的智慧型教师队伍。

班集体建设目标:在进步教育思想指导下,从班级实际出发,以班级"一班一特色"为切入点,以班级进步文化创建为途径,充分发挥学生自主管理,开展特色班级创建,逐步培育积极向上的班级文化和进步显著的优秀班集体。

同时，想方设法挖掘学生进步"源动力"，发动教师、家长和学生一起共同制订个人进步目标，找准进步点，帮助每个学生每天、每周、每月的进步目标达成，力争让每一个学生得到最大程度的发展。

(二)层次清晰，增强实效性

各个年级的德育目标和具体实施措施制定根据学生年龄特点和成长规律，层次清晰，可操作，并和学校德育目标贴合紧密，从而增强德育工作的实效性。以下为学校年级德育工作分目标、德育活动综合设计、社会实践课程计划表设计等。

年级德育工作分目标

年级	学生需求（可能困惑）	年级目标	支点
六年级	中小学衔接	重在知书达理、学会适应的养成教育，通过进步小队点"赞"活动，引导学生主动融入新集体，培养自理自律的能力	以"适应"为支点，提供中小学衔接阶段的"进步"帮助
七年级	青春期困惑	重在身心健康、热爱生活的青春期教育，通过男生女生良性竞争，养成学生健康文明的生活习惯和积极向上的心理品质	以"成长"为支点，提供从少年走向青年的"进步"帮助
八年级	个人价值与社会责任的统一	重在自主管理、合作进步的责任教育，通过师生结对，引导学生主动作为，培养团队意识和互助精神	以"发展"为支点，健全人格，为形成较强的自控能力、自信心和责任感，提供"进步"帮助
九年级	升学压力以及未来人生选择	重在有理想、勇拼搏的"理想教育"，通过"点赞"PK，营造你追我赶、积极向上的学习氛围，引导学生乐学好学善学	以"责任"为支点，培养报国之心、学习之志，为实现人生目标价值提供持久行动力的"进步"帮助

七宝三中德育活动综合设计

德育年级重点	六年级	七年级	八年级	九年级
年级课程内容	重在培养学生良好的行为习惯和学习习惯的养成教育	重在开展"身心健康，热爱生活"的青春期教育	重在实践"自我管理，互相勉励"的自主教育	重在开展有理想、勇拼搏、积极追求的理想教育

续　表

德育年级重点	六年级	七年级	八年级	九年级
"好习惯伴我成长"七宝三中道德好习惯班级养成教育课程	目标：中小衔接、养成习惯、形成规范——有纪律	目标：悦纳自我、学会合作、身心健康——有自信	目标：自主自律、完善自我、学会负责——有责任	目标：志存高远、勇于拼搏、不断追求——有理想
	内容：仪表端庄、队礼规范、主动问候、自觉排队、尊敬师长	内容：孝敬长辈、坚持锻炼、珍惜时间、友爱同学、关心集体	内容：知法守法、热心公益、节约资源、勇担责任、知错就改	内容：了解党史、关心国情、专心听讲、乐于探索、乐观向上
"我进步,我成长"仪式教育团队课程	"走进初中美好生活"红领巾换戴仪式	"我进步,我成长"少年团校成长篇	十四岁生日、入团仪式	九年级毕业典礼
"知行合一"主题活动社会实践课程	龙华(闵行区)烈士陵园、自然博物馆、中华艺术宫等	上海禁毒馆、国防教育基地、上海航宇科普中心等	上海公安博物馆、海军基地、月湖基地等	大型公司、东方绿舟、世纪公园等
"进步特色"班集体创建	进步目标凝聚	进步实践成长	进步人格完善	进步学习之志

七宝三中"进步教育"主要社会实践课程计划表

年级	主题	学期	地　点	活动目标
六年级	规则生活	第一学期（11月）	自然博物馆/科技馆	通过社会实践活动为学生提供积极情感体验，崇尚认真踏实的科学精神，激发对未来美好生活的向往之情
		第二学期（4月）	龙华（闵行区）烈士陵园	
七年级	健康生活	第一学期（11月）	上海禁毒馆国防基地	结合生命教育,关注学生体魄与心理健康,鼓励学生积极思考、悦纳自我、善于生活、体验快乐
		第二学期（4月）	上海航宇科普中心等	
八年级	责任生活	第一学期（11月）	上海公安博物馆、海军基地	培养学生积极向上的心态,增强学生的自律意识和社会责任感
		第二学期（4月）	月湖—十四岁生日仪式	

续 表

年级	主题	学期	地点	活 动 目 标
九年级	进取生活	第一学期（11月）	考察名企名校	进一步明确生活目标和理想，激发改造生活的进取责任精神
		第二学期（4月）	名人故居	

表单可见，在"知书达理、身心健康、兴趣广泛、特长鲜明"的育人目标下，学校遵循教育规律，充分调动师生积极性、主动性，共同参与，形成师生认同的德育分目标。针对各个年级制定的分目标，均是从实际出发，体现了渐进性、阶段性，共同形成一个逻辑严谨的目标体系。从而将学校整个德育目标具体化和系列化，让学校德育目标层次更加清晰，与学校的进步"微"教育结合更加紧密。

二、途径与方法

（一）发挥学校主导，突出德育引领作用

学校教育应发挥德育引领作用。班主任和任课教师是班集体建设的引领者、管理者、服务者。学校应充分发挥班级在初中德育中的作用，充分发挥建班育人功能，丰富学生情感，启发学生自觉，让学生在"微"教育体验活动中学会自律，学会合作，热爱集体，热爱生活。

学生的发展离不开教师的发展。学校将解决真实情境的实践问题作为全体教师、班主任校本培训的出发点和创生点，通过行动研究进行有目的、有计划、有意识的实践性"微"研究，提升班主任建班育人能力以及全体教师的育德能力。

（二）探索"微"教育体验，促进学生健康快乐成长

倡导"每天进步一点点"的教育理念，积极探索"微"教育体验，紧贴学生实际，采取积极的教育手段，有针对性地将德育落"小"、落"实"，有目的、有方向地开展教育活动，力求达到教育无痕。

1. 聚焦学生核心素养，进步"微"教育文化育人

教育于无痕的校园文化是学校传统文化教育的重要组成部分，也是学校的

隐性课程。学校努力提升校园文化的育人功能,将"微"文化育人融入校园的一墙一石一树,力求达到以文化人,激励学生崇尚进步文化,正道前行。

彰显核心素养主题,精心设计"微"文化育人"进步长廊":一楼重在传统文化小故事感悟,打造美德长廊;二楼重在科技创新探究,打造科技长廊;三楼重在热爱生命引导,打造体育长廊;四楼重在审美情趣培育,打造美育长廊。各班级则紧紧围绕优秀传统文化,将传统文化融入班级文化建设,通过书香班级特色建设等处处体现传统文化韵味。各班节选《诗经》《论语》等儒家经典中的名句作为班级格言,布置墙报和壁报。力求无论身处校园何处,经典名句名篇总会映入眼帘,滋润心灵。从而让学生处处与经典同行,与传统对话,在润物无声的文化育人中感受中华民族的传统文化教育。

2. 聚焦学生核心素养,进步"微"教育建班育人

班集体蕴含着无穷的教育潜能,可发挥巨大的教育作用。在班集体建设中,学校通过"一班一特色"特色行规创建,力求以点到面,启发学生行为自觉,提升班主任建班育人能力。

伟大存在于细节中。在实施创建"一班一特色"专题式教育中,学校充分尊重学生意愿,抓住每一个细节,开展有针对性的行为规范训练,关注学生体验、感悟和实践,将习惯养成渗透于集体意识建构中,引导学生主动发展和自觉实践。同时,引导学生将个人目标和集体团队目标融为一体,运用目标管理,激发个体完成目标的热情,以目标激励自己,实现自我教育。

班集体建设活动积极发挥学校、班级微信等公共平台的作用,满足各班以及学生间相互交流、自我展示的需要,为教育管理提供开放性、交互性、即时性的平台空间。以"一班一特色"为切入点,以优化班级特色文化为途径,不断丰富"一班一特色"建设工作内涵,使学生在班级特色文化建设中得到发展,逐步培养学生的自律意识,让学生成为特色教育的最大受益者。

在活动开展中,学校还积极开展教师实验性研究"微"论坛,通过行动研究针对特色班级创建活动中的真实"小问题"开展讨论研究,将班级建设的小事做细、做实,提升班主任工作能力和全体教师的育德能力。

3. 聚焦学生核心素养,进步"微"教育活动育人

学校围绕培育和践行"社会主义核心价值观"的要求,把握学生思想特点和

发展需求，坚持"知行合一"，开展实践体验"微"活动，从而实现活动育人，德育无痕。

学校以提升传统文化德育建设为重点，按月开展重大校园文化节活动，不断拓展丰富教育主题的内涵。例如：三月科技节、五月体育节、六月圆梦节、九月读书节、十一月艺术节等。在各个文化节活动策划中，从六年级到九年级，目标层层递进，内容螺旋上升，力求通过一个个"微"活动来落实教育内容，实现教育目标，引导学生不断涵养内在精神，丰富传统文化活动体验，传承中华民族传统美德，践行社会主义核心价值观。

结合学生成长发展需求，学校进一步整合"进步教育"德育资源，充分挖掘学校周边优质资源，构建现代网络德育共同体，丰富传统文化德育途径。

一是运用校园内外德育资源，将志愿者服务落实到小队，有目标、有计划、定时定点开展，为学生的成长发展创设平台。如通过少先队微课、雏鹰假日小队等微阵地来开展主题教育"微"活动，丰富学生的成长经历。二是通过小小法眼看天下的"五个一""微"教育活动，来引导学生明确权利义务，培养民主、平等的现代法律精神。如"一期法眼看天下的新闻交流、一场法律案例的精彩辩论、一本法律读本的美好邂逅、一次法律基地的小队活动、一篇法律小报的深入探究"等活动，促进学生知行合一，学思结合，主动践行法治精神。三是鼓励学生通过"微"探究形式，聚焦"小"问题，以小组形式合作探究，开启"大"发现。如结合"微"教育时代特征，积极探究电子书包、平板电脑、微信等以信息技术为支撑的"微"教育载体，为德育提供更大服务平台，并发挥其积极作用。

4. 聚焦学生核心素养，进步"微"教育教书育人

学校的每一名任课教师首先应是德育工作者，应主动努力使教学过程成为学生道德生活和人生成长体验，把社会主义核心价值观体现在教书育人的全过程。

学校在全体教师中大力开展师爱结对、爱心义卖、进步点"赞"、感动校园人物评比活动，引导全体教师人人争做学生的成长导师，坚持教书育人，促进学生健康快乐成长。

学校以"点赞"为激励手段，要求全体教师学会赏识鼓励学生，关注学生的

动态发展,将学生的行规表现、学习表现、好人好事、志愿者服务以及参加各项活动等认真记录在点"赞"活动卡以及学生电子成长档案中,让学生充分感受到每位老师对他的期待和关心,体验被老师"点赞"的成功感,从而促进学生更好地自我完善。

三、管理与评价

(一) 整合德育资源,提升德育效能,管理育人

在原有德育资源基础上,学校进一步将班主任工作、少先队工作和家庭、社区等各方面的德育资源整合为"进步教育"德育资源,发挥德育资源育人功能,提升德育效能。

如积极主动做好和家长、社区沟通工作,构建合作育人网络;成立班级、年级、学校家庭教育指导委员会,主动倾听家长意见,邀请家长参与学校管理工作,发挥家庭教育的效能作用;党员、团员教师积极下社区,共同参与社区的育人活动等,从而体现整合资源的综合效能。

(二) 做实校本研修,促进专业成长

1. 全员育人机制保障

学高为师,德高为范。学校积极构建学校、年级、班级三级管理网络,明确德育管理职责。通过年级组管理制、新教师德育导师制等制度,提升每一位教师师德,力求全员德育无盲区。定期开展学生和家长问卷调查,重视师德建设过程管理。

2. 班主任队伍专业化发展

聚焦"小"问题,以进步"微"教育中真实情境的实践问题解决作为班主任校本培训的出发点和创生点,做好"微"教育"进步加油站"班主任校本培训。

学校满足班主任专业发展需求,寻求专家指导,发挥同伴互助,使班主任角色由"被动参加型"过渡到"自主参与型",提升班主任建班育人能力,进一步促进班主任队伍专业发展,提升班主任教育智慧。

(三) 开启"微"评价,多元发展评价,促进进步成长

在承认学生个体差异的基础上,学校着眼于学生的可持续发展,开启"微"评价,重在发展和引导。

1. 借助"微"载体，开启"微"评价

学校在传统校本评价手册基础上，积极借助电子书包、平板电脑等电子设备，以及时、形象生动且多样化的评价为鼓励手段，并结合学生的年龄特点，推出"进步点赞"赏识性评价以及"心愿卡"奖励制度。

"进步点赞"赏识性评价以小队为单位开展，每队由学习水平、个人能力不等的学生组成。借助平板电脑、教师评价"魔法棒"等电子信息设备，每天及时反馈获得的"赞"点。当得到的"赞"点累计到目标值，可获得心愿卡，达成"导师有约，共进午餐"等心愿。通过赏识鼓励性评价，用自信为孩子打亮青春生命的底色。

2. 构建递进式团队进步评价体系

学校积极构建递进式团队进步评价体系，考核也采取以小队为单位的团队式评价。大力开展"小小师徒结对""一帮一，共进步"等活动，弘扬"相互帮助，共同进步"的团结合作精神，提倡在集体中共同进步。

立足学生全面发展，学校递进式团队进步评价体系力求采取多元发展"微"评价，充分发挥大队部、年级组学生管理委员会等学生自主管理的核心力量，通过每周的"流动红旗"、每学期的"优秀文明班"评选、每年的"感动七宝三中校园人物评选"等，发挥评价正向激励作用，将教育转化为学生自身发展进步的自觉需要，促进学生品格内化，提升实效。

▲ 特色德育篇

一班一特色，每日一进步

良好的行为规范是成就学生一生的基石。"一班一特色"活动是学校为习惯养成而独创的特色活动。

学校调研发现：行规教育实施中，目标过大或者目标指向不清晰，以及简单说教等教育形式，难以引起初中学生的积极性和参与感，收效甚微。"一班一特色"活动重在将行规教育落小、落实,研究和解决行规训练中的实际问题,充分发挥建班育人功能,让学生在德育活动中学会自律,热爱集体,热爱生活。

一、以点到面,"微"目标撬起大能量

(一) 确立能实现、可考核的"微"目标

从真实校园生活出发,学校遵循 SMART 原则,通过班级创建特色小目标,调动学生的积极性和主动性,发挥目标导向功能,想方设法挖掘学生的"源动力"。

学生是有潜力的,鼓励学生一下成才做不到,但每天进步一点点能做到,一步一个脚印能做到。于是,教师、家长和学生一起制定进步"微"目标,找准进步点,引导学生每天、每周、每月的进步目标达成,力争让每一个学生得到最大程度的发展。就这样,《中学生守则》的内容和学生真实的生活情境相结合,通过日积月累,逐渐养成良好的行为习惯。其中,学生确立的每天进步"微"目标有:见到老师问好、晨跑不掉队、作业准时交、背诵出多少单词等,这些具体的行为规范训练,只要稍有恒心毅力就能达到。而每周的进步"微"目标有:上学不迟到、作业全对、坚持每天拉单杠锻炼等;每月进步"微"目标有:所在进步小队胜出、成为光荣的进步之星等。这些能实现、可考核的"微"目标立足学生的真实生活,让学生在每日的点滴历练和行规训练感悟中,将行规教育内容逐渐内化为自觉的行为习惯。

(二) 建立特色班级共同进步的"微"目标

马卡连柯曾说:在集体中,通过集体而进行教育。学校调研发现,初中生拥有极强的班集体荣誉感和集体归属感。"一班一特色"活动立足班级,发动班级全体学生共同合作参与,形成班级特色,发挥了集体的积极作用。

学生在参与活动的过程中,从建立特色班级共同进步的"微"目标、策划"一班一特色"的特色项目,再到具体实施,直至最后目标达成,也是追求共同进步、班级价值目标认同的过程。通过"一班一特色"特色班级创建,学生提出了班本化的"一班一特色"创建"微"目标,共同营造"你追我赶求进步"的班级良好氛围,力求达成集体共同目标和愿景的实现。如下图:

七宝三中 2015 学年行为规范教育训练
——年级特色下"一班一特色"工作

年级	年级目标	一班特色	二班特色	三班特色	四班特色
六	重在知书达理、学会适应的养成教育，通过进步小队点"赞"活动，引导学生主动融入新集体，培养自理自律的能力	进步小队点"赞"赛，作业字迹无涂改，答题规范我行动	进步小队点"赞"赛，十秒钟整队快、静、齐	进步小队点"赞"赛，铃声起一分钟，桌面坐姿都OK	进步小队点"赞"赛，每周摘抄我坚持
七	重在身心健康、热爱生活的青春期教育，通过男生女生良性竞争，养成学生健康文明生活习惯和积极向上的心理品质	班级男生女生无相互嘲讽，晨跑锻炼赛一赛	学习比赛规则，练好羽毛球，男女竞赛，热爱运动	友好交往，从主动问候同桌做起，相互交往，互相帮助	每日一阳光寄语，学会用正确方法宣泄压力，化解心中矛盾
八	重在自主管理、合作进步的责任教育，通过师徒结对，引导学生主动作为，培养团队意识和互助精神	试卷每周一分类，师徒结对共整理，互帮互助齐进步	勤记笔记勤思考，记好笔记共进步	每日一题必搞懂，互帮互助有进步	今天订正今天毕，师徒结对有效率，齐心协力共进步
九	重在有理想、勇拼搏的"理想教育"，通过"点赞"PK，营造你追我赶，积极向上的学习氛围，引导学生好学善学乐学	每日钻研一道题，两两PK，互相鼓励，每日学习一进步	每日一提问，每日一释疑，两两PK，共同进步	两两PK，每天订正百分百正确率，每日学习共进步	两两PK纠错题，每日学习有自省

如表，"微"目标以点到面，开展有针对性的行为规范训练，使学生个人目标和集体的团队目标融为一体，运用目标管理，启发学生自觉，变"被动"为"主动"，激励学生养成良好的行为习惯。同时，管理规范在活动中逐渐内化为学生的内在需求，而且也在一定程度上增强了班级的凝聚力。

二、实践体验，"微"活动汇聚众能量

空洞的说教对行规教育收效甚微，切实有效的行为规范训练重在行为引导。结合"一班一特色"创建活动，学校通过"微"队会、为好友点赞"微"广播等"微"活动汇聚众能量，将习惯养成渗透于集体意识建构等过程之中，关注学生体验、感悟和实践，引导学生主动发展和自觉实践。

(一) 建班育人，身边人讲身边事

集体蕴含着巨大的教育潜能，结合"一班一特色"活动，各班从班级特色出发，开展了"每日一总结，每日一进步"等一系列切入口小、实效性强的"微"活动。

各班通过"我的班规我自主"的特色班规制定、"夸夸我的亲"微队会、进步小队点"赞"、为好友点赞"微"广播、师徒结对等"微"活动，广泛搭建实践平台，充分发挥学生自主管理、自我教育、自主发展的作用，让学生成为道德发展、行为规范的主人，营造一个进步文明的集体氛围。

其中，学校以"说说一班一特色，赞赞我的班"为主题开展了班级文化展示评比。大家通过演讲、多媒体等"微"形式呈现了各班的班级文化建设。各班以"一班一特色"为切入点，通过"一平米、保洁净、我行动""铃声起，班级静"等创建展示，贯彻了"规范涵养品质，品质引领行为"的德育工作理念。同时，学校还从教师层面组织了"一班一特色"的教师"微"论坛，分享自己的做法和收获。学校信息处也及时制作通讯稿，通过校园微信、校门展示屏等广泛传播，让家长同步了解活动内容。总之，重在实践体验的"一班一特色"微活动，引导学生在不断进步中树立信心。

(二) 新班主任开展班级建设的有效突破口

班主任工作千头万绪，新班主任不知道如何选择突破口来抓班级建设。而"一班一特色"创建，恰恰引导新班主任围绕小习惯，将德育管理落到实处，落到细处。

各班在创建"十秒钟整队""地面时刻净"等非常鲜明可测的班级特色中，学生良好的习惯、班级的凝聚力以及好的班风也在慢慢形成。同时，年轻班主任也知道班级管理可从哪些方面抓起，从而由点到面，逐渐得心应手。

同时，学校就特色班级创建活动中的真实"小问题"开展行动研究，将"手机管理"等小事谈透做实，解决班主任工作困惑，提升班主任的育德能力。

三、启发自觉，"微"评价激励正能量

教育是一种灵动的生命，行规教育同样如此。学校大力开展"赏识教育"，逐步构建递进式团队进步评价体系，启发学生自觉，鼓励学生每天进步一点点。

行为规范训练难在坚持。如何让学生每天坚持，真正达到"每天进步一点点"，同伴的鼓励和帮助最有效。"一班一特色"进步点赞是以小组为单位的团队式评价。每组由水平不等的学生组成，让每名学生在集体中进步、在集体中成长。小组成员获得的赞累计到目标值，可获得心愿卡，如学生通过"我和班主任赛乒乓""导师有约，共进午餐""免作业"等来完成自己的心愿。这样，学生在团队合作中不知不觉进步了，学校递进式团队进步评价体系也逐步构建。

教师一个点"赞"的肯定，"学生电子成长档案"上一句鼓励的评价，能让学生感受到老师对他的期待和关心，也让家长感受到老师对学生的关爱。"微"评价不是追求给学生下一个精确结论，而是重在对学生发展的关怀，启发学生自觉，鼓励学生更好地自我完善。

四、成效反思

中学阶段是学生形成终身习惯的重要时期，学校的"一班一特色"活动着力行规训练，对学生的习惯养成有明显促进作用，并具有一定的稳定性和持久性。

"每天进步一点点"行动口号现已成为学校的办学理念。近年来，学校校风严谨，学风浓郁，学子们洋溢着自信而灿烂的笑容。

一个小小特色，牵动的是一种观念，改变的是一个习惯，带来的是一种文明。一班一特色，每日一进步，期盼"一班一特色"活动成为七宝三中学子初中阶段学习生活最美好、最难以忘却的记忆。

专家点评

德育工作是学校教育工作重要组成部分，是实施教育过程、实现教育目标的主要渠道。但目前初中德育工作存在很多问题，表现出德育工作"弱化"和"误化"倾向。如何解决这些问题、提出有效对策，成为当前更好地促进初中德育工作的紧迫课题。同时,初中生是一个特殊的教育群体,他们正处于由少年期到青春期的过渡阶段,正是身心发展的重要时期,可塑性非常大。虽然学生的思想正在慢慢地趋于定型,然而,他们的思想仍是动荡不安,很容易被外界所影响而产生一些变化。因此,学校德育聚焦学生核心素养,进行顶层设计,构建学校德育体系,加强初中时期的德育工作,有助于引导学生形成正确思想,帮助学生完成思想的转变,形成良好的道德品质。

七宝三中是一所成立不久的公办初中,位于名校林立的七宝地区。为打造具有自己特色的学校,学校提出了"知行合一,和谐发展"的办学理念,从最基本的做起:抓实常规、奠定基础、关注细节,大力倡导"每天进步一点点",积极开展进步教育。通过这几年的艰苦创业,扎实筑底,稳步发展,学校逐渐形成了进步教育特色德育工作,并获得了一系列荣誉,得到了学生和家长的认可,并在教师德育素养培养中起到了重要作用。

学校结合当今时代的信息风暴对青少年的巨大影响,创新提出"微"教育理念,并运用到初中德育工作中。为贯彻"微"教育理念在德育实际中的应用,学校深刻挖掘了"微"教育的内涵,并根据学校的实际情况,制定了"微"教育目标及分目标,围绕这些目标设计了各年级的德育工作内容,并列出了课程计划表,同时整合了学校的德育资源,形成了"微"教育德育工作网络,构建了学校"微"教育式德育体系。通过该体系,学校整合了各种德育资源,促进了班主任队伍的德育专业化发展,形成了"微"教育评价体系,提供了"微"教育德育工作的保障机制。

学校德育工作重在从实践中获得真知。七宝三中顺应时代潮流,从既往的工作中反思,并提炼出具有特色的"微"教育德育工作。通过符合校情的学校德育顶层设计，学校贯彻学校办学理念，整合德育资源，建立了"微"教育式德育体系，并开展了特色教育活动，为初中德育工作提供了实践参考，具有较大的推广价值。

上海市闵行区教育学院德研室主任　贾永春

汇智育贤，激发每一个孩子的成功潜能

上海市奉贤区汇贤中学德育顶层设计 文/吴 珏

⬤ **学校简介**

　　汇贤中学创办于 2011 年 9 月,现有四个年级,24 个教学班。学校秉承"汇智以远,育贤为本"的校训,形成"善思力行,高雅大气"的校风,以"相信每一个孩子都有成功的愿望,相信每一个孩子都有成功的潜能,相信每一个孩子都能取得多方面的成功"的"三个相信"为办学理念,致力于培养"善学笃志、卓然俊秀"的汇贤学子,让汇贤成为师生共同成长的"公民之家、快乐之苑、世界之窗、梦想之源"。

　　经过每一个汇贤人的不懈努力,学校已经在区内形成一定的影响力,并获得社会和家长的肯定。学校的文化建设已形成较为成熟的六大体系,引领学校各项工作的发展。学校实施具有汇贤特色的德育"三大工程",促进了学生努力进取、积极向上的行为和学习习惯的养成,打造了"创意无限"的班级文化,有效地提升了学生的心理健康和人文素养。

■ **理性思考篇**

文化立校,文化育人

　　文化建设是学校综合办学水平的重要体现,是凝心聚力、推进学校更好更快发展的重要保证,也是提升学校在社会公众心中的知名度和美誉度的重要途径。

一、"汇智·育贤"文化的由来

　　时代的发展对学校文化提出许多新要求,因时而化,不断丰富学校文化的内容,才能保证学校文化永远保持其先进性,才能使其发挥积极的作用。现代中小学学校文化使学校拥有一种张力，这种系于现实和理想、传统与现代的张力，构成了一所学校内无所不在的"场"。正是这种"场"的差异形成一所学校与另一所学校的不同品质，确立了名校与平庸学校的分水岭。学校只有把"汇智·育贤"的文化体系建立起来，才能彰显自己的风格和特色。鉴于此，学校努力构建学校文化并予以实施，以期在学校发展的开端，为学校的美好未来描画好蓝图，为学校的稳步发展奠定好坚实的基础。

二、构建"汇智·育贤"校园文化的基础

首先，"敬奉贤人、见贤思齐"的"贤文化"是奉贤的优秀文化传统。这种传统，近年在奉贤教育界得到了很好的继承与开拓。学校与特级校长刘京海领导的成功教育集团合作办学，将成功教育"三个相信"的核心思想作为汇贤中学的办学理念。在学校管理工作中，学校始终坚持"汇智·育贤"，汇智，是学校的办学风格，即汇集教师的智慧、学生的智慧、社会的智慧，成就前瞻、大气、有境界、有格局的教育智慧。育贤，是学校的办学宗旨与根本。它是教师的使命，亦是学生的责任，修其身，养其性，达到更高的自我完善境界。

其次，"善思力行，高雅大气"的校风是学校精神文化的核心内容之一。"善思力行"是说要学会思考、学会实践，在知行合一中不断提升独立思考的高度和行动的力度。"高雅大气"意指学会审美、学会包容，在教与学的实践中持续品味雅趣的愉悦和大度的从容。为此，学校确定了"矫健之躯、千里之志、乐群之品、敏锐之智"的培养目标，倡导并形成了"善学笃志，卓然俊秀"的学风和"善喻启智，和而不同"的教风。

三、架构具有汇贤特质的德育"三大工程"体系

（一）抓好常规教育，实施汇贤学子"典范"工程

"典范工程"旨在提炼符合初中生心理发展规律，具备汇贤特色，具体、可操作而有针对性的行为规范和学习习惯要求，促进学生努力进取、积极向上的行为与学习习惯养成。

（二）加强两纲渗透，实施学生德育"文泽"工程

"文泽工程"旨在打造纪律严明、温馨活泼、团结关爱、创意无限的班级文

化,提升学生的集体精神、自律精神和创新素养,并使班级成为两纲教育、学生创新素养培育和多元智能发展的重要舞台。

(三)制定课程方案,实施文明礼仪"优雅"工程

"优雅工程"旨在围绕"高雅大气""卓然俊秀"等学校价值追求,融合区域贤文化教育资源,通过校本德育课程的实施,提升学生行为举止、待人接物的优雅水平,养成适应现代文明社会所必需的礼仪素养和大度气质。

◆ 德育工作篇

做善喻之贤师,育俊秀之学子

学校形成了"善思力行,高雅大气"的校风和"善学笃志,卓然俊秀"的学风,赢得了较好的社会声誉。为了使德育工作更有成效,学校从文化建设和德育课程建设入手,打造优质品牌学校。

一、德育工作的目标与内容

结合学校"三个相信"的办学理念,坚持从学校和学生的实际出发,以构建班级文化为平台,实施德育工作推进项目,精心设计教育活动,将德育活动系列化,高标准落实汇贤标准,提高德育管理质量,把德育工作做实、做细,切实提高德育工作的针对性、主动性和实效性。

(一)"人生导师培养"项目

目标:加强德育队伍培养建设,整体提升德育工作者的工作方法和育德能力,优化管理行为,提高德育队伍专业化水平,创新德育工作实践,打造一支高素质的德育队伍。

内容:

1. 以校长为第一责任人,建立健全完善的德育领导体系。构建良好的德育管理运行机制,招募德育助理,全面参与德育管理,加强德育后备干部的专业能

力培训。

2. 建立由年级组长、年级组教学主任、年级组德育主任组成的年级组教师工作小组。全面负责年级的教育教学工作，培养年级组教师工作小组的管理能力，将管理重心前移，提升管理质效。

3. 加强班主任培训及管理。完善德育培训机制，提升班主任的育德能力；完善德育评价机制，修订班主任考核方案，加大对班主任工作绩效考核的力度，增强班主任工作积极性。

4. 建立青年班主任研修班。定期培训指导，加快年轻班主任队伍的成长。培养一支信念坚定、师德高尚、业务精湛的区级班主任带头人队伍。每两年举行一届班主任基本功大赛，全面提升班主任专业化水平。

（二）"核心价值观培育"项目

目标：以德育"典范工程、文泽工程、典范工程"为载体，培养和践行社会主义核心价值观，通过各类教育活动将社会主义核心价值观融入校园文化，努力营造体现具有主流意识、时代特征、学校特色的校园文化氛围。

内容：

1. 开展两纲教育和公民意识教育。培养学生理想信念、公民素质和健全人格。组织开展"弘扬和培育民族精神月"活动以及各类仪式教育和主题活动。

2. 组建学生社团，充分挖掘学生潜能。社团活动的开展，为学生的发展提供更多的平台和展示的空间，让社团成为学生自我发展、锻炼与人交往能力，培养自主管理能力的重要载体。

3. 建立年级组学生自治委员会。学生干部的培养，提高德育管理的效率和质量，调动学生参与的积极性、主动性，真正实现学生自主管理。

（三）"德育课程推进"项目

目标：努力构建德育课程体系，做好校本德育课程的顶层设计。整体构建有效德育课堂，深入挖掘各学科的德育资源，充分发挥课堂主渠道作用，积极开发学科德育精品课程。

内容：

1. 发挥课堂主阵地功能。充分发挥课程的德育功能，实现课堂的主阵地、主渠道功能，将社会主义核心价值观的内容和要求细化落实到各学科课程的德育目标之中,学科教学充分体现学科育人价值,开发一批学科德育精品课程。

2. 开发校本德育课程。以"三大工程"为载体,将德育课程化、系列化,使年级组长及班主任有章可循,提升德育活动的计划性和有效性。

3. 渗透区本德育课程。分年级、分重点渗透三类区本德育课程("贤文化"教育读本、中华经典诵读读本、环境教育读本),在活动中收集各类优秀素材,通过区本课程的实施,进一步加强学生的综合素养。

(四)"心理健康教育提升"项目

目标:全面提高学生的心理素质,培养他们积极乐观、健康向上的心理品质,充分开发他们的心理潜能,促进学生身心和谐可持续发展,为学生健康成长和幸福生活奠定基础。

内容:

1. 加强领导。以校长为第一责任人,建立健全完善的心理健康教育领导体系,保证心理健康教育的经费投入,确保心理咨询室的正常使用,心理咨询室配足初中生所需的测量软件。

2. 分层培训。分阶段、分年级选送班主任参加校、区级心理辅导培训。每学年邀请相关专家为全体教师进行一次心理健康教育的专题讲座,每学期两位心理专职教师分别为全体教师开设一次心理讲座。

3. 纳入课程。将心理主题班会活动纳入学校班会课课程。每学年在七、八年级开展一次心理健康教育班会课的评比。在建立心理危机干预三级网络的基础上,进一步开展心理辅导工作;心理辅导常态化,深入每一位学生,帮助学生疏导困惑。

4. 心理测试。每年对不同年级的学生做不同主题的心理健康及择业意向测试,并科学运用测试结果于学生日常管理及各科教学中,帮助学生更好成长。

(五)"特殊学生关爱"项目

目标:充分发挥网络化的帮教体制,多层次、多方位开展特殊学生教育。定期开展谈心交流,及时了解学生的思想动态和困惑,及时做好学生的转化工作。

内容:

1. 形成制度,规整档案。建立和完善行为偏差学生、学习困难学生、家庭贫困学生、心理障碍学生、单亲家庭学生等特殊群体的关爱帮扶制度。开展特殊学生成长需求调研和动态性监测，建立特殊学生专项档案。

2. 人文诉求，协调沟通。重视教师、家长和学生三者间的沟通交流，重视学生心理变化，给予特殊学生以情感上的关注，弥补情感上的缺失。通过家、校、社的共同努力，营造和谐的人文环境。

（六）"三位一体"育人项目

目标：主动协同社区、家庭，搭建合作平台，形成育人合力。建立健全家长委员会，加强家长学校建设，营造学校、家庭与社会合力育人的良好氛围。

内容：

1. 加强指导。组建以校长为组长的学校家庭教育工作领导小组，每学期制定专项家庭教育指导工作计划，优先保障用于开展家庭教育工作所需的经费。

2. 家校一体。招募家长志愿者，邀请家长代表参与学校重大活动。做好家庭教育指导工作，通过召开家长会、举办专题讲座，全面开展家庭教育指导。不断创新家庭教育指导模式，满足家长的个别化需求，真正引领家长成长，让家长在学校的家庭教育指导中受益。

3. 以评促优。每学年开展"汇贤好家长"的评选，并在家长学校上予以表彰，邀请优秀家长做经验交流。及时整理家庭教育指导活动资料，汇编过程性资料，及时汇总家长参与活动后的反馈意见。

4. 资源统整。主动参与社区共建，开放资源，加强对学生参与社区活动的组织和引导。充分发挥学校党组织、工会、共青团、少先队等力量，形成学校德育力量的统整。

二、德育工作的途径和方法

学校德育工作以"三大工程"为载体，按照"在生活情景中感悟，在生活实践中体验，在生活环境中熏陶，在生活交往中成长"的德育思想，设计具体内容，在生活实践中不断优化学生基础文明素养，不断完善学生人格，不断激励学生自主发展，形成具有学校特色的校本德育课程，提升德育工作实效。

（一）新生入家课程

学校研发"新生入家课程"，包括"汇贤探秘"即认识学校的校园环境，各功能区地理位置;"串起你我他"即以游戏的方式快速认识、了解同学、老师;"学校文化"即认识、学习学校办学理念、精神等;"常规教育"即了解初中学习生活要求,学习训练《汇贤学子典范》;还有"队列课程"和"班级文化建设"等近10项课程。

(二)生活指导课程

作为一所高起点、高标准的新办学校,学校结合现实的生活情境,开发生活指导课程,指导学生的学校、家庭、社会生活,帮助学生养成良好的生活习惯,提高学生适应生活、创造美好生活的能力。课程内容包括健康饮食课程、高雅品行课程、阳光生活课程等。课程实施的目的是使学生在学校中及离开学校后,能够安全、健康、文明、快乐、负责任、有尊严、有爱心、有创意地生活。

(三)学习指导课程

学习指导课程分为两个板块:一是学习态度指导,以学校制定的《汇贤学子典范》之"学习典范"为指导文本,将学习规范细化为预习、收交作业、晨读、课堂发言等11项规范,同时根据不同学科在课前准备、上课要求及作业规范等方面制定了相应的学习常规。从而规范学习,养成良好的学习习惯,培养善思力行、善学笃志的学子风尚。二是学习方法指导,即指导学生采用科学有效的学习方法,促进学习成绩的上升和学习能力的提高。

(四)综合实践课程

综合实践课程是在教师的指导下,由学生自主进行的综合性学习活动,是基于学生经验,密切联系学生的生活和社会实际,体现对知识综合应用的学习活动。课程内容包括社区服务课程、社会实践课程、社团活动课程和国家交流课程共四大课程,课程目的在于有效地培养和发展学生解决问题的能力、探究精神和综合实践的能力。

(五)励志教育课程

以主题教育、专题活动、升旗仪式、班级文化建设等德育活动为载体,根据不同年级的特点,开发励志教育课程,旨在培养学生的自信心,提高学生的受挫能力,塑造良好的心理品质,使学生在潜移默化中受到良好的教育和熏陶,形成德育新特色。

（六）专题教育课程

课 程 名 称		课 程 内 容	教 育 目 标
主题活动	班团队活动	班级文化建设	打造具有个性的温馨教室，营造温馨校园氛围
	科技节	专题讲座、"金点子"征集、宣传标语征集、征文比赛、主题媒体制作、美术字设计比赛、板报比赛、演讲比赛、手抄报比赛等	培养学生节约水资源、保护水环境、减少水污染以及安全用水等方面的意识和责任
	体育节	广播操、入场式评比、长绳接龙定点投篮、齐头并进、赶篮球接力跑、拔河比赛等	培养团队合作意识，发扬拼搏精神
	艺术节	主题板报评比、书画作品评比、海报宣传比赛、汇贤家人达人秀、爱心义卖、班级合唱比赛、校园辩论赛	丰富校园文化生活，打造和谐校园，展现学生高雅大气、卓然俊秀的精神风貌
	读书节	"贤文化"教育读本宣传月、我是汇贤小贤才"贤文化"教育读本读后感评比	在"贤文化"精神的感召下，在校训精神的引领下，争做具有"贤人"品质的好学生
	心理健康周	心理健康讲座、在线咨询、红领巾广播宣传	普及心理保健的常识与方法，提高学生的身心健康水平
专题纪念日和节庆教育	"三·五"学雷锋	主题宣传、雏鹰假日小队开展各类学雷锋活动	品德教育
	妇女节、教师节、母亲节	为师长、父母做一件事、献一份礼	感恩教育
	"三·一二"植树节	宣传、保洁、认养小树活动	环保教育
	"七·七"事变、"九·一八"事变	阅读历史、了解历史、各类主题宣传活动	爱国教育
	清明节、端午节、中秋节、重阳节	升旗仪式教育、宣传画廊、主题班队会、与父母共度佳节	了解中华民族民俗风情和传统美德，培养爱国情怀
	"六·一"儿童节	六一节庆系列活动	欢庆自己的节日，体会童年的快乐
	"五·四"青年节、"七·一"建党节、"八·一"建军节、"十·一"国庆节	宣传、入团仪式、与部队开展联谊活动	了解历史，树立强烈的爱国意识和情怀

三、管理和评价

（一）形成校本制度文化体系

广泛征求意见，制定、完善学校各项管理制度，形成一个凸显本校优势、体现校本意识、具有学校特色的科学、规范、高效、较完整的组织管理系统和制度体系，编制《汇贤教师读本》，明晰各条线工作职能、规范与责权，让"以法治校"的思想深入人心，在此基础上形成全员管理、自主管理。经常倾听师生的建议，努力保证学校决策无误、行动无误。建立学校制度教师知晓度测评，保证每位教师都学习并熟悉相关制度，并落实到行动。建立学校制度更新与完善委员会，定期对学校制度进行更新设计。设立学校制度创新奖，鼓励教师参与学校制度创新。

（二）加强民主，提升教代会职能

完善制度设计与确定的民主程序，提升教职工大会的作用，将制定制度的过程作为统一教职员工思想和行为的过程。

（三）积极推广，搭建文化交流传播平台

建设学校文化长廊，记录师生成长历程；创设学校校刊，刊载师生作品；以校园网站为平台，搭建信息交流互动系统；建立面向家长的教育服务质量反馈平台，如调查表、开放校长信箱、校园网在线咨询等。

▲ 特色德育篇

....

构建特色班级文化　促进学生自主发展

学生的健康成长，需要一种良好的环境。班集体是学生成长的沃土，是其实现社会化和个性化的重要基地，是他们实现梦想的乐园。因此，重视特色班级文化建设，促进学生个性全面和谐发展，成为学校打造班级特色文化建设的重要目标和改革发展的方向。

一、确立班级目标文化，树立美好的共同愿景

班级目标文化对全体学生具有感召力和凝聚力，能把全班同学的兴趣、目的、需要以及由此产生的行为统一起来，是班级长期文化建设的反映。比如，进行班级价值观、班级精神、班级口号等相关的班级文化要素的建设，形成班级共识。依据班级目标文化的内在要求，引导学生创造并积淀相应的班级优势和个性特色。

自班级文化创建活动开展以来，全体师生在不断地学习和找寻班级的共同愿景、共同理想与目标。班主任在全面了解和分析各自班情、学情的基础上，依靠集体的智慧碰撞，制定出具有本班个性特色的中队名称、班级精神、班级目标等。如六年级某中队名称为"骁腾"中队，班级精神：求知若渴，虚怀若谷。他们还制作并选定了中队的队徽，寓意着该班的每一匹可爱小马驹将通过初中四年的学习生活，成长为一匹匹奔腾的骏马，在知识的田野里不停狂奔，勇往直前！七年级某中队名称为"黎明"中队，班级口号：黎明之星，我努力我闪亮。班级的目标是：做人：拥有爱心，真诚宽容；做事：遵守规则，友善合作；学习：脚踏实地，勇于创新。八年级某中队名称为"汇馨"中队，班级目标是争做"四有"好少年，有热情、有才能、有风度、有上进心。九年级某中队名称为"骐骥"中队，寓意每个学生都是一匹能够奔腾于自己前程之路上的骏马，也和学校的奔腾精神相符合；同时，骐骥也和"奇迹"谐音，让学生拥有一个快乐的初中生涯，为彼此创造一个奇迹。学校专门量身定作班牌，配上"全家福"照片，挂在各个班级的门口，激励全班师生共同努力、快乐成长。

二、建设班级环境文化，让班级成为诗意栖居的乐园

班级物质文化是班级文化建设的"硬件"。它主要包括班级教室的设计、布置以及班级的教育设施等，是班级文化最直观的外在表现形式，是一个班级精神面貌的具体反映，也是衡量一个班的班级文化的最基本的尺度。

（一）板报布置

教室后墙的板报分为三个板块，左侧为班级文化建设版面，展示班级的班训、班徽和班风等；右侧为班级宣传栏，包含班级的奋斗目标、课程表、干部分

工、值日生表等；中间部分为有主题的版面布置，班级围绕学校每月的主题展示个性化的版面内容。

（二）图书角

引导和鼓励每一个学生把自己最喜爱看的书和报纸拿出来与他人交流，既可以培养学生的奉献精神，又是对他们进行集体主义教育的有效途径。定期评选图书角的热心读者；每学期举办一次好书推荐会；举行介绍好书的征文比赛。这些活动，可以充分调动学生的读书积极性，使图书角发挥文化源的作用。

（三）植物角

盆景等绿色植物能够调节教室的气氛，为学生创造一个良好的教育环境。在教室的窗台或一角放置吊兰、文竹、宝石花等绿色植物，由学生定期更换，使教室生机盎然。教师培养学生的责任意识，对植物包干负责，这也是班级文化的内涵。

（四）教室卫生

后墙板报右侧墙角统一为卫生角，所有的卫生工具整齐摆放在这一指定位置。保持教室讲台台面的整洁干净。教室的课桌椅的摆放做到整齐划一，横平竖直，课桌内不得遗留废纸、食品包装袋等。

三、制定班级制度文化，提升学生自主管理的能力

班级制度文化主要包括班级的规章制度、道德规范、行为准则和组织机构等。班级制度是班级文化建设的保障，也只有在制度的规范下，学生才能更好地发展。

一是强化学生的规范意识，让学生在规范中成长。二是在广泛听取每一位学生的意见和建议的基础上，再通过民主表决确定，建立班级文明礼仪、学习常规、卫生值勤、奖惩等制度，形成每位学生追求的目标，并以积极的态度去执行，促使学生进行自主管理。三是建立班委等有效的班干部队伍，从学习、纪律、卫生、两操等各方面进行分管督促，做好老师的小帮手，并形成相互监督、共同进步的良好局面。

如有的班级以小组管理为机制，促进学生的自主管理。具体做法：（1）将雏鹰争章的"俊秀章""善思章""力行章"分别对应班级的"学习优秀""回答问题"

"进步"，并由组长记录组员成长情况，每周将结果汇报给专门负责统计的班干部；(2)由班干部分别负责班级卫生、学习、纪律的日常管理，以小组为单位，每日给予加星登记，如果有一人违反规定，本组将不予加星，得星最少的组将是下周的值日生，得星最多的组将被评为本周"明星小组"。经过一系列制度的探索与简化，即使老师不在，组长也会提醒和督促组员，而捆绑制的约束力也在一定程度上规约了一部分自制力不强的同学，全面提升了学生自主管理的能力。

再如，有的班级实行"积分制"、发放"积分券"、发放劳动卡等。积分券的发放分为"学科""日常"两大板块，"学科"方面针对家作、课作、考试、课堂表现等，而"日常"方面针对课间卫生、劳动值日、行为规范等。每一项有相对应的积分，每日进行清算。积分券可以在拍卖会上用来拍到心仪的物品，也可以用来兑换各种文具或是作业减半券。

有了标准的约束，又有了相应的奖惩措施，学生无论是学习上还是纪律上的积极性都很高涨，很快就形成了浓厚的班级凝聚力和学习氛围。更为可喜的是，这一系列措施的实施，也取得了家长的赞同和支持，最终形成了"学生——家长——老师"三位一体的管理方式和学习氛围，为班级工作的开展做了很好的铺垫。

四、推进班级活动文化，打造特色班级

班级活动文化主要指班级开展的各种文化活动，即依照班级文化主题，分阶段、有目地、有计划地组织学生开展丰富多彩、形式多样、富有创意的集体活动。它是班级文化中最活跃的因素，反映了班级的精神面貌和管理水平，是班集体精神和群体意识的动态反映。活动宗旨就在于焕发学生自我教育的潜质，形成良好的行为习惯，实现自我发展，形成良好的班级文化。

一个健全的集体，离不开集体活动，学生通过参加集体活动逐渐加深对集体的理解和感情以及同学之间的关爱，增强对班级的认同感，提升在班集体中的幸福指数。

班级集体活动对增强班级活力和班级凝聚力，提升班级文化品位有相当大的益处。班级之间的足球联赛、篮球联赛，无论输赢都是好事。拔河比赛，把全班的劲往一处使，本身就是一种象征。圣诞新年庆祝会，可以放松身心，培养个

性,展现自我,也能给一些平时学习上表现机会少的同学一个舞台。组建舞蹈队、美术队、运动队积极参加学校的赛事,可以使有特长的同学得到发挥,可以培养学生的审美情趣和身体素质,当然也能增强集体荣誉感。利用班会开展读书读报感想交流会、辩论赛,征集并学唱班歌、班歌比赛,给予学生充分展现自我的机会,陶冶学生的道德情操,提高学生的综合能力,促进班级文化建设。从而打造了创意无限的班级文化,形成了特色班级,学生的集体精神、自律精神、创新素养得到初步培养。

五、启示

班级文化建设不再是一个新话题,在新的德育形势下,很多学校都非常重视班级文化建设。而特色班级文化的创建,却是"万物因不同而精彩"。教育的对象不同,教育的实施方法也不同,班级氛围不同,学校文化也不同,必然结果出现"大不同"。从学校开展特色班级创建的教育延伸,就是对所有的"不同"作出了新的理解与诠释。学校特色班级文化建设的工作重点就在于突破常规,在遵循师生身心发展规律的基础上,从不同的角度着手建设班集体文化,形成不同文化的内涵,彰显出学生、班主任、班级、学校教育的个性文化。

创造性地开展班级文化建设工作,对于营造良好的学习成长环境,促进学生的身心健康发展,形成班级个性品牌文化具有极其重要的作用;同时,对促进班主任的专业发展也有着举足轻重的作用。

专家点评

上海市奉贤区汇贤中学的德育顶层设计,能够既植根于自身的地域历史文化又有鲜明时代特征,既广泛学习又不简单因循,深入探究,高位思考，在适切的基础上做到前瞻而有特色。

"设计"中，围绕"汇贤"校名展开的"汇智、育贤"德育总目标，秉承"汇智以远，育贤为本"的校训，前者立足智育，后者植根德育，既独立又相互渗透，将学校的办学风格和育人目标完美地统整起来，架构合理、思路清晰。特别是学校围绕视觉识别标志"骏马"而衍生出的"矫健之躯、千里之志、乐群之品、敏锐之智"的师生培养目标极具鼓动力，其脚踏实地、志存高远的意境描述非常有利于"善思力行，高雅大气"的气质养成。相对"文化基础"，"设计"在对学校核心"文化由来"的阐释方面表述有些不够扎实深入。

德育"三大工程"围绕"典范""文泽""优雅"展开，注重基础性和发展性的统一，紧扣总目标，呈现一定的高度与坡度。问题在于，虽为指导性文件，但对关键语词的界定还是显得有些粗放，不利于具体实践时的操作或把握；另外，后文也缺乏了对这三项"工程"进行必要的呼应或展开。

"六大体系"及德育校本课程抓住德育工作的一般规律，从文化建设和德育课程入手，关注德育建设的各个领域，既完整全面，颇具学校特色，对具体落实的指导性也很强，特别是课程序列，贯穿学生初中阶段生命成长的全程，有条不紊，专题教育课程在关键节点重锤敲打，扎实而不乏新意。

"管理和评价"部分，"校本制度文化体系"这一环是亮点，将工作制度化，形成全校一致的文化追求。利用教代会发扬民主，集思广益，统一思想，并且将文化传播作为管理评价的有机一环也契合了当今时代的发展。

"特色德育"部分，咬定"班级文化"不放松，从"目标""环境""制度""活动"四个方面实施，有较强的操作性和一定的启发性。其中，

"目标"和"活动"两个环节相对来说更有新意,而"环境""制度"二者似乎还缺少一些想象力和创造力。

显然,所谓的"汇贤标准",带有很深的"成功教育"的烙印。它将德育体系在师生两端发力,把追求成功的过程与道德养成、知识内化、潜能开发的过程结合起来,注重"智"的聚合与"贤"的成长,将有利于学生的终生发展和自我增值。

上海市奉贤区教育学院教研中心副主任　　庄骏

在体验中形成规范，构建情理相融的德育体系

上海交通大学附属第二中学德育顶层设计　文/沈晓云

⬤ 学校简介

上海交通大学附属第二中学走过了22年的办学历程，从最初默默无闻、埋头办学到现在声名鹊起、影响广泛，学校经历了一个艰难起步、锐意变革、稳步上升的办学过程，呈现出一条清晰的发展轨迹。

学校前身是创建于1994年的上海交通大学附属实验学校，隶属交大，仅有初中年级。1997年—2004年，成为九年一贯制学校。2004年，中小学分离，更名为上海交通大学附属第二中学。2005年创办高中，2007年1月起学校实行属地化管理，归属于闵行区人民政府。2011年创办国际部，实行分部管理、三部一体的管理模式。2015年在原高中部基础上，成立上海交通大学附属中学闵行分校，学校由初中部和剩余的高中组成。现有初中25个教学班，高三4个班，学生1100人左右，教职工112人。学校占地面积53亩，校舍18500平米，塑胶操场、体操房等各类教学设施齐全，校园绿树成荫，布局合理。学校以人为本，深化改革，走上了良性循环之路，教育质量持续上升，办学品质不断提升。

作为一所大学附中，学校一直坚持充分利用交通大学浓厚的学府氛围和得天独厚的教学资源，秉承交大"饮水思源，爱国荣校"的校训，提倡"情理相融，共同发展"，坚持德育是美德体验的育人理念，让学校成为师生终生留恋的地方。学校培养学生拥有懂礼仪、会感恩、能包容的"大方为人"的风范，重规则、讲诚信、敢担当的"大气处事"的风格，善理解、会合作、勇探索的"大胆求知"的品质，成为个性鲜明兼具科学人文修养的，有一定国际视野的，有爱国荣校、兼济天下精神的现代公民。

学校先后荣获全国德育科研先进学校、上海市安全文明校园，上海市行为规范示范校，闵行区文明单位、区艺术教育特色学校、区科技教育特色学校、区心理健康教育优秀校、区家庭教育优秀学校、区首届美育（舞蹈）联盟主校等荣誉称号。

近年来，学校致力建设"情理相融的新家园"，努力打造成为一所有科技与艺术特色（人文与科学的结合）的高质量的大学附中。

理性思考篇

....

在体验中形成规范,构建情理相融的德育体系

中共中央国务院《关于进一步加强和改进未成年人思想道德建设的若干意见》提出,加强和改进未成年人思想道德建设必须遵循"贴近实际、贴近生活、贴近未成年人"的原则。学校坚持贯彻文件精神,积极探索贴近学生、贴近生活、贴近实际的德育方法创新研究,初步形成了以"校园听证制度、德育导师制度、家长驻校制度、人生导航制度"为主要载体的"情理相融"的特色校园文化,极大地推动了学校德育工作,取得了较好的德育实效,在区域层面形成一定的影响力。学校形成"闵行区德育实践研究基地""闵行区班主任工作室基地"以及"学校班主任工作室"的三级阶梯培养框架,构建了学校德育中心领导下的管理处、活动处、德研处分工与合作的工作方式,以《中国学生发展核心素养》为培养目标,通过层层引领德育科研和实践,提升了学校德育内涵和行为规范教育品质,为德育工作新的改革发展奠定坚实基础,为德育队伍的壮大提供了平台,为学生在体验中培养和提高规则意识起到推波助澜的强大动力。

一、"在体验中形成规范,建设情理相融的德育体系"的提出

(一) 提出背景

《中共中央关于制定国民经济和社会发展第十三个五年规划的建议》提出,要把促进学生健康成长作为学校一切工作的出发点和落脚点,为每个学生提供适合的教育,促进每个学生主动地、生动活泼地发展。2016 年,教育部进一步提出中国学生发展六大核心素养:人文底蕴、科学精神、学会学习、健康生活、责任担当、实践创新。

德育工作在学校素质教育实施中处于突出地位。但是,在传统的德育过程中,我们往往重视表现道德知识的文字、图片、音像、实物等"符号"性知识的传

输，这种道德符号教育是低效的，只是让学生知道是非，而难以形成德性。美国教育家麦金太尔认为："德性是人类后天获得的，内蕴于实践活动的各种好的性质、品质和倾向。"道德知识更重要、更生动、更直接的承载体——社会现象中的美德，它不仅是人类几十年乃至几千年传承的优秀道德（美德）符号，更是有血有肉的、充满生命气息的美德现象。所以，更有效的德育应是让学生在体验这类道德知识的同时，以德育的主体去反思、建构美德知识。

（二）概念界定

"在体验中形成规范"是指让学生除了在自己的直接经验中能实现美德品质的内化外显外，更多的就是教育者如何还原隐含在书面道德知识中的间接道德经验，并让学生进入这些经验中，让这些道德知识成为学生内在的需求，通过他们的体验活动形成他们的行为规范与道德品质。

"建设情理相融的德育体系"着眼于学校育人目标与文化建设，同时结合联合国提出的 21 世纪六项学习技能，"情理相融"可以细分为以下十二条：

理想与情怀

1. 能够在群体中积极展现自我并提升领导才能

2. 能够站在宏观的角度判断和思考问题

3. 能够创造性地选择恰当的方法和工具，以解决具体复杂的问题

4. 能够悦纳自我、接受不同的个性与观点，善于就共同的目标与他人达成一致

理性与情感

1. 能主动积极运用所学知识和工具寻找创意

2. 能够基于"证据与研究（实证法）"而不是主观感受解决问题

3. 能够自主管理时间，随时反省、控制、评估自己的情绪、思想和行为变化

4. 能有效使用不同手段传递思想、用合乎逻辑的方式辩论并说服他人

理解与情境

1. 能熟知自己的学习方法习惯与风格特征，并及时调整改进

2. 能明白无误、用词精确、口齿清晰地表达观点

3. 能积极关注身边环境中正在发生的事情并学以致用

4. 能从身心上做好准备，随时适应不同的环境

二、"在体验中形成规范，建设情理相融的德育体系"的途径

在"在体验中形成规范，建设情理相融的德育体系"的德育理念引领下，学校追求德育目标、内容、形式不断贴近德育主体（学生），承认并尊重学生的主体地位和主体人格，充分发挥学生的主动性和创造性，促使学生积极地认知、体验与践行。学校突出了全员、全过程、全方位参与的特色，力图实现"精细、精致、精彩"的德育体系。

德育体系落实途径

特色：全员、全过程、全方位参与；创新、和谐、绿色、开放、共享			
关键词	**目标**	**措　施**	**收　效**
精细	德育管理制度化	优化组织结构 加强理念渗透 细化流程标准 确保经费支持	1. 有完整科学的一系列修订制度 2. 有各个项目的详细方案和操作方法 3. 各项工作无痕衔接
	德育实施课程化	突出年级目标 构建课程体系 德育学科渗透	4. 有成熟的《德育课程实施方案》 5. 有一系列形式多样、可评估的课程项目 6. 有一支成熟的德育教师队伍
	德育养成过程化	校园听证制 德育导师制外延 整体规划校园活动节日 德育校本研究 校园志愿者岗位 家校工作机制 德育学分制	7. 有各项活动的成熟方案和操作说明书 8. 部分成熟的做法形成区级以上研究课题
精致	整合资源发掘特色	推进《基于校本的交大二附中德育工作长效机制实践研究》课题研究	9. 成为新一轮"上海市行为规范示范校" 10. 德育制度有更新 11. 有各个特色项目的效果反思 12. 有优秀的教师论文和案例 13. 有区级德育骨干教师或德育基地
	完善评价全员参与	完善全员导师制评价方法 完善家校沟通平台 健全家校工作机制 强化家长学校建设 实现全方位管理 提高学生在校学习的效果 加强家、校、生三方网络信息平台建设	14. 通过上海市行为规范示范校评审 15. 德育导师制100%参与；有校外德育实践基地；有社会优秀人士参与

续　表

关键词	目标	措　　施	收　　效
精彩	塑造品牌形成辐射	打破辅导员与班主任一人兼职的现状 开拓校外实践基地、形成社区参与 形成育人的强大合力	16. 有项目方案和操作指南手册 17. 有优秀的课题、论文和案例汇编 18. 有优秀的德育专业个人和团队 19. 有一定社会知名度 20. 形成德育校本培训教材 21. 有区级市级德育活动展示 22. 各类评比获奖,在各级层面展示汇报

◆ 德育工作篇

一、目标与内容

作为一所大学附中,学校一直坚持充分利用交通大学浓厚的学府氛围和得天独厚的教学资源,秉承交大"饮水思源,爱国荣校"的校训,提倡"情理相融、共同发展",坚持德育是美德体验的育人理念,让学校成为师生终生留恋的地方。

(一)办学目标

让交大二附中成为一所有科技与艺术特色(人文与科学的结合)的、有一定国际开放度的、充满理解文化的高质量的大学附中,从而让学校成为师生终生留恋的地方。

(二)育人目标

努力把学生培养成个性鲜明兼具科学人文修养的,有一定国际视野的,有爱国荣校、兼济天下精神的现代公民。

学校从"人文精神、科学素养、爱国情怀、国际视野"四个维度培养优秀学生。

人文精神:以"礼仪、诚信、感恩、责任"为核心内容;

科学素养:以"严谨、执着、合作、创新"为核心内容;

爱国情怀:以"爱家庭、爱集体、爱自己、爱他人"为核心内容;

国际视野:以"尊重、理解、包容、共生"为核心内容。

（三）行规教育总目标

培养学生拥有懂礼仪、会感恩、能包容的"大方为人"的风范；重规则、讲诚信、敢担当的"大气处事"的风格；善理解、会合作、勇探索的"大胆求知"的品质。

（四）分年级目标

年级	项目	德育主要目标	体验载体
预初	基本素养	1. 注重仪表、仪容的规范 2. 学习生活时间的合理安排 3. 友爱同学，尊敬师长 4. 有一定是非判断能力和自我保护能力	1. 新生入学教育、军训、日常行为规范、交大文化活动 2. 学法指导课程 3. 礼仪教育、道德、法制主题教育活动等 4. 学校的学生节日
	个性鲜明	1. 文明守纪、活泼大方 2. 有自己的见解与兴趣爱好	1. 假日小队活动与社团活动 2. 德育导师制
初一	基本素养	1. 养成独立思考习惯，具有初步探究能力 2. 热爱劳动，热爱班集体，热心公益活动 3. 具有一定自我理解与认识能力	1. 学法指导课程 2. 值周班 3. 学校、社区假日小队活动 4. 主题教育活动 5. 学校的学生节日
	个性鲜明	1. 诚实守信、热情主动 2. 有自己的见解与兴趣爱好	1. 诚信教育 2. 社会实践活动 3. 德育导师
初二	基本素养	1. 培养质疑精神，开展合作学习 2. 正确对待异性同学，学会合作分享 3. 具有初步抗挫能力 4. 具有一定的法制知识	1. 学法指导课程 2. 青春期生理、心理辅导讲座 3. 人生导航活动、自主管理 4. 法制教育 5. 消防安全教育活动 6. 学校的学生节日
	个性鲜明	1. 乐观自信并有自我约束能力	1. 十四岁生日仪式 2. 诚信主题教育活动 3. 德育导师制
初三	基本素养	1. 具有初步鉴赏能力 2. 具有一定动手操作能力 3. 具有压力自我调节与自我激励的能力 4. 正确的人生理想	1. 学法指导课程 2. 心理辅导讲座 3. 人生导航活动、自主管理 4. 学校的学生节日 5. 理想教育
	个性鲜明	1. 具有较好的沟通能力 2. 具有社会责任感	1. 社会实践活动 2. 德育导师制

二、德育实施举措

学校始终坚持以培养中学生核心素养为主旋律，以创建特色班集体为契入口，确立学校文化新品牌，努力开创德育工作的新局面。

（一）健全德育网络，明确分工职责

学校成立了由校长为组长，德育中心主任为副组长，教学中心主任、活动处主任、德研处主任、总务主任、工会组长为成员的德育工作领导小组，并逐步构建起学校、家庭、社会全员参与的三位一体的德育管理网络，有效提升与拓展了德育的实效与范围。

校长负责全校德育网络运转的部署、监控与调度；教学中心主任协助开展学科德育的渗透以及校本德育的共同开发；总务处负责德育相关工作与活动的后勤保障等工作；工会负责教师层面的宣传、动员等工作。在全校各部门的配合下，作为学校德育工作实施的重要部门——德育中心下设的管理处、活动处（结合团部）、德研处合作分工，全面管理并开展学校德育工作，这样的部门设置更有利于工作的精细化和成长的专业化。德育中心管理处主任负责学校德育建设的顶层设计，具体开展德育日常管理、德研和学生活动的指导工作。德育中心活动处主任负责整体规划读书节、艺术节等学校特色活动、节庆活动、班团队会等一系列学校活动，加强校园文化建设；德研处主任负责开发学校德育特色研究项目及课题，组织学校德育科研的立项、实施、结题与总结交流推广工作，创造德育研究氛围。

（二）坚持制度先行，有序规划引领

学校贯彻"以人为本"的教育理念，制度先行，规划引领，整体思考学校行规教育工作，先后制定《交大二附中德育工作制度》《交大二附中班主任考核奖励制度》《交大二附中学生值周制度》《交大二附中学生安全行规操作细则》《交大二附中班级优良学风评比制度》《交大二附中校园保洁制度》《交大二附中行规规范示范员、文明学生评选制度》《交大二附中学生处分条例》《交大二附中违纪通知单核发规定》等一系列涵盖学校各个层面涉及行规教育的工作制度，从而保障行规教育落到实处。

学校还坚持从学生"最近发展区"的实际出发，从学校办学成效的实际情况出发，从学校办学目标与育人目标出发，制订了《交大二附中行规教育三年规划》，规划从细节入手，力求夯实学生的日常行为规范的养成教育；以体验性的零距离德育活动为抓手，力求寓教育于学生喜欢参与的活动之中，形成具有本

校特点"基于理解的零距离德育"的"七横七纵"行为规范养成教育范式和体验模式,使学生最终成为"大方为人、大气处事、大胆求知"的爱国公民。

(三)加强队伍建设,营造校园文化

目前学校共有班级数 25 个,学生总人数为 870 人,拥有一支活力、团结、向上的德育队伍。25 位班主任中本科学历占 72%,研究生学历占 28%。其中班主任党员占了 56%,专业素养过硬,敢于探索与钻研,2016 年度 22 人参加了市、区级的班主任专业培训。在年龄构成上,35 岁及以下的青年班主任占了 64%,是班主任的中坚力量。36—45 岁的班主任占了 20%,45 岁以上的占了 16%,在实际工作中,富有经验的老班主任示范并指导年轻班主任,提升了工作的成效,而且形成了良好的梯队效应。

他们无论在教学还是班主任岗位上都兢兢业业地付出,取得了可喜的成绩,例如 2016 年 4 月,朱云彬老师、王德权老师分别带领班级获得 2015 学年度闵行区红旗中队,徐莅萍老师、钱坤老师带领班级获得 2015 学年度闵行区自动化小队;2016 年 9 月周莉老师获得 2016 年闵行区"新东苑"杯优秀班主任称号等等。

除此之外,学校还积极将学校班级德育的诸多目标、任务分解到担任"导师"的学科任课教师身上,建立起导师对学生"思想引导、学业辅导、生活指导、心理疏导"的模式。随着德育导师与学生的正式结对,师生的交流突破了时间、场地、方式的限制,课前课后、校内校外、电话短信、网络对话,每周的促膝谈心,每月的家访电访⋯⋯地理教师、历史教师、美术教师、体育教师⋯⋯那些以往徘徊在德育工作边缘的教师,有了更充分地接近学生的机会,在成为学生贴心朋友的同时,又扮演着学生成长引路人的角色。德育导师制的实施取得了很大的成效,师生人际关系更加融洽,因行为偏差而造成的违纪行为显著减少,近年来行规违纪数明显下降,表示喜欢并愿意继续接受导师帮助的学生人数达 95%。

(四)规范行规教育,彰显品牌特色

建设德育体系是一项系统的、长期的、艰巨的工程,需要全体教师在实践中不断完善、不断提高。学校德育中心秉持这样的信念,不断拓展教育教学环境,提升文化内涵,发挥教育科研的作用,紧跟时代步伐,努力把学生培养成个性鲜明兼具科学人文修养的,有一定国际视野的,有爱国荣校、兼济天下精神的现代公民。

下面分三个篇章介绍学校德育中心三个部门工作开展情况。

精细德育管理　树立品牌项目(管理处)

1. 校园听证树规则

学校积极探索贴近学生、贴近生活、贴近实际的"三贴近"德育方法创新研究,初步形成了以校园听证制度为主要特色之一的基于理解的零距离德育模式,极大地推动了学校德育工作,取得了较好的德育实效。校园听证不仅保障了学校管理过程中学生的参与权,树立了学生的规则意识,还促进了校园人际关系的和谐。2017学校在区《从被动走向主动建构的区域中小学行为规范教育课程建设》重点课题子项目《建设校园听证校本课程培养初中学生规则意识》的研究中着力突破瓶颈,进一步将校园听证和学生行规目标紧密结合,梳理已有的课程资源,创建完整的课程体系,实施全面的课程评价,在切实推进校园听证制度长效化的同时,使之具有了更广泛的推广价值。

2. 年级助理促自主

在有目的、有计划地引导学生通过独立思考、自主选择和积极活动,从而达成行规教育目标方面,学校还试行了"级部主任助理"聘用制。每个年级的级部主任公开招聘"级部主任助理",在全年级报名学生中根据综合情况筛选出12位学生进入面试,最后产生10位年级助理。在工作日中每天安排两位年级助理进行年级巡视,依次轮流。巡视内容主要包括班级卫生、课间休息等各项行规,巡视结束将结果填写在记录本上,年级级部主任及时与有问题的班级班主任沟通反馈。这一管理制度的实行,有效地培养了学生的自信心、责任心,每日巡视记录督促学生行规、班级卫生等,自主管理初见成效。

3. 德育学分评等第

为使新入学的学生能尽快适应初中学习生活,促进各项良好行规习惯的养成,学校还在预初年级试行了"德育学分制",它是对学生个体行规的一种量化评价,其内容范畴包括学校(学习篇、礼仪篇、行为篇和卫生篇)、家庭(作业习惯篇、生活习惯篇、参与家庭活动篇)及社会(实践活动篇、志愿者篇、社会行为篇),将德育活动、德育行为制度化、学分化,德育目标详细化、具体化。

在德育学分制制定和实施过程中,教师与班干部、班级成员及学科教师共同协商,通过前期问卷调查、个别访谈及群体交谈等方式征求各方意见,形成具有班级特点的学分制检查项目,分工明确,定期结算分数,评出等第。与此同时,成立监督小组,相互监督。从实践结果上看,这一制度极大地提升了学生自我管理的能力,提高了学生的思想道德素质。教师改变粗放管理的模式,变口头说教为量化评价,也让德育工作更趋近科学化、规范化、制度化,从而增强了班级管理的实效性与针对性。

4. 德育导师建交流

传统的班主任模式下,班主任工作事务多、任务重、压力大,要兼顾教学工作和班级管理,往往导致与家长交流不多、对个别学生关注不深。基于此,学校变班主任"单一育人"为"全员育人",每位学科老师都要担任德育导师,在师生双向选择的基础上,导师分别与若干名学生进行结对,开展全程交流指导。德育导师制让学生与普通学科老师构建起平等交流、感情交融的新型师生关系。学校还着力突破德育导师制外延,学生导师不局限于该生本班教师,可以是其他年级、教辅后勤教师,也可以是高年级学生,交大、华师大等校外结对大学生,家长、社区志愿者等热心人士,从而充分利用他们的年龄、职业、专业和学科优势以及校内外资源,与学生结对,共同促进学生成长。

多彩体验活动　精彩特色德育(活动处)

1. 传统节日话传承

以"我们的节日"为纽带,以"传统节日话传承"为目的,在一年度中开展系列活动:组织开展"新年微愿望""品味元宵""端午有味""中秋来相会""重阳@敬老""手写有温度,温情满校园"教师节主题教育活动等,通过传统节日活动的开发与组织,帮助学生了解传统节日的文化内涵,从而对本国本民族的文化产生认同感,并对不同民族和文化的创造持尊重和欣赏的态度。

2. 校园节日展素养

依托学校"情理课堂"的教育理念,活动部积极搭建活动平台,形成校园六大节(感恩节、社团节、科技节、体育节、读书节、艺术节),以充分调动师生积极的情感和灵动的智慧,让师生的情感和智慧和谐共生,体现以人为本、情理交融的校园新生态。在实施"校园文化六大节"的过程中,学校始终遵循让每个学生参与到节日中来、让每个学生在节日中有收获的原则,设计每一次的校园节日活动。学生在节日中尽情展示自己的才华与创意,他们的实践创新、责任担当、合作交流等素养得到了充分的培养与发展。

3. 以史为鉴——升旗仪式

学校升旗仪式以"历史上的今天"为主题，以史为鉴，以明正身。学生从阿波罗号计划的终止谈到中国的航天技术、从桥梁专家茅以升谈到如何传承工匠精神、在孙中山先生诞辰纪念日吟诗怀颂……升旗仪式不再拘泥于讲话，内容丰富、紧扣时事、形式多样，锻炼学生的同时更是他们自我教育的一次良机。

4. 走遍上海——校外拓展

上海是一座弥漫着浓郁文化气息的城市，敞开海纳百川的博大胸怀，在奔向国际化大都市的征途上，携带着独特的城市文化密码，走得既曼妙又沉稳。多少个故事，多少个典故，多少个名人，多少个记忆，让人回味无穷。但作为上海的一座公办学校，作为一位上海人，学生却对上海的历史文化知之甚少。因此，学校开展了"走遍上海"系列活动，"走向社会、接触社会、了解社会，学会做人、学会做事，增强社会责任感"是活动的目的。学生走进石库门，领略它如同翻阅这座大都市的历史一般，感悟着建筑上每个被岁月摩擦的棱角所勾起的回忆；徜徉古色古香、雅意盎然的名人故居，仿佛走入了他们那段历史；走进艺术馆，感受着艺术带入心灵的冲击。

探索校本德育　促进家校合作（德研处）

1. 学科课堂融德育

学校注重学科中的课堂德育渗透，坚持以中华优秀传统文化传承为抓手，开发德育校本课程。各教研组根据学科特点，制订了各科的学习规范与作业要求，进行较为系统完整的学习规范的引导，并通过自身的言传身教，结合教学内容有机整合行为规范内容，进行有效指导。经过前期团队的打磨，每年都有教师的德育小课题在区级小课题中成功立项。作为闵行区德育实践研究基地之一，学校的《构建信息化校本德育评价长效机制的实践研究》成功立项为2017年度上海学校德育实践研究课题。在教育信息化的大背景下，学校立足于校本实际，以课题引领不断提升学校德育工作的整体效能。

2. 家长课堂拓视野

学校坚持家长讲师进课堂，主要包括两大块，一是家长代表面向家长群体讲课，其宗旨是引导家长改变家庭教育的误区，提高家庭教育的质量，从而让家长和学校形成有效合力，实现学生健康成长；二是家长代表面向学生群体讲课，其宗旨是整合家长的职业方面资源，对学生的职业启蒙进行现身说法，让其扩展知识面，开阔视野，完善自身的世界观与价值观。

例如第一期家长讲师进课堂，围绕"舞蹈特色班孩子的成长"主题，请到一位在班级品学兼优的学生家长作讲座。她以一个舞蹈班男生的学习经历，向大家详细讲述了一路上的苦泪欢笑，引起了深有同感的许多家长的热烈掌声。又如第二期家长讲师进课堂，围绕"掉队孩子怎么办"主题，请到一位在期中考试中明显进步的后进生家长作讲座。他从一个初入学时有些掉队的孩子角度分享了家庭教育的点滴智慧。他的经验给现场家长许多思考启发。在面向学生群体讲课方面，结合学校第十八届读书节邀请了一位在交大图书馆工作的家长讲师即杜夏明教授为全体学生代表和部分家长代表讲述了阅读的重要性以及读书的方法与途径，营造了一种良好的家校共读氛围。有家长讲师代表走进课堂，例如中国航发商用航空发动机有限责任公司项目与供应链部高级专员易海云女士为学生带来了一堂精彩纷呈的《航空发动机概述》课程，在最后的互动环节，许多学生表示对中国航发的信心，并愿意努力学习，为祖国的航发事业尽一份力。又如Autodesk中国软件研发有限公司高级工程师高明伟先生为学生带来一场生动活泼的《激发创意——轻松实现在线 3D 建模》课程，激发了学生对设计职业的兴趣。

3. 家长驻校利沟通

学校设立家长驻校办公室，在每学年民主推荐产生的家委会领导下，由家长自愿报名轮流驻校办公，提前预约学校开放任何一整天时间进驻学校，驻校家长参与学校日常管理的全过程，以及参与学校专项活动。这一制度得到家长的广泛支持，促进家长进一步了解学校教育教学思路，形成教育合力；促进学校进一步了解家长需求，共同为学生的发展创设良好的条件；促进家校合作，综合利用各种教育资源，推进学校良性发展。

4. 心理教育多样化

学校高度重视学生心理健康教育工作，将学生心理的健康成长作为学校的育人目标之一，努力将心理健康教育渗透到学校教学工作、团队工作、重大活动等各个方面，逐渐优化心理健康教育环境。除此之外，开设心理咨询与辅导活动，完善转介系统，帮助学生解除心理障碍；同时通过教师家访、家长会、家委会、家长驻校日等活动提高家长心理素质，优化家庭教育环境，形成家校一体的学生心理健康教育模式。除固定的每学期为学生、教师、家长提供心理健康知识讲座与培训外,学校还举行了许多关于心理健康方面的宣传工作,例如班级有关心理健康的黑板报或心理健康小报的设计评比、红领巾广播站广播等。

(五) 注重多元评价,提升德育实效

1. 建立行为规范评价机制

把考核与争创活动结合起来,利用值周制度,在校内建立班级日常行规月考核,对表现突出的班级颁发流动红旗。认真搞好优秀学生及优秀班级的评价方案,在这基础上评出每月之星,表彰在行为规范中表现突出的班级和个人。各年级结合德育的社会实践活动、学校和社会实践基地对学生的行为规范实行反馈和评价,通过学校组织的丰富多彩的主题活动和社会实践活动,学生从中得到充分有效实践、参与和体验。班主任、任课老师利用《学生成长手册》定期做好记录和评价,并做好与家长的交流与反馈。同时,配套建立行规即时矫正机制,按学生违纪性质轻重,实施班级、年级、学校分层即时处理违纪的办法,通过违纪单告知的形式,使得违纪学生在违纪之初就受到必要的警示,对学生良好行为养成起到很好的矫正作用。

2. 建立全员德育考核机制

在德育中心三个部门工作的基础上,为落实立德树人根本任务,形成全员、全过程、全方位育人的强大合力,形成"人人参与德育,处处进行德育,事事渗透德育"的大德育工作局面,学校还制订了《交大二附中全员德育工作考核量化评价表》,在每学期结束时对每位教师进行德育工作评价。科学设计德育工作内容、指标,使德育工作细化、量化,并做到检查、可考核,进一步促进全程、全员落实德育工作,提高德育工作的实效性。

▲ 德育特色篇

....

建设校园听证校本课程　培养初中学生规则意识

一、背景

学校积极探索贴近学生、贴近生活、贴近实际的"三贴近"德育方法创新研究,初步形成了以校园听证制度为主要特色之一的基于理解的零距离德育模

式,极大地推动了学校德育工作,取得了较好的德育实效。校园听证不仅保障了学校管理过程中学生的参与权,增强了学生的规则意识,还促进了校园人际关系的和谐。近几年来它作为学校的特色项目得到了全校师生的支持与推广,可是高潮和实效之后面临照搬照套和疲于形式的困境。

二、目标

为突破这一瓶颈,学校着力于已有课程资源的梳理和校本课程体系的创建与完善,开展了课程开发与实践研究工作。通过全面的课程评价,学校有目的、有计划地引导学生独立思考、自主选择和积极实践,使得行规教育目标能有效达成。此外,在长效化课程建设的同时,学校还尝试创建可用于推广与共享的校本课程体系。

三、概念界定

（一）校园听证

校园听证,是指在学校规章制度的制定、实施和修订过程中,由学校教师、学生或家长等利益相关人提出听证请求,学生自主管理委员会协调,教师、学生、家长和其他利益相关者参与,就拟定的规章制度、措施决定进行公开辩论、共同协商,为修订和执行提供参考建议的活动。它包括听证会前的申请、听证会的召开和听证决议执行三个环节。

（二）校园听证的课程体系

课程目标：在听证活动课程中,了解、理解、反思并践行规则,成为一个有情怀、会包容、有理想、乐进取的现代社会公民。

课程内容：听证前调查、听证会举证、听证后实施与评价。

实施方式：分年级实施不同侧重点的听证主题活动。

课程评价：利用各类评价量规开展过程性与终结性评价。

课程资源：学校、家庭、社区资源呈现三位一体,相互依存,互为因果。

四、过程与方法

（一）第一阶段：调查研究理顺条线——统整有效的课程资源

学校利用班主任会议、全校教职工大会,一方面汇报总结过去几年的校园听证制度的工作实效和面临问题,另一方面解读新制定的《交大二附中校园听证校本课程建设方案》,用新的思路调整工作步伐。学校各部门沟通合作,研究工作任务及细节,并向周边社区和家长发放告知书,设计问卷调查,寻求德育资源整合力量,构建校园听证的资源体系。

如下图所示,学校已经构建了具有三位一体特点的教育管理体系,通过多角度全空间课程资源的整合来提升课程评价体系的客观性和有效性,以切实促进校园听证校本课程育人目标的有效达成。

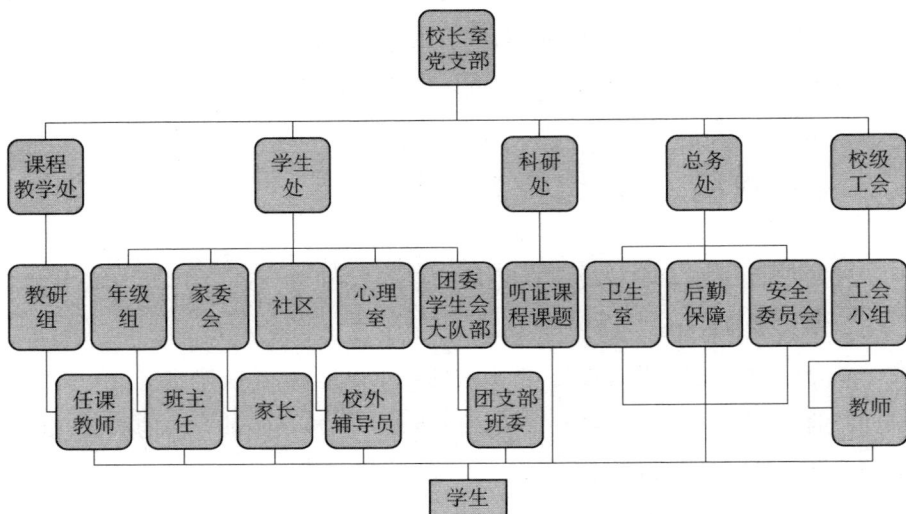

(二) 第二阶段: 从点到面开展实践——建构完整的课程体系

首先,学校从听证选题切入开展试点运行。结合学校和年级行规目标,全校师生、家长开发校园听证选题,筛选符合学生年龄、心理和认知水平的选题,并开展了必选和自选听证主题的评比活动。

学校把"班规的拟定与修改"作为每个班级开学后的第一次必设的班级校园听证会的主题,让每个学生充分地发表意见与建议,鼓励每个学生参与制定以及修订,在不断完善班规的同时,在每个学生心里也深深地烙上了集体的规则意识。

在此基础上,各年级组根据本年级育人目标以及学生的实际情况,商定适切的听证主题,作为年级听证会主题,引导学生积极参与。

表1　听证必选主题

听证级别	课程内容	课程目标	课程平台
班级	班规制定与修改	培养集体规则意识，积极参与自主管理	年级组内展示
年级	由年级组商定听证主题	落实年级行规目标	年级组推选学生代表在年级内开展
学校	根据学生出现的新问题	落实学校育人目标	学生、教师、家长代表在学校内开展

其次，在必选主题之外，每学期由各班在前期进行大量听证类主题探究实践的前提下，由学生讨论并决定一个自选主题，在班主任带领下学生开展自主的听证准备活动，学生处挑选一部分优秀案例在全校进行展示。学校着重在以下四个角度来编录优秀的听证案例，以充实完善校本课程的内容。（1）反思自身行为，参与规则制定；（2）洞悉身边之事，明辨是非曲直；（3）参与学校大事，做合格小主人；（4）听证类小课题，实践中求真知。

表2　部分优秀自选听证主题的样例

日期	时间	班级	主题	班主任	上课地点
3月5日	下午第一节课	预初(3)班	学生春秋游活动是否须穿校服	沈冬贤	5楼远程教室
3月19日	下午第一节课	初一(5)班	是否可以并桌坐	宋倩娴	初一(5)班教室
3月27日	下午第三节课	初二(3)班	回家作业是否需要家长签名	季芳	初二(3)教室
4月23日	下午第一节课	初一(1)班	学生可否带手机上学	周洪银	初一(1)班教室

然后，学校在分班级、年级、学校这三个层面试点的基础上，进行了听证会磨课和公开课展示，尝试创建、修改并完善课程学习单和评价单，形成具有规范性和推广性的优秀案例。学校还收集了案例、论文集及图片、视频等过程性资料。当然，初稿案例的实施情况仍存在不足之处，学校为此召开了校园听证课程评价研讨会，研讨如何改进优秀案例并有效推广，形成了更为完善的活动方案。

最后，学校在全校范围内广泛开展了一系列有针对性、有意义的班规修改、校规修订等各类听证会。

在此基础上，学校收集听证制教案资料，评比听证课堂的教学效果，并对听证后的实施情况进行调查，促进活动课程评价的长效性。

学校邀请了家长、社区人员、交大志愿者等参与到活动中，共同努力建立健全校园听证校外志愿者库与相关的评价机制。

学校评选了优秀选题、优秀教案、优秀展示课、优秀案例，还开展了校园课程建设项目总结工作，进一步研究如何提高德育校本课程实效，提高德育校本课程的可推广程度。

五、研究成果

学校初步构建了校园听证校本课程实施体系，并在实践中达成了以下的研究成果。

(一) 课程育人目标的明确化

从《校园听证》课程的育人目标出发挖掘课程的核心育人价值：

培养人文素养：能够懂礼守信，严格律己宽以待人；

培养科学素养：能够实事求是，有理有据思维严谨。

校园听证课程采用分年级实施、逐步深入、循序渐进的方式，努力推动课程育人目标的有效达成。

表3 分年级育人目标体系

年级	育人目标	具 体 描 述
预初	讲礼仪爱学习	培养规则意识和诚信精神 具有初步的民主意识和集体主义观念
初一	能自爱会生活	培养换位意识和合作精神 具有初步的自主意识与敬畏生命的观念
初二	懂法制明责任	培养感恩意识和执着精神 具有初步的自强意识与社会责任感
初三	树理想勤奋斗	培养民族意识和创造精神 具有初步的公民意识与独立思辨能力

（二）课程评价过程的多元化

开展校本课程评价的根本目的是全面了解和掌握课程实施的效果，在此基础上帮助教师改进教学、提高教学实效性，不断完善课程体系。为此，学校制订了《听证前的主题申报评价量表》《听证前学生调研活动评价表》《听证会的课堂表现评价量表》《听证活动实施成效的评价单》《指导教师的过程性评价量表》《学生家长的参与度评价量表》。在课程实施的过程中，综合考查学生对课程的参与度和课程达到的效度，并在此基础上不断促进课程体系的完善。

表4　听证前的主题申报评价量表

听证主题＿＿＿＿＿＿＿＿＿＿＿		申报人信息	＿＿＿＿＿班＿＿＿＿＿	
要素	描述 （打√，或填写具体信息）	自评 （1最低5最高）	互评 （1最低5最高）	总评 （自评＊0.4＋互评＊0.6）
主体	有明确的听证评判机构 如：班委会、年级组、家委会、学生处、总务处、其他＿＿＿＿＿	1（　）2（　） 3（　）4（　） 5（　）	1（　）2（　） 3（　）4（　） 5（　）	
对象	有全面的听证参与群体 如：学生、班级代表、家长代表、＿＿＿＿＿管理员、其他＿＿＿＿＿	1（　）2（　） 3（　）4（　） 5（　）	1（　）2（　） 3（　）4（　） 5（　）	
科学性	有明确的矛盾冲突， 或有符合实际的需求存在矛盾＿＿＿＿＿ 需求＿＿＿＿＿	1（　）2（　） 3（　）4（　） 5（　）	1（　）2（　） 3（　）4（　） 5（　）	
评定意见： □ 同意立项　　　□ 不同意立项		评定人（集体）：＿＿＿＿＿ 评定日期：＿＿＿＿＿		总计：

表5　听证前学生调研活动评价表

听证主题			姓名		班级	
评价要素	描述 （打√，或填写具体信息）	自评 （1最低5最高）		互评 （1最低5最高）		总评 （自评＊0.4＋互评＊0.6）
调查	已经完成调查活动	1（　）2（　） 3（　）4（　） 5（　）		1（　）2（　） 3（　）4（　） 5（　）		

续　表

	调查资料完整无缺失	1（　）2（　） 3（　）4（　） 5（　）	1（　）2（　） 3（　）4（　） 5（　）	
数据	已经完成数据整理	1（　）2（　） 3（　）4（　） 5（　）	1（　）2（　） 3（　）4（　） 5（　）	
	已经对比分析了数据	1（　）2（　） 3（　）4（　） 5（　）	1（　）2（　） 3（　）4（　） 5（　）	
结论	已经完成了举证表	1（　）2（　） 3（　）4（　） 5（　）	1（　）2（　） 3（　）4（　） 5（　）	
指导教师评价：（优秀＞20,良好＞16,合格＞12） □优秀　□良好　□合格　□需改进 　　　　　　　　　　　　　教师签名：_____ 　　　　　　　　　　　　　评价日期：_____				总计：

表 6　听证会的课堂表现评价量表

听证主题			姓名		班级	
要素	描述 （打√,或填写具体信息）	自评 （1 最低 5 最高）	师评 （1 最低 5 最高）		总评 （自评＊0.4＋师评＊0.6）	
参与度	积极发言主动表达己方观点	1（　）2（　） 3（　）4（　） 5（　）	1（　）2（　） 3（　）4（　） 5（　）			
合作性	能与他方利益代表和平沟通	1（　）2（　） 3（　）4（　） 5（　）	1（　）2（　） 3（　）4（　） 5（　）			
科学性	听证发言能够做到有理有据	1（　）2（　） 3（　）4（　） 5（　）	1（　）2（　） 3（　）4（　） 5（　）			
指导教师评价：（优秀＞12,良好＞9,合格＞6） □优秀　□良好　□合格　□需改进 　　　　　　　　　　　　　教师签名：_____ 　　　　　　　　　　　　　评价日期：_____					总计：	

表7　听证活动实施成效评价单

听证主题		姓名		班级	
要素	评分与感悟			总评	
自评	分值：1（　）2（　）3（　）4（　）5（　） 感悟：			自评＊0.3＋老师评＊0.35＋家长评＊0.35	
老师评	分值：1（　）2（　）3（　）4（　）5（　） 理由：				
家长评	分值：1（　）2（　）3（　）4（　）5（　） 理由：				
成效评定：(优秀＞12,良好＞9,合格＞6) 口优秀　口良好　口合格　口需改进 <div align="right">评定人(集体)：_____ 评价日期：_____</div>					

表8　指导教师的过程性评价量表

听证主题		姓名		班级	
要素	评分、感悟与案例分析				
自评	听证流程规范程度 分值：1（　）2（　）3（　）4（　）5（　） 感悟： 自评＊0.3＋老师评＊0.35＋家长评＊0.35 听证活动有成效 分值：1（　）2（　）3（　）4（　）5（　） 案例分析(2—3个)：				
成效评定：(优秀＞8　良好＞6,合格＞4) 口优秀　口良好　口合格　口需改进 <div align="right">评定人(集体)：_____ 评价日期：_____</div>				总计：	

表9 学生家长的参与度评价量表

听证主题		姓名		班级	
要素	评分、感悟与建议				
自评 老师评 家长评	听证活动效果好 分值：1（　）2（　）3（　）4（　）5（　） 感悟：				
	有合理化建议 分值：1（　）2（　）3（　）4（　）5（　） 建议：				
成效评定：（优秀＞8　良好＞6，合格＞4） 口优秀　口良好　口合格　口需改进 　　　　　　　　　　评定人（集体）：＿＿＿＿＿＿＿ 　　　　　　　　　　评价日期：＿＿＿＿＿＿＿				总计：	

（三）课程优秀案例的推广化

每个年级的班主任根据年级模块划分，开展了听证前的选题、听证中的公开课展示、听证后的研讨与调查评选工作。在此基础上，每个年级推选出一个优秀案例（详见附录），并在相同的主题下进行全年级推广，这样就形成了校本课程的以点带面、实践到研讨再到实践的推进过程，使这个案例集能够成为校园听证课程进行有效推进和推广的基础。

表10 2016学年第一学期优秀听证议题

议　题	来　源
舞蹈班女生是否必须盘头发	预初（5）班全体学生
是否可以自带午餐	初一（3）班全体学生
食堂是否可以给学生多提供水果	初一（4）班家长
学校是否可以做上海方言推广	初一（5）班学生
是否增加夏令营活动	初二（1）班学生
学校社团时间是否可以增加	初二（4）班家长
社会实践活动是否可以由学生设计方案	初三（5）班全体学生

(四)课程激励机制的长效化

校本课程的开发是一项复杂的整体项目,需要人力、物力和财力的投入与支持,任何一个环节的疏忽都会影响到落实的实效性。

如下图所示,学校已经构建了具有三位一体特点的教育管理体系,通过多角度全空间课程资源的整合来提升课程评价体系的客观性和有效性,以切实提高校园听证校本课程育人目标的有效达成。为此,学校创建了相应的激励机制保障课程的长效建设。

表 11　校园听证长效激励机制

对象	手 段 或 平 台
课程学习者 (学生)	1. 利用年级组橱窗等宣传阵地,展示听证活动的优秀成果(听证后的倡议书、听证活动或调查的照片等) 2. 开展每学期一次的优秀选题、优秀心得体会和优秀集体活动的评选,颁发优秀奖状,并展示在学校校园网德育栏目中
课程实施者 (教师)	1. 利用校级德育公开平台,展示优秀的校园听证主题班会课,并择优推选给予区级展示的机会 2. 开展每学期一次的优秀指导教师案例评审,推荐在校报与校刊上发表,并将案例结集出版
课程志愿者 (家长)	1. 在家委会中成立专项的校园听证家长志愿者库,颁发聘书,定期活动交流,参与学校各级管理政策的制定活动,完善家长驻校制度 2. 开展每学期一次的优秀家长志愿者的评选,颁发优秀奖状,并展示在学校校园网德育栏目中
学校各级管理部门 (如 年级组、总务处、课程处、学生处等)	1. 创设各级管理部门校园听证记录库,汇集有效意见与建议,推动各级管理部门能够开展透明、民主、高效的管理工作 2. 开展每学期一次的各级管理部门评价活动,公示各级管理部门的全员满意度

六、反思与改进

校园听证校本课程的开发,不能仅是作为一种学生实践活动课程开发,也不能只是将其作为提高学生对学校管理规章服从度的有效手段,如何渗透公民教育让参与者真正平等发声以有效达成课程目标才是迫切需要。

是故,校园听证的实质就是把关系学生德育生活的决策权力与学生分享,让学生参与决策,从而增强学生对决策的认同感,提升学生在决策执行中的自觉性和创造性。

不可否认,在校园听证校本课程体系框架初步建立的基础上,如何进一步丰富课程内容,如何提升课程实施的有效性,都非常值得进一步探索。

总而言之,从被动走向主动的课程建设过程中,若学校能够加强校园听证校本课程的互动宣传与社区实践,并积极尝试开展广泛的校际与区域共享,课程育人与环境育人的美好愿景就会早日实现。

专家点评

学校德育工作课程化的重要性自不待言,但是在当今复杂的社会环境下——价值多元、信息爆炸,如关于如何成"人",每个家庭都有自己的一套价值评判标准。学校教育承载着培养一代人正确价值观的政治使命。旧的做法很难入情入理入心,如何行之有效、行之有道,是摆在学校德育工作者面前的重大课题。

本方案可取之处有三:

一、立足于理、动之以情

社会道德的危机,本质上是道德权威的危机。具体表现在人们的行为上,则是对道德标准的理性认同与个人利益的感性评判常常发生冲突。解决这个冲突的根源在于个人与群体是否建立并维护一个共同的信念。情理教育的提出,正是基于这么一个深层次的哲学思考。初中阶段,是建立正确的自我认同、初步形成人生观和价值观的关键时期,方案针对不同年段设计了相对完备的德育课程和目标体系,这里面始终突出着两个关键词:"体验"和"规则",从感性入、从理性出,这是初中德育最重要的两个东西。

二、宏观思考、微观设计

方案设计者的思路很清晰：从国家意志层面入手，即"十三五规划"中对中小学人才教育的要求、到六大核心素养的界定，并结合本学校的发展愿景和育人目标，将培养目标具化为可观测、可检测的十二条行为准则。并在此基础上制定出各项评价的标准和流程，真正做到了各项素养的"落地"，因此具有很强的可操作性。从这个角度看，"行为"是一个关键词：把德育渗透到学生的日常生活中，引导他们从关注他人与身边小事做起，形成价值判断；从自我行为的反思做起，培养自省和自律的理性精神；从走出校门开始，找到自己的社会定位，这个定位就是我们所说的"理想"，它包括了知识、能力、方法、态度、价值观等多方面的追求。

三、家校合作、师生互动

学校德育是一个系统工程，这已是共识，但是如何将正确的认识付诸实践，本方案给我们提供了有价值的借鉴。首先思路是清晰的：一是打通了学校教育与家庭、社区的屏障，如家长驻校日、创建社区德育实践基地的做法；二是针对德育的全员参与、师生互动有一套完整的系统保障，例如校园听证、德育导师制，如果能够扎扎实实坚持做下去，成效一定是显著的。

需要更多思考和改进的地方：

其一，在方案中家长参与学校教育教学管理的较多，但学校作为专业的教育机构，如何教育家长、提升和改进他们的理念和方法，仍需要更多探索。其二，精细化不等于繁琐，这是在组织管理中容易走偏的地方，因此在方案具体实施过程中，还需要不断摸索，简化和优化。

上海市闵行区教育学院科研中心主任　贾永春

『博学雅正』——培养『博雅』气质的明珠人

上海市民办明珠中学德育顶层设计　文/张文漪

⭕ 学校简介

上海市民办明珠中学始建于 1992 年 7 月,是上海首批成立的五所民办学校之一。是在邓小平同志南方讲话明确我国仍处于社会主义初级阶段后,黄浦区委、区政府积极推动教育体制改革,适应时代发展要求的产物,是在区教育局大力支持指导下,社会各界共同关心努力的创新实践探索的产物。

明珠中学树立以人为本,以学生发展为本,面向全体学生,坚持学思结合、知行统一、因材施教的教育思想,坚持"德育为首、智育为重、多育并举"的办学原则,坚持"以质量立校、以科研强校、以特色荣校"的办学思想,构建协调、高效、精细、富有创新精神的管理体系。

■ 理性思考篇

一、"博学·雅正"的由来

"博"即渊博,广度之意;"雅"为雅正之意。"博雅"就是"学识渊博,品行雅正"之意,培养的人才知识渊博、品行高尚。博雅教育的思想由来已久,最早起源于古希腊亚里士多德的理论(Liberal education),也称自由教育。"博雅"的拉丁文原意是"适合自由人",在古希腊所谓的自由人指的是社会及政治上的精英。古希腊倡导博雅教育,旨在培养具有广博知识和优雅气质的人,让学生摆脱庸俗、唤醒卓异,成为一个有文化的人。《论语·述而》:"子所言雅,诗书,执礼,皆言雅也。"《荀子·劝学》:"吾常而望全,不如登高之博见也。""博雅"代表着一种使人性臻于完善的教育理想,与西方教育理论优秀成果和中华民族传统教育思想是一致的。

二、推行博雅教育的意义

博雅教育之博意在广博的知识。当今社会不仅是知识经济时代,更是创新经济的时代。在经济全球化浪潮的洗礼下,知识以信息为主要载体飞速地传播,同时其更新速率、频率日益加快。学校无法教会学生一生所需的知识,知识和技能需要不断更新和充实。现代博雅教育不是单纯地以传授知识、培养职业人才为目的,而是给予学生能适应动态社会发展的全面的个人素质,培养学生的学习兴趣、激发学生的学习动力、强化学生的批判思维能力和创新能力等。

博雅教育之雅意在高雅。雅者正也,正而有美德者谓之雅。人与自然、人与社会理应和谐发展,然而时代变革方兴未艾,市场经济的发展,功利性横行,长此以往将会掣肘社会秩序的稳定发展。培养公民高雅的个人素质,是教育的当务之急。孟子胸中的浩然正气、孔子的"温、良、恭、俭、让"的美德追求,都能够使我们从中汲取教育的经验。

诚如管子所言"仓廪实而知礼节,衣食足而知荣辱",在今天的中国物质文明已经初具规模,繁荣精神文明任务也日益迫切,这是需要我们教育工作者经过长期和艰巨的建设过程才能形成发展的。

博雅教育主张教育的"广博"与"高雅",目的是培养现代社会发展需要的兼备文化和道德核心素养的高素质公民。

三、博雅教育中的学校德育

《国家中长期教育与改革和发展规划纲要(2010—2020年)》(以下简称《纲要》)提出要"树立科学的质量观,把促进人的全面发展、适应社会需要作为衡量教育质量的根本标准",从"以人为本"的角度,对我国基础教育培养什么样的人提出了明确要求。《纲要》还指出,要"适应国家经济社会对外开放的要求,培养大批具有国际视野、通晓国际规则、能够参与国际事务和国际竞争的国际化人才",进一步明确了国际化人才的内涵和要求。

博雅教育以人的精神道德修养为目标,将人格修养与知识的熏陶相结合,与中西优秀传统教育相一致。我国先秦儒家的"六艺"诗、书、礼、御、射、数,这六艺绝不仅仅是实用知识,先秦儒家教人以"六艺",其最终目的是要将人培养成"君子"。荀子说"君子安雅",首先要有高尚的德行,同时要有强烈的社会责任感。古希腊时代的学者提倡"七艺",它包括文法、修辞学、辩证法、算术、几何学、天文、音乐;学习这些知识,主要不是将其作为职业谋生的手段,而是为了成就一种人格。所以,这些表面上看来是实用性的知识,其实都寄寓着内在的人格培养与精神修养的要求。

博雅教育的德育就是基于学生核心素养的培养,培养学生的爱国热情和民族文化的认同感,培养具有良好的品行、端庄的仪态、高雅的品位、阳光的心态、均衡的知能、博采的才艺、博爱的胸怀、国际的视野的可持续发展的社会人才。

◆ 德育工作篇

培养"博学雅正"气质的明珠人

一、"博学雅正"目标与内容

(一)"博学雅正"目标

"培博学之才,育雅正之人",把学生培养成会做人、会学习、会做事、会交流、讲诚信、守纪律的公民,为学生的"人文素养、终身学习、个性发展、创新能力"奠基,使之成为具有社会责任感、创新意识和实践能力的一代人才。

(二)分年级博雅教育目标和内容

年级	博雅目标	主 要 内 容
六年级 七年级	博览 雅言	博览:视野广博　见多识广。知识决定一个人的深度,视野决定一个人的广度。明珠学子不仅要"读万卷书",也要"行万里路"。教育引导学生热爱上海、热爱祖国,从小树立建设家乡的远大理想。拓展视野、陶冶身心,实现走出课本、走出学校,为学生与家长、学生与生活、学生与社会架起一座座桥梁

年级	博雅目标	主 要 内 容
		雅言:言语优雅 文质彬彬。是对学生言语表达的要求。要做到"言正、言明、言美"。"言正"就是要在各种场合坚持讲普通话,字正腔圆。"言明"就是要做到吐字清晰,表达完整。"言美"是指说话要文明礼貌、雅韵诗意
八年级九年级	博识雅行	博识:知识渊博 学贯中西。"腹有诗书气自华,最是书香能致远。"只有博览群书,才能有丰富的学识和涵养。充分利用学校阅览室、班级图书角的阅读资源开展形式多样的读书活动,让书籍为学生打开一扇扇窗,开启一道道门,丰富他们的知识,开阔他们的视野,活跃他们的思维,陶冶他们的情操,真正使他们体验到"我读书,我快乐"。培养学生阅读习惯,提升学生阅读品位,营造书香氛围,打造有特色的书香校园 雅行:举止文雅 落落大方。雅行,是对学生行为习惯的要求,要做到"行安、行端、行慎"。"行安"是基本要求,安全第一。"行慎"是指行为要谨慎,做事符合规范。"行端"是行为要文雅,落落大方

(三)"博学雅正"内容

1. "博雅"融入常规德育活动

英国哲学家培根说:"习惯是一种顽强而巨大的力量,它可以主宰人生。习惯的养成并不是一朝一夕的事,一旦养成了坏习惯,就会使你受害终生;相反,养成一个良好的习惯也会使你受益终生。"学校高度重视学生养成教育,将博雅教育与日常的行规教育结合起来,让学生掌握《中学生守则》《中学生日常行为规范》和学校对初中学生一日言行常规的基本要求;掌握与学生生活学习有关的各种礼仪的基本规范与要求,了解国家和社会生活中重大礼仪的基本知识,了解与人交往和沟通中礼仪的重要作用。掌握在各种场合中行走的体态步伐要求,熟悉行走中的安全知识,熟悉集体行动与公众场合中遵守行走秩序的重要意义。能做到轻声慢步、上下楼梯靠右行、课间不奔跑、见师长弱幼驻足让道等等。从细节处着手,从言行上做到语言文雅,举止优雅。

2. "博雅"融入文化活动

校园文化活动是校园生活的重要组成部分,蕴含着极佳的教育契机。学校着力打造具有明珠特色的精品文化课程,围绕"国际视野"和"本土情怀"等主题,涉及历史、文学、科技、环保、时事等,包括艺术节、读书节、科技节、体育节四大校园文化系列活动。以语文阅读基地为平台,开展读书节活动,组织学生进行美文欣赏、体会交流,培养学生"博览、雅思"的气质。以创新实验室为载体,进行科技创新活动,让学生自主设计、创造,结合 3D 打印项目和乐高机器人项目,培养学生"博智、雅趣"的品质。艺术节将代表中华经典的国语节目与外文情景剧、东西方歌舞同台上演,将民族文化与世界文化融合之中,使学生对国家的尊重、对民族的热爱之情悄然滋生,满满浸润着中国灵魂,从中培养学生的"博爱、雅志"的品格。

3. "博雅"融入社团活动

学生自己设计、自己编辑、自己绘制社团海报,组织招募团员。从而为学生打开一扇窗,提供一个舞台,激发学生的潜能,锻炼其必备的组织与策划、研究与写作、演讲与辩论、求同存异与沟通交往等方面才能。着力培养学生的"博趣、雅情"。

4. "博雅"融入班会活动。

"雅育"有两层含义:一是规范和规则的教育,即通过教育让学生了解并遵守学校和社会的规范。二是博雅的教育,即通过教育让学生在博学的基础上,具有正直的品格、高尚的思想、文雅的气质;培养学生正确的价值取向和美好的、不苟且、不粗俗的人格。"雅"是一个人的内涵,是一个人综合素质的外显,是一个人做事做人的风范。学校以班会课为德育主阵地,系统确定班会主题,培养学生正直的品格、高尚的思想和文雅的气质。

二、途径与方法

(一)注重师资培训,塑造博雅教师

古人云:"师,乃传道、授业、解惑也。"教师不仅能够传道、授业、解惑,而且还应是一个知识渊博、充满爱心、充满激情、无私奉献、有理想的人类心灵的工程师。当今是知识经济的时代,是国际化与信息化的时代,是科学精神与人文精神相融合的时代,在教师队伍的建设中,要注重教师的专业发展,促进教师敬业善教,提升教师的整体素养。

1. 注重教师良好习惯和优秀品质

"言传与身教"是教育教学的重要途径,教师的言谈与举止直接影响着每一位学生,成为学生随手可得的感性材料。学生就像一张白纸,教师在绝大部分学生的心目中又是绝对正确的,因此不论好坏,教师的言行都被学生来者不拒地接收了,甚至记录在白纸中乃至于终生"受益"。因此,教师不论是言谈,还是行动,都应该做到温文尔雅,给学生以效仿的榜样,让学生真正受益。"诚信"是《公民基本道德规范》明确提出的一项道德准则,教师对待学生更应该讲求诚实与信用,因为学生无时无刻不在效仿教师的行为,今天教师的小虚伪与小欺骗将会是明天我国社会尔虞我诈恶习的根源。因此教师应该尊重知识、坦诚相待,给学生以可信的形象。

2. 注重培养教师的学者气质

陶行知先生曾说过:"做先生的,应该一面教一面学,并不是贩卖一些知识来,就可以终身卖不尽的。"教师必须不断地再学习,善于探索,善于研究,不断更新知识和观念,才能永不落伍。时代在前进,知识在更新,教师不能拿昨天的知识教今天的学生为明天服务。教师只有勤于学习,充实自我,才能以丰富的阅历、广博的知识去教育学生;才能由一名学习型的教师成长为一名学者型的教师;才能博古通今、师德高尚;才能适应现代教育的不断发展。教师的"学而不厌",会给学生以钻研向上的学者形象。从身教的角度看,学者的形象也有利于培养学生勤于钻研、勇于探究的学习精神。

3. 注重教师良好仪表和健康心态

《公民基本道德规范》明确提出"文明"与"明礼",足见仪表的重要性。教师的仪表对学生起着潜移默化的作用。心理健康教育是当前德育工作的重要内容,要培养学生良好的心理素质,首先要求教师具备健康的心理状态。因此,教师必须调整自己的思维方式,以一种平和的心态面对环境的变化。要努力克服不良情绪的困扰,在不断提高知识素养的基础上,培养自信乐观、豁达开朗的健康心理,提高自我评价、自我调控的能力。只有这样才能充分发掘自己的潜能,发挥自己的才干,促进学生的健康成长,提高教育教学的整体效益。

（二）探索博雅教育课程的设置

从"博雅"的理念出发，整合学校已有的拓展课及社团活动，结合各年级学生的身心发展特点，探索课程的设置。

年级	科技类	艺术类	传统文化	阅读	主题活动	社团活动
六年级	生活中的化学	美术馆鉴赏	泥塑	根据阅读的基本要求，语文教研组指导安排	经典诵读比赛	文学社、影视社团、乐高机器人、航模、舞蹈、合唱、乐队
七年级	生活中的化学	博物馆鉴赏	剪纸		古诗文知识竞赛	
八年级	物理小实验	音乐鉴赏	篆刻		汉字拼写大赛	
九年级	理化生实验	艺术鉴赏	书法欣赏		国学知识竞赛	

（三）营造博雅校园环境

1. 做精校徽文化。校徽，是一个学校的象征与标致之一。学校的校徽是由学生自主设计和书写的，校徽上一双手托着明珠冉冉升起，那一双手就象征着老师用爱托起每一位学生，而学生就像这明珠一样，在不久的将来必将散发自己的光芒，熠熠生辉。

2. 做雅校园文化。根据学校建筑风格、区域文化等特征，对学校的每一处环境进行精心设计，同时，大力实施净化、绿化、美化校园活动，对学校卫生间进行整体改造，树立醒目美观的教育牌、提示牌、提醒牌，做到了树绿、花红、厕所洁净。

3. 做特走廊文化。充分利用学校现有的空间，设计主题鲜明、寓教于乐的教学楼各楼层走廊文化，在整洁、美观，具有班级文化特色氛围的基础上，让教室成为学生表现自我、张扬个性的场所。

4. 做优班级文化。根据"一班一品"的班级文化建设目标，提倡班级自主管理，特色自主打造，从班级公约、班风、班徽、班花、班级小明星等方面，积极构建科学系统、生动活泼的班级文化体系。从而形成与学校整体文化相融合且又具有独特的个性风格的班级文化。

5. 做细科室文化。结合各自特点,充分发挥各功能室的作用,各负其责,精心管理,规划制度,从细微处入手,布置主题鲜明的大字、相关励志名言、名人图片。

三、管理与评价

（一）形成全员德育网络

全员德育网络以建立三大操作系统为支点实施对全校德育工作的管理

1. 教师管理系统

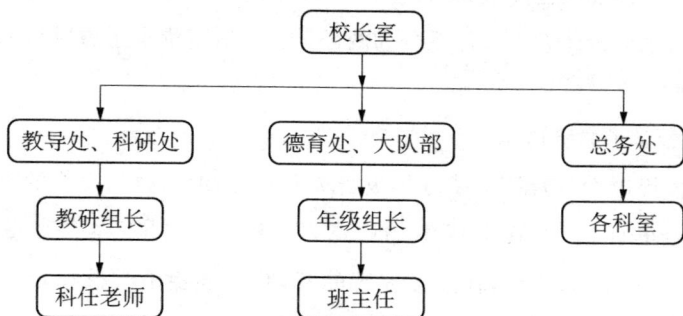

```
                    ┌─────────┐
                    │ 校长室  │
                    └─────────┘
                         │
        ┌────────────────┼────────────────┐
        │                │                │
  ┌───────────┐   ┌───────────┐    ┌─────────┐
  │教导处、科研处│   │德育处、大队部│    │ 总务处  │
  └───────────┘   └───────────┘    └─────────┘
        │                │                │
  ┌───────────┐   ┌───────────┐    ┌─────────┐
  │ 教研组长  │   │ 年级组长  │    │ 各科室  │
  └───────────┘   └───────────┘    └─────────┘
        │                │
  ┌───────────┐   ┌───────────┐
  │ 科任老师  │   │ 班主任    │
  └───────────┘   └───────────┘
```

只有致力于教师队伍的专业发展,才会有学校的发展,才会有学生的发展。博雅教育的内在本质不仅要求教师知识渊博,而且要求教师言谈举止温文尔雅,博学中应有所专长,还要求教师形成独特的教学风格。教师是学校最重要的资源,管理教师从"心"开始,学校建立教师常态学习制度,营造学习氛围,创设交流平台,立足校本培训研修,促进教师专业发展。

2. 学生操作系统

教育是一种培养人的社会活动,博雅教育的落脚点是学生,通过发现和挖掘学生潜能带来学生身心的变化,促进学生的全面发展、全体发展、主动发展、个性发展、终身发展。在教育的过程中,无论是学校管理者还是教师,都应该更多地走进学生心理世界,理解学生成长特征,体验学生生存状态,把握学生的生活方式,使课堂更能激发学生的创造热情和主观能动性,使课程更能贴近学生的实际需求,使德育更有针对性和实效性,引领学生自主管理、自主学习、自我教育,进而达到自我成长与发展。因此学校以班队干部为核心,以小组自治为形式,群体参与管理,做到人人有责任,个个是主人。

3. 教师家长协同系统

定期召开学校家长委员会会议;各班与学生家长建立家校联系卡,及时向家长反映学生在校情况,传递德育信息;改革家长会,把家长会开成学生成长汇报会、家长育子经验交流会,展示学生各类作品、作业、个性班刊,学生的现场朗诵、文艺、书画表演,家长的经验介绍,使家长看到孩子的成长,认识到自身家庭教育的优势与不足,从而正确地开展家庭教育。

(二)建立博雅师生激励评价体系

根据成长性发展性原则,学校坚持形成性和过程性评价相结合,积极创建博雅师生激励评价体系。该体系分为两部分:一是博雅学子激励体系;二是博雅教师激励体系。

1. 博雅学子激励体系

以学校提出的"博雅"学子分年级要求为内容,纳入激励评价的范畴,通过明珠奖学金的评选、明珠双优生的评选,明珠文艺之星、体育之星、科技之星、阅读之星等评选活动,在逐渐完善的基础上,逐步由学校设定争星内容,学生申报、争取,发展为学生根据自身情况自己设定争星内容,进行申报,争取评定。最终形成学生真正主动参与的、师生互动的博雅学子激励评价体系。

2. 博雅教师激励体系

一是重视教师专业发展的规划性,注重培养校级骨干教师和区级骨干教师、学科带头人。采取集中培训、外出学习、研修交流、专业阅读、观课评课、教学大赛等多种形式提升教师的专业素养。二是构建通识培训和个性化学习的教师专业发展机制,鼓励教师八仙过海,各显神通,形成自己的教育特点、教学风格和教学特色。三是以课题引领教师专业成长,造就科研型儒雅之师。为提高教师的教学积极性,全面提升教学质量,促进教学管理精细化、规范化、科学化、民主化,学校在重大决策和制度制定上充分尊重教师的意见。这些管理制度的制定和实施,规范了学校的办学行为,激发了教师自觉自愿遵守学校制度的意识,创设了和谐的育人环境。

▲ 特色德育篇

··

以"三个学会"为主线,落实初中养成教育

一、背景与目标

当前,随着社会发展和科技进步,尤其是知识经济时代的到来,我国的教育思想和教育模式发生了深刻的变革,诸如建立开放性的教育体系,发挥教育的多种功能;强调教育的民主性,促进学生个性的充分发展;加强基础教育,全面提高国民素质;引进新的科学的教育方法和手段,提高教育的效率;注重对学生自学能力和自我教育能力的培养等等。教育部在《基础教育课程改革纲要》中对培养目标作了调整,强调"知识与技能""过程与方法""情感态度价值观"多元并重的价值取向,鲜明地昭示着新课程由单纯注重传授知识向引导学生学会学习、学会生存、学会做人的功能转变,昭示着我们的培养目标不是认知体,而是生命体。因此,在全面深化教育改革,大力推进素质教育的今天,如何实现使学生学会做人、学会求知、学会健体、学会审美、学会劳动和学会生活,把他们培养成为具有较强的实践能力和创新精神的有理想、有道德、有文化、有纪律的社会主义的建设者和接班人的目标,是学校德育工作者迫切需要思考的问题。学校德育如何促进学生生命体的健康成长,已是摆在教育工作者面前的迫切议题。

学校德育回归生活,是一种价值追求。德育不仅有社会价值,而且还有个人价值。学生学习既是一个建立在需要基础上的接受学习,更重要的它还是一种价值认同,只有符合学生需要和价值认同的学习,才能激发起学生道德认识的动机,才能调动智力因素和非智力因素参与"对象性活动",所学的道德内容也才能被接纳、体悟和内化。所以德育必须从学生的生活切入,让社会的道德观念"生长"在学生个体生活的经验基础之上,从而使道德教育走进学生的心灵。

学校在深入分析学生的身心发展特征、研究学生成长需要的基础上,从学

生和学校的实际出发,提出了"三个学会"的学生成长目标,并制定了分层细化的标准,引领学生积极向上地度过四年初中生活。

二、分层细化内容

(一) 学会做人

1. 爱国主义、集体主义、社会主义教育;

2. 世界观、人生观、价值观教育;

3. 道德品行、法制观念、责任心教育;

4. 其他。

＊预备年级:迈好进校第一步,尽快形成班集体,狠抓行为规范教育;逐步建立班核心,形成良好班风。

1. 升国旗,严肃认真;唱国歌,整齐响亮。关心时事政治,养成看报、听广播的好习惯。

2. 学习并实践明珠中学校内一日规范(十环节,五要点)。

3. 爱父母、爱师长、爱同学、爱班级;开展"爱的教育"读书活动。

4. 明辨是非,爱护公物,做到不说谎、不贪小。

＊初一年级:抓住推优入团的契机进行社会主义人生观教育,进行社会公德教育,逐步培养责任感。

1. 进一步强化行为规范教育,增强自觉性,为班集体争光添辉。

2. 每天看报、读报,培养公民责任意识。

3. 做事负责任,给予的任务能尽全力按期完成。树立关心他人、助人为乐的好思想。

4. 建立团章学习小组,培养积极上进的自觉要求,端正入团动机,明确入团努力方向。

＊初二年级:抓住青春期生理、心理特点,培养健康心理素质,进行价值观、人生观教育;以十四岁生日为抓手,增强社会责任心。深化团课学习、完善各班团组织。

1. 关心国内外大事,有一定的法制意识,能关心焦点问题,发表个人的见解。

2. 通过团课学习、十四岁生日活动等,明确青少年努力方向,增强社会责任心。

3. 积极发挥团支部的作用,在团员的带动下,培养不怕挫折的精神,积极对待困难,锤炼坚强意志。

4. 塑造并优化个性,培养自我控制、自我教育能力,养成乐观、积极、进取的良好性格。

＊初三年级:进行毕业教育,面向新世纪,当好新主人,争做合格的初中毕业生,接受祖国的挑选;增强爱祖国、爱集体、爱社会主义的社会责任心,立志为振兴中华作出自己的贡献。

1. 关注国内外大事,了解我国基本国情,增强民族责任感,提高民族自信心。

2. 有较清楚的价值观,有较明确的理想,人人要有做"一个合格初中毕业生"的追求。

3. 有法制观念,知法守法,自觉了解遵守《未成年人保护法》《预防青少年犯罪法》《社会管理处罚条例》,爱憎分明,维护国家法律。

4. 有良好的个性及心理品德,具备良好的道德素养,在遵守校纪校规、市民"七不"规范等法律法规上成为全校的表率。

(二) 学会学习

1. 学习态度、学习习惯、学习方法、作业规范等;

2. 培养智力、能力、知识迁移、创新能力等;

3. 其他。

＊预备年级:端正学习态度,进行学习自觉性教育,尽快缩短从小学到初中的过渡时段;逐步养成良好的学习习惯、掌握科学的学习方法。

1. 培养学习兴趣,端正学习态度,来校带齐课业用品和应交作业。

2. 上课专心听讲,积极踊跃举手发言,培养记笔记的好习惯,在学习中敢于提问。

3. 按时独立完成作业,不少做,不拖拉,不缺交。格式规范,自觉订正错误。

4. 能按要求认真做好预、复习(包括口头作业),并会熟练地使用字、词典工具书。阅读适量的课外读物,培养动手、观察能力。

＊初一年级：树立远大理想和奋斗目标，增强学习自觉性，全面掌握各门基础课程。逐步掌握符合各科特点，并适合自己的学习方法。

1. 正确对待各门学科中自己的强项和短处，扬长补短，全面掌握各门基础课程。

2. 上课专心听讲、认真思考，在学习中善于提问题，能积极发表、并准确表达自己的看法。

3. 学会记笔记、整理笔记，能抓住每堂课应掌握的知识重点，不断总结适合自己的学习方法。

4. 合理安排作息时间，正确处理学习和娱乐的关系。

＊初二年级：以主人翁态度全面学好各门学科。正确处理必修课和选修课的关系，做到"基础厚，有特长"，在学习中独立思考，加强动手能力和创新精神的培养。

1. 加强学习责任心、自觉性，克服从兴趣出发的错误做法，认真学好各门学科，包括主课、副课。

2. 上课专心听讲，积极思考，培养发散思维，敢于质疑，学会及时总结科学的学习方法，提高学习效率。

3. 学习上培养实事求是的作风，正确处理必修课和选修课的关系，在踏踏实实上好必修课的基础上，上好选修课。

4. 逐步培养探索和创新精神，重视动手能力的培养；学会通过各种途径（包括电脑）搜集资料。

＊初三年级：有明确的学习目的性和责任心，全面掌握初三各门学科的内容，让祖国挑选；进一步培养独立思考、主动质疑的好习惯；在学科学习中注意发展智力，培养能力，善于知识迁移；学会应用课外辅导材料，学会综合分析、整理各科知识的能力。

1. 培养良好的心理素质和坚韧不拔的毅力，经得起学习中遇到的挫折。正确对待每一次练习、测验，做到"胜不骄，败不馁"，及时调整心态。

2. 有较强的求知欲，适时总结学习中的得失，根据自身发展的状况调整学习方法，提高学习实效性。

3. 学会整理资料、应用资料，重视扩大阅读面，扩大知识面，善于培养知识迁移能力。

4. 合理安排作息制度,提高身心的全面发展,接受"中考"的全面考核。

(三) 学会生活

1. 独立生活、努力学会家务劳动;

2. 正确处理人际关系(群体合作关系);

3. 正确处理"竞争"与"互助"关系;

4. 其他。

＊预备年级:逐步培养独立自主能力;在班集体中与同学友好相处,互相帮助。

1. 培养独立自理能力:做好个人卫生工作,养成良好的卫生习惯,穿着整洁、朴素大方,争取逐步做到独立到校、离校。

2. 尊敬师长、友爱同学,不打骂同学,不给同学起绰号,在生活和学习中会互相帮助。

3. 热爱劳动,做好校务劳动、班级的值日生工作和力所能及的家务劳动。

4. 培养艰苦朴实的生活作风:不偏食,不挑食,节约粮食,不乱花零用钱,开展"小鬼当家"活动。

＊初一年级:正确处理好与同学之间的关系,关心班级各项活动,帮助别人共同进步;懂得现代健康概念和卫生常识,具有一定的环保意识。

1. 开始进行青春期教育活动,把握在成长过程中的生理、心理变化。自觉调整心态,培养受挫能力,不嫉妒,不自卑。

2. 日常生活能基本自理,培养节俭的良好习惯,不虚荣,不相互攀比,学会抵制诱惑。

3. 尊敬师长,友爱同学,在集体中能主动关心并帮助他人。在家庭、在学校均能做力所能及的好事,每个假期力争学会一项家务劳动。

4. 与同学交往能做到"对己严""对人宽",同学之间能正确开展"比、学、赶、帮、超"友谊竞赛,求得共同进步。

＊初二年级:抓住青春期生理、心理特点,培养健康心理素质;各班成立独立团支部,有针对性地进行价值观、人生观教育,树立社会责任心。

1. 加强青春期教育,能够学会控制调节自己的情绪,保持良好的心态。

2. 注意劳逸结合,提高学习实效性,力求德、智、体全面发展。

3. 提高生活自理能力;学会做简单的家务劳动,掌握基本的安全知识。

4. 能抵制各种诱惑,加强自我保护意识,维护自身合法权益,学会处理各种应急事件或偶发事件。

初三年级:在家里争做好孩子,在学校争做好学生,在社会争做好市民;正确处理"竞争"与"互助"的关系,关心他人,关心班级,互帮互学,共同提高。

1. 进一步提高生活自理能力,从依赖父母中解脱。

2. 正确处理同学之间的交往与情感。培养自尊自爱的品质,提高心理承受能力。

3. 能公开自己的学习经验、学习资料,与同学真诚相处,共同提高,携手共进。

4. 积极参与社会实践,接触社会,了解社会,培养人际交往能力。

三、实施与保障

(一) 建立一支有丰富德育生活化教育教学经验的骨干教师队伍

学校用送出去、请进来的办法为班主任提供各种培训。利用班主任例会开设班主任心理辅导讲座,指导班主任开展心理辅导。班主任经常通过家访、谈心等形式了解学生。学校开展一系列教育活动,例如:"优秀班级主题活动"评选活动,"怎样生活""怎样做人"等系列主题教育活动,"一日校长"、"德育大讨论"等系列活动;让学生积极参与学校的常规管理,对教师工作进行评价,使他们学会善待自己、善待他人,对生活充满憧憬;组织丰富多彩的德育实践活动,努力营造积极向上的文化氛围,缓解学生的学习压力,指导学生思考人生发展道路,感悟生活中的欢乐。

(二) 坚持荣辱观教育活动

利用橱窗、校园广播等宣传媒体,精心营造校园宣传氛围,引导学生在学习活动中自觉培养合作学习、积极进取的习惯。在生活消费方面,要求学生把多余的生活费或零用钱存入银行,定期检查学生的消费情况,帮助、指导学生合理消费。从文明礼仪教育着手培养学生良好的交往习惯,在细节中发现问题,及时用生活中的事例教育学生,细微之处做文章,鼓励之下促进步;在细致观察中发现其优点,并及时鼓励表扬。抓住细节,关注生活中的人和事,充分利用生活中的小事开展德育。在校园文化建设中进行各种系列的基础文明教育活动,努力在学生中形成关心集体、勤奋好学、团结互助、遵纪守法的良好风气,倡导文明健康的生活方式,积极开展对学生的心理健康教育,培养良好的生活习惯和卫生习惯。

（三）从学生的社会生活、学习生活中寻找德育素材,充分开发生活中的道德资源,通过生活实践进行道德教育

德育内容贴近学生现实生活,德育方法贴近学生的心理世界,以学生的发展为本,实施德育活动,引导学生在自主活动中走向生活、走向社会,实现自我教育。从学生身边发生的事去寻找德育的内容,让学生在生活中学会判断,学会礼让。让学生体验生活和生命的乐趣,形成重情感、重情境、重实践、重体验的德育生活化方式。改善学生的教育环境,构筑有利于学生全面发展的教育平台,向学生提供自我教育的发展空间,让每一位学生都有进步,让每一位学生都能发展,让学生学会做人、学会生活,提高他们的生活质量,并逐步形成以生活为基点的当代德育新模式。

（四）坚持安全教育活动

开展"珍爱生命、安全第一"的安全教育系列活动,观看安全教育录像、进行安全知识竞赛、召开安全主题会等活动,切实提高师生的安全意识,增强自我保护能力。

（五）加强对学生社团的指导,推进社团的健康发展,丰富学生的文化生活

有计划地开展丰富多彩的社团活动,使学生在不断的自我教育中成长。不断完善传统节庆活动,如举办诚信小故事演讲、文娱晚会等活动,利用中午班会课时间,对学生进行宣传教育,并结合读书节,开展"校园文化知识竞赛""世博知识竞赛"等活动,让学生在活动中充分展示特长,锻炼自主发展的能力,在活动中享受到成功的喜悦。

（六）建立家长开放日制度,重视与学生家长的沟通

设立家庭教育论坛,开设德育网站,构建社会教育网络,形成社会化教育合力。重视家访,深化心理健康教育,通过设立心理信箱、心理热线等多种渠道加强和学生、家长的沟通,满足不同学生、家长的需求。每年开展家长听课活动,

邀请家长走进课堂，一起参与学校的教学管理。鼓励学生积极投入社区工作，引导学生到社区去服务，坚持上街宣传服务，使学生懂得付出、懂得责任、懂得回报。

学校将努力构建教师、学生、家长共同参与的德育队伍，全面贯彻以德育为核心的素质教育，取得教育教学质量的全面提高。

专家点评

习近平总书记最近指示：教育要以人为本，关键在围绕中小学生这个青少年主体的成长、成才上下功夫，要全面落实立德树人这个根本任务。

上海市民办明珠中学自 1992 年创办以来，在二十五年中坚持"德育为首，智育为重，多育并举"的原则，坚持"以质量立校，以科研强校，以特色荣校"的办学思想，取得了较显著的成果。

明珠中学的德育工作特色有三：

（一）学校意识到初中教育是基础教育，初中四年是学生行为规范的养成基础、科学知识奠基的基础，更是世界观、人生观形成的基础，因此高度重视养成教育。在深入分析学生的身心发展特征，研究学生成长需要的基础上，提出了"三个学会"的学生成长目标即"学会做人、学会学习、学会生活"，组织全校教职工广泛讨论，在初中预备班到初三各年级加以细化落实。

（二）随着教育改革的不断深入，全校推广博雅教育。确定全校的博雅教育目标和博雅教育的主要内容，并融入常规德育活动中去。

1. 博即渊博，广博之意。不设"文科班""理科班"，注重文理融合，视野广阔,在广博的基础上,培养阅读能力和动手能力。

2. 雅即高雅,美德之意。注重培养学生与生活、学习有关的各种行为规范、礼仪的基本要求,以学生为中心,把育人放在一切工作的首位。

3. 采取推广博雅教育的各项措施:

(1)营造博雅校园环境;关注校园文化、班级文化、走廊文化。

(2)安排丰富的拓展课和选修课,组织为数众多的学生社团和各种社会实践活动;创设学生参与的科研项目。

博雅教育的德育就是基于学生核心素养的培养。

(三)培养一支德育工作的师资队伍,形成全员德育网络,建立师生激励评价机制,创设和谐的育人环境。

总之,明珠中学给我们提供了一个学校德育工作的经验,这个经验我相信对大多数初级中学具有借鉴和启迪作用。

上海市格致中学名誉校长、语文特级教师　高润华

立足美育办学思想 构建和煦德育体系

上海市三新学校德育顶层设计 文/郑 巍

◯ 学校简介

上海市三新学校创办于 2005 年 9 月,是一所九年一贯制公办学校,坐落于松江新城区,毗邻泰晤士小镇。学校以蔡元培的美育思想为指导,坚持"立美育人,人文见长,素质立身,文化兴校,致力于每一位学生的全面而有个性的发展"的办学理念,努力培养学生"乐学、勤学、善学、博学"的综合学力和"积极乐观,厚德自信"的健康心智,在精神层面上点燃学生理想之烛光,发掘智能之强项,发展综合之学力,美善人格至和谐之境界。学校追求"各美其美,美人之美,美美与共,学校大同"的办学愿景,致力于学生的全面发展、多元发展和协同发展,从"立美"与"审美"的角度构建学校新的发展。校长张爱国提出"和美教育"的构想,即把"和美与共、和谐发展"的教育思想,贯穿于教育的全过程,优化育人环境,陶冶学生的情感和心灵,造就全面自由和谐发展的现代社会所需要的一代新人。

学校在德育、教学、艺术、科技等方面取得了可喜的成绩:荣获全国艺术教育先进集体、上海市行为规范示范校、上海市未成年人道德建设工作先进单位、上海市航天科技特色学校、上海市艺术教育特色学校、上海市科技教育特色学校、上海市平安单位等称号。

▢ 理性思考篇

和煦德育:以美养德以美导行

一、和煦德育提出的背景

学校校训以出自《礼记·大学》中的"苟日新,又日新,日日新"来充实"三新"的文化内涵。即如果能每天除旧更新,就要天天除旧更新,不间断地更新又更新。社会和时代发展带来德育新的要求，说教性的手段、功利性的内容、灌输性的方式导致学生自主成长的内驱力不足，学生思想成熟的催发性不强，学生情感共鸣的普遍性不够。因此，德育不仅要继承，更需创新，尤其是要走他人未尽之路，走他人难走之路。

2009年，在区级课题《以美养德——学校艺术教育与德育交互渗透的行动研究》的引领下，学校明确了把美育作为德育创新与突破的思路，以艺术教育为载体推进德育工作的建设与发展。构建以五大艺术课程为核心的美育综合课程框架，主要包括表演艺术课程、造型艺术课程、语言艺术课程、综合艺术课程和实用艺术课程。提供学生多元化课程，使学生能根据自己兴趣，选择适合自己发展的课程，发展智能强项，全面发展，张扬个性。教育的本质应该是人性的回归，思想的解放。学校认为，美育能够培养学生的感性能力、想象能力、个性品质和合作精神，在精神层面上点燃学生理想之烛光，发展综合之学力，美善人格至和谐之境界。

放大美育的外延，挖掘美育的内涵成为学校德育工作的新增点。美育和德育有着许多共同点和相通处，二者均建立在个体自觉自愿、潜移默化的基础上，从人的情感角度打动人，更加符合当前价值多元时代、学生追求个性发展的特征。和煦德育正是基于这样的思考，力图以审美教育为途径，使人弃恶扬善；使人儒雅高贵，在精神圣地竖起永恒的丰碑，能潜移默化地影响人的情感、趣味、气质、胸襟，激励人的精神，温润人的心灵。

二、和煦德育的基本概念

"和"在金文中表示吹奏禾管，其本义为吹奏用禾管编成"排笛"，发出谐调共振的乐音。在中国古代文化中，"和"文化蕴涵着天人合一的宇宙观、协和万邦的国际观、和而不同的社会观、人心和善的道德观。学校德育对象是千差万别的学生个体，在差异性德育的视角下，以"和而不同"为重点，培养学生内外兼修、关注成长的自我发展；独立思考、追求创新的个性特征；尊重他人、兼容并蓄的处世原则，从而达到"和美与共"的"和谐境界"。这是源自学校德育目的的思考。

"煦"原意为连日天晴，天气热暖，如火光照耀。引申为沉浸在美好的事物中并受到熏陶、感染。"美好事物"是引发人们追求和熏陶的重要对象，它包含有形可感和无形可感两类。有形可感是显性的德育内容，以校园环境最为明显；无形可感是隐性德育，占据更多的德育资源和作用，以美育最为突出。

和煦德育正是融合美育熏陶而又无形、感染而又无声的优势，致力于通过营造良好的德育环境及开展有益的德育活动，在此过程中不断"欣赏、善待和发展每个人"，使学生潜移默化地受到如阳光春风般的品行教育的育人途径；通过"情感"而对个体产生的影响，诚如蔡元培所说，人人都有感情，而并非都有伟大而高尚的行为，这由于感情推动力的薄弱。要转弱而为强，转薄而为厚，有待于陶养。陶养的工具，为美的对象，陶养的作用，叫做美育。和煦德育以"和"为纬，注重不同年段的德育内容建构和品质培育，关注"和而不同"的差异发展；以"煦"为经，注重以情感共鸣、经历体验的方式营造温馨、温暖、浸润的德育时空。这是平等自由、尊重差异、充满理解、管放结合的无痕教育、情感教育，区别于单纯的管而不理，疏而缺导。

三、和煦德育的核心内涵

和煦德育视野下的美育不是一般的知识教育、技术教育，而是一种人文教育，不仅培养学生对美的感觉、鉴赏和创新等能力，更重要的在于净化、美化人本身，建立美的认知，培育美的情感，完善美的人格。

和煦德育的本质是"欣赏、善待和发展每个人"。提倡用多元智能理论评价学生，用美育课程为学生个性发展搭台，坚持美育和德育形成统一的整体，形成"德美交融"的教育磁力场：一是以德为先，明确德育的目的性，意在坚守教育的立场；二是以美为重，突出美育的灵活性，意在激发学生的兴趣；三是以人为本，坚持学生发展的差异性，意在尊重教育的规律。

德美交融的核心内涵化无形的德育活动为有形的艺术活动，化生动活泼的体验为深度自我感悟，化暴风疾雨似的主题教育为润物细无声的情感升华。通过对个体内在情感的直接感染，调动人的各种心理能力并使之和谐运动，帮助学生形成开朗性格和良好品德。

四、和煦德育的基本原则

（一）学校全员育人、全面育人、全程育人的整体性原则

从教育主体看，和煦德育的实施需要学校工作的一致性，从学校层面进行

顶层设计,让所有教职员工形成共同的认识和追求。从教育内容看,整合现有的一切教育资源,包括学科教学、美育综合课程、四大主题文化节、中华传统礼仪教育、行为规范教育、午会课、社会实践、社团活动、校园文化等资源,探索构建具有开放特征的和煦德育体系,努力实现德育活动效益的最大化。从教育过程看,育人过程贯穿学校各个时段、活动,点滴之间都渗透着对学生的影响。

（二）学生自主管理、自我服务、自我教育的自主性原则

德育的对象是人,具有主体意识,和煦德育中教师是教育的主导者,但作为主体地位的依然是学生,唯有学生内驱力的推动,道德成长才会更加成熟。因此,和煦德育为学生的成长搭台,发挥美育的功能,利用"周周演"、艺术节、六一展演等各类契机,让学生成为校园生活的参与者、管理者和主人翁,在学生与学生的接触中、碰撞中甚至冲突中,实现自主管理、自我教育。

（三）活动以学生发展为本,符合身心特点的人文性原则

学生应该成为追求高品位、高趣味的人,在和煦德育建构中,德育活动注重学生的精神成长和道德成熟。以学生发展为本,用丰厚的中华传统文化滋养学生的文化底蕴,用先进的现代人文情怀激荡学生的道德认知,用审美的自由视角启发学生的人格建构。

（四）寓教于乐,让学生自由和谐健康成长的体验性原则

以体验式活动为载体,关注学生的主体感受,提升德育理念。教育不单要关注学生的未来生活质量,更要关注当前的生活质量,只有这样,德育才能通过学生的充实生活体验和美好人生追求被学生认同和感受,德育才能更有效。

◆ 德育工作篇

立足美育办学思想　构建和煦德育体系

一、和煦德育的目标与内容

和煦德育汲取"立美育人"的思想,在教育中"以优美的环境陶冶人,以规范

的管理培育人,以多彩的活动教育人",引导学生在快乐学习与成长中,发现美、欣赏美、体验美、创造美。根据学生的年龄和身心特点,分学段设置具体教育目标和内容。

(一)一、二年级主要是适应教育,让学生迈好成长第一步,学会基本的礼仪规范和学习习惯;能够发现生活的美好和内心的力量,抬头走路,抬头观察,做一个自信的人。

(二)三、四、五年级主要是让学生感受集体的温暖,学会与人交往,培养公德心,欣赏身边的美好,做一个善良的人。

(三)六、七年级侧重学生的责任意识,懂得"人人为我,我为人人",在活动中体验生活的美好,做一个负责的人。

(四)八、九年级侧重进行理想教育,用理想激励学生,挖掘人性的美好和个人的潜能,激发学生创造美好生活的斗志,做一个有梦想的人。

整合现有教育资源,包括学科教学、美育综合课程、四大主题文化节、中华传统礼仪教育、行为规范教育、午会课、社会实践、社团活动、校园文化等资源探索构建具有开放特征的"新德育"体系,努力实现德育活动效益的最大化。

德美交融课程 德育课程	德育学段目标	一、二年级 适应教育+ 发现美	三、四、五年级 集体教育+ 欣赏美	六、七年级 责任教育+ 体验美	八、九年级 理想教育+ 创造美
生命和谐	安全教育课程	识险避险	遵章守则,自我管理	自护救护,保护生命	
	心理健康课程	适应环境	自信友善,积极乐观	健全人格,珍爱生命	
	修身系列课程	文明礼貌,帮助他人	尊重他人,学习榜样人物;养成阅读习惯,积淀人文素养	谦和有礼,善待生命;养成阅读习惯,积累优秀文化知识,追求真善美	
自然和美	科技探究项目	培养动手能力,乐于实践操作	用研究的眼光看自然事物,培养科学精神,培养社会责任意识	辩证看待事物的发展,具有批判质疑精神;能够运用技术解决问题	

续　表

德美交融课程	德育课程＼德育学段目标	一、二年级 适应教育＋发现美	三、四、五年级 集体教育＋欣赏美	六、七年级 责任教育＋体验美	八、九年级 理想教育＋创造美
	社会实践活动	学会欣赏自然景物	在自然界中寻找快乐；培养合作意识	形成学校社会实践系列课程，勇于探究	
	环境保护课程	节约，懂得垃圾分类	形成保护意识，从身边小事做起，具有劳动意识	身体力行，宣传环保，为环保出力；学会自我管理	
校园和洽	环境之美	认识校园	描绘校园美景	维护校园整洁卫生	
	温馨教室	尊敬师长	为班级出力	热爱集体，争得荣誉	
	伙伴相助	团结同学	友爱同学	关心他人，乐于助人	
	四大节庆（读书节、科技节、艺术节、体育节）	参与活动，感受成长	参与活动，赢得自信	参与活动，绽放个性	
乡土和乐	人物篇	参观学习，了解先贤	了解先贤，勤奋学习	敬重先贤，努力成才	
	物产篇	学会欣赏丝网版画	以顾绣文化及工艺了解松江特点	以四鳃鲈鱼项目了解松江历史、文化	
	遗址篇	能说出松江著名遗址	了解松江的文化遗址的历史	走进遗址，感受松江千年历史文化	
家国和顺	"我爱我家"系列	热爱家庭，尊重父母	了解自家及姓氏的来历，尊重父母	懂得家庭责任，立志努力学习，回报家人	
	"民族精神"教育	会唱国歌，明确身份	了解祖国历史，增强民族自尊心	了解祖国历史，以国为荣，具有国家认同又具有国际视野	
	"走近国防"课程	能够分辨防空警报	学会防空疏散技能	了解军人生活，培养国防意识，立志保卫国家	

二、和煦德育的方法与途径

（一）整合德美交融课程，培养学生综合素养

1."生命和谐"德育课程

以生理——心理——伦理的思路设计课程。以安全教育为起点，让学生学

习基本的安全知识和技能，进一步了解"规则"对于生命的意义，包括交通安全校本课程、食品卫生教育、预防毒品教育、预防艾滋病教育。在此基础上，外延及生命的内涵，包括个人的心理健康、对环境的适应能力等，小学部以人际交往、心理秘密等为主题开展心理教育；初中部六年级以适应新的集体为主线、七年级以自我接纳心理辅导为主线、八年级以青春期的烦恼为主线、九年级以理想励志为主线。修身系列旨在提高学生的个体修养和伦理道德，一年级到九年级的养成目标分别为礼、勤、信、仁、恒、孝、谦、雅、达。

2. "自然和美"德育课程

学校有"拯救飞龙、关爱蜻蜓""拯救鲨鱼""拯救野猪"等活动，形成生态保护的系列课程和活动。生态保护关系到人类与自然的协调发展，关乎全社会和全球的可持续发展。社会实践活动设有自然篇，初中部分别到东方绿舟、奉贤海滩、孙桥农业园和滨江森林公园进行任务式考察，即带着任务单进行社会实践，有前期攻略和辅导、中期组织和考察、后期总结和评价。环境保护课程由班级垃圾分类评比、纸张兑换绿色植物、校园环保使者评选等组成，引导学生从身边小事做起，初中学生身体力行，参与志愿者活动，为环保出力。

3. "校园和洽"德育课程

旨在引导学生发现身边的美、生活的美。环境之美让校园美景成为学生欣赏的对象和创作的对象，身临其境，让学生成为美的守护者。温馨教室以班级为单位，营造师生之间、生生之间的和谐关系，从教室硬件建设到软件提升，从学生适应班级到完善自我、发展自我。四大节庆（三月丝竹声声读书节、五月榴花飘香体育节、六月梦想放飞科技节、十月美苑心声艺术节）是学生成长的平台，展示的舞台。学生在活动中发现生活的美、感受人生的美、创造鲜活的美。

4. "乡土和乐"德育课程

松江堪称"上海之根"，有着悠久的历史文化底蕴，成为乡土教育的现有财富。从人物篇、物产篇、遗址篇三个部分贯穿学生的学习生活。人物篇从董其昌、二陆等先贤入手，了解他们的高尚情操和历史功绩，激励学生勤奋学习，努力成才。物产篇分学段进行，一、二年级学生从丝网版画开始，认识丝网版画与农民画的关系；三、四、五年级学生学习顾绣文化及工艺，部分有兴趣的学生参加顾绣社团；初中学生以松江四鳃鲈鱼为对象，开展调查、探究学习，形成历史文化、生态环保、科技创新的多角度研究。

5. "家国和顺"德育课程

"我爱我家"系列从家庭着手,培养学生对家庭的感恩之心,并化为行动,包括给父母制作生日贺卡、给父母写一封信、陪父母散一次步、同走父母上班路等。"民族精神"教育以每年九月份的民族精神教育月为契机,融合爱国主义教育,了解中华民族的优秀文化和责任担当,包括唱红歌、抗战故事表演、红军老战士宣讲、参观金山卫日军登陆遗址等形式。"走近国防"课程除了常规的国防知识学习以外,五年级赴武警中队参观军营生活,感受军人作风;六、九年级以军事训练营的形式体验军人生活,培养军人纪律;七年级开展国防教育,每学期2个课时,由华东政法大学国防生执教;八年级赴五厍基地开展生命教育。

(二)立足和洽课堂教学,创设"德美交融"意境

1. 组建学科育人团队,探讨课堂教学价值

学科学习是学生健康成长的摇篮,因为学生在学校生活中,经历最多的是学科学习,约占课程学习时间的 80％,有效利用好学科教学的每一课时,让学科教学回归教书育人的本原,应该成为每一个教师的职业理想和事业追求。开展课堂教学的育人价值研究势在必行,学校将教研组长、学科教师引入育人研究的团队,形成研究的氛围和机制。

2. 挖掘教材德育元素,激发学生美好情感

所有学科教师牢固树立德育意识,以教材为内容,以课堂为阵地,认真钻研教材,分析和挖掘教材中的德育元素,做到每堂课都有德育的侧重点,把课堂教学的三维目标真正落实,提高学科育人的实效性,数学之严谨思维、语文之人文情怀、英语之国际视野、体育之坚毅品质……学科的魅力让学生受到美的感染和熏陶,培养优良的品质。

3. 尊重学生发展差异,打造新型师生关系

"尊重差异"是和谐德育的重要概念,人的智力发展有先后,道德发展也是如此。不同的出生背景、成长环境、教育经历、个性心理都会导致教育效果的千差万别。因此,教师具有"静待花开"的意识和行动,在课堂教学中,允许落后,与学生为友、平等对待、尊重人格,帮助学生寻找落后的原因加以改进,而不是一味训斥、指责;发挥教师个人魅力和学科魅力,用无形的方式走进学生设防的

内心世界,融化坚冰。

(三) 优化校园环境建设,凸显"立美育人"主题

1. 校园环境整体设计,体现美育构建

"立美育人"的办学理念体现在校园环境的整体设计中,学校主体建筑呈现英伦风情,从高空俯瞰,就像钢琴键盘,错落有致,校园内连廊庭院,造型别致,庭院内茂林修竹,绿草如茵。漫步三新,枝头小鸟啁啾,湖畔秋虫低吟,墙角青藤缠绕。学校小操场改建成运动场和篮球场,为师生提供体育运动的场所,红色的跑道映衬着绿色的树木,让校园更是生机勃发、绿意盎然、催人奋进。每周一升旗仪式是让人感动的时候:面朝东方,歌唱国歌,沐浴阳光,注目国旗冉冉升起。一砖一瓦、一草一木都渗透着美的内涵,发挥着"立美育人"的作用。

2. 厅廊建设德美一体,洋溢文化气息

学校注重厅廊建设,以洋溢文化气息为中心,以德美一体为宗旨,以育人为核心,精心布置,努力打造"校园十景":"德馨楼""艺美厅""博雅轩"等充满个性和睿智的"厅廊雅名景";宽敞明亮的底楼正厅,两侧展板上学生的书画作品,学校重大演出、竞赛活动的精彩瞬间都布置其间,师生家长经常在此驻足欣赏,这里被大家亲切地称为"群星风采墙";正厅中央,一座蔡元培雕像巍然伫立,清瘦的脸庞、棱角分明的眉宇、厚重的镜片仿佛时时向路人诠释着"大美育"思想的内涵,这里被誉为"校园之魂"。

3. 班级创建富有特点,追求个性发展

学校将"垃圾不落地"作为学生的养成重点,每周一的中午开展全校性的卫生大扫除,全员参与,全员动手。教室干干净净,座椅整整齐齐,窗户透透亮亮,地面一尘不染。教室两旁张贴的学生创作的优秀书画作品,温馨悦目,这是"风采之窗";教室后面开辟植物角,花花草草,郁郁葱葱,生机勃勃,十分养眼,这是"生态花园"。同时,各个班级以"班级特色文化润德,特色文化化人",在班级铭牌中亮出班级的口号,晒出班级的照片,凝心聚力,使学生乐于接受,并逐步走向规范,终生受益。有的班级以读书为目标,建设书香班级;有的以绿色为目标,教室里摆满花花草草;有的以书法为目标,教室成为学生的展厅;有的班主任喜欢街舞,引导学生学习街舞、领会街舞包含的积极向上、追求卓越的精神内涵,创建街舞特色班。

（四）发挥学生自主管理，搭建潜能释放舞台

自主管理能创造一种亲切的、自由的、和谐的教育环境，和煦德育通过自主管理，让学生在平等、民主、亲密、和谐、富于情趣的集体活动中认识自己、教育自己，激发内在动因，从多方面培养学生独立思考问题与分析问题的能力，培养创新型人才。

1. 实现班级的自我管理

重点引导学生认识到班级和自己需要有一定的行为规范和道德规范。早读课发挥课代表的主动作用，除了常规的收作业外，按照学科的知识点进行复习，组织全班进行晨读。体育课、中午用餐都需要学生排队前往，个体学生的不守纪律总会影响全班的进度，体育委员责任重大。因此，班级的自我管理是基于学生个体的自我要求的，即"不影响他人"。

2. 全校社团的自主管理

广泛开展学校的各类社团活动、拓展课，吸引更多的学生投入到各种形式的自我管理中来，在展示个性、陶冶情操的同时，提高学生自我管理能力，形成社团自动运行的机制："七嘴八舌"自取社名、"一本正经"自选社长、"三五成群"自定方案、"五彩缤纷"自搞活动。

3. 日常生活的全员管理

引导学生自我管理不是少数学生的事情，应当让全体学生参与其中。学校延伸学生自我管理的领域，将学生的德育同学校各种活动结合起来。如让学生参与到维护学校纪律、校容校风、制定某些规章制度等，使学生在参与中获得自我管理的意识培养。如顾绣社团每年进行一次顾绣义卖活动，让学生从小养成关爱他人、助人为乐的良好品质。

（五）加强三位一体教育，放大和煦德育合力

要提高学校教育的有效性，尤其是学校德育的质量和效果，就必须注重学校—家庭—社区教育资源的有机整合，协调、统一各方面教育力量，发挥教育合力的作用。和煦德育视角下的"三位一体"育人有着这样的思考和行动：

1. 家校沟通零距离

和煦德育体系中的家校沟通重点是家校关系的定位。家校是统一战线的同盟者，在地位上是平等合作的状态。学校不是高高在上的专家行业，而是与

家长分享教育经验和智慧的经历者；家长不是咄咄逼人的挑刺者，也不是一无所知的盲从者，而是拥有教育潜力和资源的同伴。基于此，成立学校、年级、班级三级家委会，完善家委会工作机制，畅通家校沟通渠道。同时，把家长资源引入学校的活动，发挥家长的带动、辐射作用：读书节低年级开展亲子绘本讲故事比赛，高年级开展故事妈妈活动；科技节开展亲子挑战赛，让家长和孩子共动手、齐上阵；艺术节开展演出活动，邀请家长参加或担任评委，共铸精彩。当然，学校也不可避免会出现家校合作不和谐状态，而畅通的家校沟通、家校互助将这种概率降到最低，将化解效果升到最高。

2. 美丽爸妈进校园

家长资源是和煦德育的重要教育资源，因为家长的教育姿态和率先垂范有着无形的教育影响。根据家长资源和学校需求，招募有特长的家长进入课堂，让他们用自己的专业或者成长经历，为学生开设别具特色的"美丽爸妈课堂"，探索家校携手的新思路。招募家长志愿者担任学生的交通引导员，用家长的榜样树立起学生对公益事业的热爱。邀请优秀家长代表分别在校级层面、年级层面、班级层面进行育儿经验的分享，让家长来教育家长，家长来影响家长。

3. 社会资源促成长

和煦德育提倡让学生在活动中体验、感受、反思、成长，让多彩的活动丰富成长的经历，鼓励学生走出校园，在生活中锤炼。社会教育资源凝聚了社会的功能性职能部门，是学生进行社会化成人的预备阶段。公安部门、科普基地、科技馆、三防基地、烈士陵园、四鳃鲈园等教育资源让学生获得新鲜的知识和体验，懂得社会运作的一些基本知识。这不仅是思想道德的教育，也是现代社会的公民教育。"家事国事天下事，事事关心。""两耳不闻窗外事"的书呆子有悖于当今全面发展的教育目标，"象牙塔"中的学生是无法适应现代化社会进程的。

三、和煦德育的管理与评价

（一）完善学校管理制度，激发管理育人功能

1. 健全德育组织网络

由校长室、政教处、大队部、团总支、年级组相关教师组成的一系列德育工

作组,定期召开会议,研究分析学校德育工作推进状况,形成校长室——政教处——年级组——班主任——任课教师全员参与的德育组织网络,保证了信息沟通渠道畅通、便捷。其重点在于分解和煦德育的课程落实,明确岗位工资职责。

2. 完善德育管理制度

学校制定《三新学校学生一日常规》《三新学生校园常用礼仪》《三新学校学生行为规范教育三年规划》等,并完善了德育工作的各项制度,如《班主任管理制度》《专课专用制度》《三新学校家访制度》《主题班队课评比制度》《学生社会实践制度》《学生自主管理制度》《学校、社区、家长联席会议制度》。完善的德育制度使学校的德育工作有章可循,为和煦德育的有序开展提供了保障。

（二）推进育人理念认同,形成团队育人合力

在学校范围内宣传和煦德育的育人理念,力争形成教育共识。在德育工作者培训方面,邀请德育特级教师、专家为教师作分层专题讲座,如新教师的《生命因奉献而充实,教育为爱而付出》,新上岗班主任的《如何构建优秀班集体》《如何成为一名合格的班主任》,全体教师的《实施〈两纲〉教育,提高育人实效》等,进一步推动全校教师的思想道德建设,引导教师树立正确的教育观,强化教书育人、服务育人、管理育人的意识,增强职业责任感,倡导爱岗敬业、为人师表的良好教风。

（三）培养学校德育队伍,强化德育工作实效

培养一支同理念、强业务、善科研、重学生的班主任队伍。班主任注重典型学生跟踪分析课题研究,尤其是具有个性发展特征的学生,形成个体成长档案记录,探索和煦德育的育人规律。政教处以班级为单位,研究班级的个性发展和整体风格,关注班级间"和而不同"的教育特点。依托心理健康教育,加大心理教师的培训与培养;关注学生心理健康、青春期教育等专题教育。

（四）建立激励评价机制,引发道德成长动力

和煦德育在"尊重差异"的理念下,用美国教育家加德纳的多元智能理论对学生进行多元评价,确立"学生没有好坏之分,只有强弱之别"的学生评价观。

1. 借用现代信息技术，关注过程评价

德育评价不仅要关注结果，更要关注过程。学校建立学生综合素质活动电子记录平台，形成和煦德育的过程性资料。平台上把学生的社会实践、志愿者服务、心理评估、道德操行的内容进行记录，有助于横向、纵向地了解、分析个体学生，在数据中、活动中观察学生的发展情况。同时，学生的活动作品及时地上传平台，如征文、活动照片、书画作品等，各评价主体进行评价。

2. 采用多元激励方式，积蓄成长力量

（1）目标激励：学校通过评选"和美少年"来激发学生的内驱力，调动他们学习和道德成长的主动性与自觉性。目标分类设定，从不同的智能出发，让每一个学生都有获奖的希望，"跳一跳，能摘到苹果"，不放弃进步。

（2）情感激励：教师与学生建立良好的师生关系，把无私的爱献给学生，把真诚的情洒向学生，关心学生的学习、生活、身体、心理，及时帮助学生解决成长中的困难，让学生在学校教育活动中产生满足、愉悦的心理体验，不断积蓄发展的正能量。诸如"成长日记"，架起师生沟通的桥梁；"校长有约"，作为荣誉激发学生进步；"灿烂霓虹"，放大心理辅导的功效。这些举措，旨在于"知"和"意"之间，发挥"情"在育人中的作用。

（3）榜样激励：在和煦德育活动中充分利用伟人、贤达等教育资源进行榜样激励。还为学生树立身边的榜样，用班级"爱心天使""学习达人"等榜样激起学生"别人行，我也行"的积极尝试成功的欲望，进而形成一种鞭策的力量，推动他们不断向更高的目标迈进并持续完善自我。

（4）奖章激励：以学校形象性标志——卡通蓝鲸为原型设计各类奖章，如文明章、行规章、交通章、学习章、进步章等。雏鹰奖章作为学生素质发展的评价体系和奖励手段，激励每一名学生都能积极向上，实现德美结合的最优化。

3. 形成多元评价主体，促进全面发展

社会的发展和教育改革的不断深化，潜移默化影响着评价方式的变革。和煦德育减少给学生带来的外在教育压力，化被动为主动，以评价促进步。因此，逐渐改变以教师为评价主体的单一化模式，努力形成多元化的评价主体，让家长评价、小组评价和学生评价有机结合，促进学生全面发展。

▲ **特色德育篇**

....

养成规则意识　享受生命和谐

——"小红帽在行动"交通体验课程介绍

　　和煦德育提倡德育活动的体验性,让学生在平等和谐的氛围中,参与、感悟、思考,从而促进内化,形成个体的道德意识和思想品质。三新学校交通体验课程让教育充满真实感和吸引力,课程差异化、序列化、整体化实施,教会学生敬畏生命、热爱生命、享受生命。

一、课程背景

　　学校地处松江新城主干道路,而学校操场又跨越三新路,对学生的交通安全教育提出了更高的要求。基于此,学校开发交通体验课程,提高学生的安全意识;同时,在安全教育中渗透规则养成和生命教育。中小学生既是交通安全中的弱势群体,更是交通法规的有效传播者与践行者。但是,当前学校的交通安全教育存在诸多问题,如教育内容无序,交通知识东一枪西一炮,不成系统性,甚至低层次重复,低年级的交通知识在初中又多次出现——和煦德育关注年段差异,分年段设计课程;教育方式单一,以口头教育、观看视频等灌输形式为主,难以提高学生学习兴趣——和煦德育以体验的形式,在过程中,让学生感受规则,获得成长;教育效果低下,停留在安全范畴,但学生"知""行"不一,缺乏深层次教育影响——和煦德育注重教育的长效,切入生命的意义。

二、课程目标

　　"小红帽在行动"以交通安全为原点展开,形成安全意识——规则意识——文明意识——生命意识的逻辑上升的课程体系,从知识到体验,从理论到实践,符合学生的认知规律和身心特点。

（一）安全意识

认识标识，熟悉道路，学会避让与自我保护。其中，小学生侧重认识各类交通标识、懂得避让道路危险；初中生侧重自行车骑行安全知识。

（二）规则意识

遵守交规，尊重规则，感知法治的必要与精神。其中，小学生侧重了解基本交通规则；初中生侧重在交通规则的基础上，体验规则的意义与违反规则的后果。

（三）文明意识

文明礼让，谦和待人，感受文明的意义与美好。其中，小学生侧重感受道路文明，培养礼让品格；初中生侧重学习车厢文明。

（四）生命意识

珍爱生命，呵护生命，感悟生命的价值与可贵。其中，小学生侧重体验交通带给生活的美好；初中生侧重体验交通事故带来的危害，达到珍惜生命的目的。

三、课程内容

一年级以"小手大手我遵守"为主题，在学校交通模拟中心学习《交通安全校本教材》，帮助学生了解简单的交通规则，初步掌握自护方法，避免交通事故的发生。其具体内容有穿越道路的方法、马路上小心走、文明乘车、车辆附近太危险等篇章。同时，以学校周边的交通违法行为治理为目标，小手牵大手，让孩子影响家长、家长教育孩子，发挥教育合力。

二年级以"交通信号我认识"为主题，走进交通模拟中心进行实地学习，认识交通标志和交通信号。学生模拟生活中的交通行为，学校小交警和负责教师一起参与体验课程，找出没有遵守交通信号和标志的行为。比如，如何穿越斑马线、加油站不能打电话、禁止停车等。

三年级以"交通手势我指挥"为主题，其内容是学习交通手势操的常用手势（停车手势、直行手势、左转弯待转手势、靠边停车等），由体育教师和班主任共同授课，由交警担任评委进行评比，优秀的学生被选为学校小交警，参与后续活动。

四年级以"交通设施我记牢"为主题，与美术学科结合，让学生走进交通模拟中心,慢慢地行走、细细地观察、悠悠地联想,不仅是知晓交通设施,更让学生在体验中思考、感悟、成长,让他们用文字或者图画的形式表达心中的感受、收获及梦想。优秀作品作为交通模拟中心的教育资源进行展示宣传,让更多的学生受到潜移默化的影响。

五年级以"安全驾驶我最棒"为主题,充分发挥交通模拟中心的功能,让学生在模拟道路上驾驶车辆,其中包含了基本的道路交通规则,如醉酒驾驶(学生带上眩晕眼镜模拟醉酒状态)、转弯要打转向灯、看懂交通手势、不压斑马线等。

六年级以"文明出行我能行"为主题,六年级的大多数学生刚满 12 周岁,开始独自骑行自行车上学,迫切需要加强交通安全与文明的教育。设计的体验类课程内容主要是安全过关测试和文明过关测试。其中,安全过关测试分为交通理论考试(面向全体学生)和骑车技能测试(面向骑车学生),邀请交警、社工一起参加。文明过关测试通过在交通模拟中心进行情景演绎(车上抛撒垃圾等),让学生体验"礼让是一种修养,文明是一道风景"。

七年级以"交通规则我体验"为主题,让学生模拟日常交通现场,以《座位穿越》《闪电极侠》等游戏形式,了解交通法规的依据及意义,让学生在体验中感受交通规则的重要性。并开展"模拟法庭"项目,让学生模拟法庭现场,聚焦交通事故案件,上升到对规则的讨论、辨析与体验,从而达到法治教育的目的。

《座位穿越》片段列举:

游戏说明:学生的座椅成十字形排放,要求学生在听到老师说"开始"后,迅速与对面的学生交换位置。

在第一次游戏时,教师不作规则要求,计算学生全部交换位置所需的时间。

在第二次游戏时,教师作出规则要求,请同学们交错站开,让出自己的凳子,一、三小组优先通行,然后计算所需时间。

教师:对比两次游戏,请同学们说一说你的感受和启示。

交流:第一次现场混乱,学生不仅踩到彼此,撞在一起,而且所花时间更多。第二次游戏井然有序,省时省力。

教师:规则,有时候看起来似乎是对我们的一种约束,让你不是很自在。但是,规则更是一种保障,维护着我们生活、社会的秩序。交通安全规则也是如此,它让我们的出行更加方便,让我们的交通更加流畅,让我们的行人更加安全。

设计说明：不是灌输式地说教交通规则的重要性，而是让学生在游戏中体验到规则的意义——规则不是约束，而是保障，贴近中学生的心理特点。

八年级以"生命宝贵我珍惜"为主题，以《残缺的朋友》等游戏形式，让学生获得一种"模拟"的真实感，即体验违反交通安全规则带来的后果；如有资源，也可以邀请家长现身说法。在此基础上，以"珍爱生命"为主题撰写征文，抒写对生命的认识。

九年级以"生命精彩我创造"为主题，人生如旅途，以理想教育引领初三学生在人生的十字路选择好内心的目标，坚定信心，心无旁骛，发动人生的马达，在初中最后一年挥洒汗水，书写不悔的青春，创造自我的精彩。

四、课程实施

1. 加强课程的师资队伍建设，加强教研，开发交通安全教育校本课程，设计体验式、游戏化的交通课程形式，带着专题开展教育实践活动。加强学习先进的教育思想，学习先进的教育经验，实现生命教育的目标，打造本校的课程特色。

2. 建立交通模拟中心，设计加油站、十字路口、环形道路等交通场景，卡丁车让高年级的学生驾车体验，在娱乐中向学生灌输交通安全知识。开辟交通法治宣教室，学生编排交通情景剧，如"加油站旁""放学路上"等，通过寓教于乐的方式，在潜移默化中提高学生交通安全意识，促进学生更好地遵守交通规则，懂得生命的可贵。

五、课程评价

（一）评价内容

交通安全知识、独立操作能力、学习态度，与同学的合作精神。

（二）评价方法

1. 学生自评、互评，教师评价。

2. 根据学生的年龄特征和学习情况计入学分。

3. 结合少先队的"争章"活动，把课程目标融入到"争章"活动中，通过争交通安全章等,促进课程目标的实现。交通金章:修满 16 分;交通银章:修满 12 分;交通铜章:修满 8 分;专项活动颁发单项章,单项章计 2 分。

六、课程要点

(一) 基于体验

"体验是教育的本体",在本课程中,班级学生分成两批(每批 20—25 人),一批在课堂理论学习,一批在交通模拟中心体验,分别由班主任和负责教师教授。体验组的课程以"理论——体验——活动"的模式构建,通过让学生自主参与交通安全模拟活动,让学生亲身体验遵守交通规则的重要性,参与交通现场,提高学生遵守交通规则的实践能力和感悟能力。这正是体验式课程的优势,让学生成为教育真正的主体。

(二) 基于学情

课程需要从学生的认知、情感、身心等情况出发。在现实生活中,交通标识是常见的,但是对于 7、8 岁的学生而言,是难以分辨的。因此,课程通过比较交通标识等,让学生能够比较深刻地认识交通标识的类型和功能,做到在道路上有认知的能力。而对于 12 岁到 15 岁的初中学生,他们初生牛犊不怕虎,什么事情都想尝试,从而漠视交通规则。因此,课程以体验后果、体验规则、社会参与为途径。

(三) 基于整合

在一年级到八年级的交通体验课程中,除了班主任、副班主任的专题教育外,还充分发挥学科育人的功能,发挥相关学科教师"人人都是德育工作者"的力量。如美术教师组织的交通安全作品创作、体育教师组织的交警手势操的学习、语文教师组织的"珍爱生命"交通征文的评比等。交警、社工等社会力量也参与课程建设,共同编写、修订教材,让课程富有针对性和生动性。

生命的和谐是人生的最高境界,"小红帽在行动"交通安全课程让学生在体验中、在行动中达成生命的认识。教学互长、师生平等,课程中的安全知识、文明意识、规则意识都在生命的意义中统整、融合,在开放的教育环境中浸润,正是和煦德育追求的教育境界。

专家点评

　　上海市三新学校提出"和美与共、和谐发展"的"和美教育",旨在造就全面自由和谐发展的现代社会所需要的一代新人。学校德育以"和美教育"思想为引领,架构了一个"和煦德育"的理论与实践体系。"和煦德育"传承了中华优秀传统文化中"和"的文化与"煦"的意境。"和"文化蕴涵着天人合一的宇宙观、协和万邦的国际观、和而不同的社会观、人心和善的道德观;"煦"引申为沉浸在"美好事物"中并受到熏陶与感染。这既彰显了德育目标的"和而不同",也倡导德育工作的"向善尚美",具有一定的理论价值与重要的现实针对性。并且,和煦德育从学校的特色——"立美育人"出发,从美育的基础上,重视德育内容的优化,关注学生情感的陶冶:以"和"为纬,注重不同年段的德育内容建构和品质培育,关注"和而不同"的差异发展;以"煦"为经,注重以情感共鸣、经历体验的方式营造温馨、温暖、浸润的德育时空。在德育实践中,形成了"自然和美、校园和洽、乡土和乐、家国和顺、生命和谐"的课程体系和"适应教育、集体教育、责任教育、理想教育"的学段课程系列,将发现美、欣赏美、体验美、创造美融于德育工作之中,这样就将"和煦德育"的理念贯穿于学校教育的全过程了,使得"和煦德育"可实践、可推广、可复制。在我看来,"以美养德"是当前学校德育工作改进的重要路径,能够达到德育浸润心灵的最高境界,以审美教育为途径,使人向善弃恶,使人儒雅高贵。

上海市松江区教育学院德研室主任　王洪明

在创建『进步教育』特色中培养『四会』好少年

上海市青浦区白鹤中学德育顶层设计 文/黄小燕

⬤ **学校简介**

　　上海市青浦区白鹤中学是上海市二期课改基地学校、上海市科技特色教育示范学校,始建于 1956 年,2009 年赵屯中学并入白鹤中学。

　　学校虽为农村学校,但通过全体师生的不懈努力,办学成果明显。几年来,学校荣获上海市知识产权试点学校、上海市学校心理健康教育先进集体、上海市安全文明校园、上海市红旗大队、上海市第十五届运动会学校体育先进单位、青浦区三星级行为规范学校、青浦区档案工作先进单位、青浦区文明单位、青浦区绿色学校、青浦区学校语言文字规范化示范校、青浦区体育传统项目(篮球)学校、青浦区中学体育学科教师研修基地等。

　　学校坚持"以质量求生存、以有为求地位、以创新求发展"的办学策略,在"出实招、做实事、求实效"上出思路,在精细化管理上要效益,在落实教学"五环节"上要质量,在"温馨教室"创建中出成效,努力打造白鹤人民满意的"绿色学校"。

　　学校要成为莘莘学子向往的乐园,在这里学生学会做人、学会求知、学会审美、学会创造,在这里教师尊重每一位学生,关爱每一位学生,为学生搭建进步的阶梯,夯实成功的基础。

■ **理性思考篇**

在"进步教育"理念下培养"四会"好少年

　　上海市闸北区第八中学以"成功教育"有效实践闻名于全国。他们坚持"三个相信"(即相信每一个孩子都有成功的愿望,相信每一个孩子都有成功的潜能,相信每一个孩子都能取得多方面的成功)的教育理念,倡导"成功是成功之母,用成功激励孩子获得更多更大的成功"。成功教育的先进理念、策略和成效像一股春风,荡漾起白鹤中学教育改革的波澜。多年来,学校一直努力理解教育本质,要夯实每一个学生获得成功的基础,也需鼓励每一个学生产生进步的需求,关注学生内在情感体验,重视学生良好学习习惯和行为习惯的养成。学校通过"学会做人、学会求知、学会审美、学会创造""四会"好少年的培养过程,让每一个学生在德、智、体、美、劳等方面在原有基础上都有不同程度的进步,把党的十八大提出的社会主义核心价值观之 12 词汇化为学校德育目标,为实现"立德树人"的教育目标而努力奋斗。

一、"四会"目标的界定

教育教学的目的是为了挖掘每一个学生的天赋,培养其健全的个性,教师应该用积极乐观的眼光和态度去引导与欣赏学生的发展,将每一个学生都视为有待开发的资源,并进行有效的鼓励和帮助。学校注重塑造学生健全的人格,陶冶丰富的情感,树立正确的价值观念等,使学生学会做人、学会求知、学会审美、学会创造,个性得到全面和谐的发展。"四会"的基本语义如下:

"学会做人"——指做一个合格的公民。在自身养成良好的道德修养和行为习惯的基础上,具有高尚的人格、民主法制意识和社会责任感等优秀品质。

"学会求知"——在正确的学习目的和积极情感的驱动下,运用科学的思维方法认识自然、社会和人文,获得相关的知识与技能;通过自身的实践获得经验与感悟,并在显性知识与隐性经验之间善于相互转化。

"学会审美"——在正确观念和健康情趣引导下的语言美、行为美和心灵美;具有感受美、欣赏美、表现美和创造美的能力,善于辨别真善美和假恶丑,热爱生活、向往未来,追求美好的梦想。

"学会创造"——在学习科学知识和技能的基础上,通过积极的探索活动,发现客观事物和现象之间的关系,产生创新意识,并在实践中形成新观念、新方法、新成果。对青少年学生而言,超越其年龄要求的创新思维和实践能力都应视为创造。

二、"进步教育"提出的原由

白鹤中学是一所上海偏僻地区的农村初中,超过 70％的生源是外来务工人员随迁子女,他们在学业成绩、礼仪规范、家庭环境、学习能力等方面相对欠缺。在这种情况下,学校提出"进步教育",希望每一位学生都能在原有基础上得到不同程度的提高。

(一) 家庭条件不足,以"进步教育"加以补偿

学生的家长多以种植草莓为生,闲暇时间较少,因忙于生计,缺乏对孩子进行家庭教育的意识与能力。家长虽然对孩子也有良好的期望,但限于文化水平不高,在教育孩子上有心无力,帮不上忙。还有一些学生是单亲家庭,家长对孩子的关爱尤为缺失,使这些学生形成孤僻自卑性格。这就要求学校给学生关爱和鼓励,为他们创设不断进步的阶梯,弥补家庭教育的不足。

(二) 学生的渴望促使学校提出"进步教育"

学生所属的本地居民多数为种植户,也有部分为工人;而大量的学生来自外来务工人员的家庭,这就造成了生源的多样化,需要教师能接纳不同家庭背景的学生并对他们进行帮助。白鹤本地民风纯正,孩子朴实,他们从内心都非常渴望得到老师和家长的赞扬和鼓励,使自己不断进步和成功。这就促使学校依据学生的渴望,发现他们的长处和优点,扬长避短或扬长补短,有效地帮助每一个学生获得进步,并为成功打下扎实的基础。

三、"四会"好少年培养的四大工程

工程一:重常规,搞活动,丰富学生校园生活

"四会"好少年工程的落实,需要学生去实践。学校把学生的思想品德教育和日常行为规范工作放在首要位置来抓。通过丰富的校园活动和课外实践活动,落实常规教育。建立以校长为组长的德育工作领导小组,狠抓德育队伍及制度建设,开展丰富多彩的德育活动。学校的行动纲领是:"用切实有效的德育常规管理,促进每一位学生每一天的进步。"为此,学校扎实推进常规管理、流动红旗班级管理,开展校园文明之星、自强好少年、行为规范、创建温馨教室等评比活动;坚持开展"革命传统教育""感恩教育""行为规范教育"等主题性教育活动;举办校园体育节、艺术节、科技节、读书节、红领巾广播站等文体活动;组织

青少年志愿者、唐仲英爱心小分队进社区等社会实践服务活动。从而既丰富校园文化生活，又促进学生优秀品德和能力的养成，为塑造学生高尚人格夯实基础。

工程二：融和谐，展风采，成就学生美好梦想

"心有多大，舞台就有多宽广"，可是学生来自五湖四海，他们的心境随着父母的工作经常发生变化。为了激发学生对学校的认同和归属感，进而帮助他们找到自己的成长阶梯，学校适时开展"融入教育"，即通过"菜单式"的校本课程建设、少代会、学校的满意度测评、新生行规教育和各类科技艺术活动等引导学生融入学校这个团结开放的大家庭，激发学生强烈的主人翁意识。生源基础尽管不太理想，但教师秉承"相信每个学生都有进步的愿望，相信每个学生都有进步的潜能，相信每个学生经过努力都可以在进步的基础上取得属于自己的成功"的教育观念，对学生开展"进步教育"，鼓励学生进行自己的纵向比较，如以每学期两次填写"目标计划书"来引导学生不断地超越自己，实现从量变到质变的跨越；对于每一次的评比活动，学校都会做成展板鼓励进步的学生，让校园内的每一位师生都看到他们的进步乃至成功，所以在学校信息橱窗的照片上、操场上、教室里到处都绽放着白中学子自信的笑容和自强的毅力。

工程三：春化雨，润无声，关爱学生健康成长

学校积极争取社会力量的支持，推出了"关爱助成长"慈善帮困项目，主要目的希望通过对生活困难学生的帮助、学生心理辅导、公益劳动、励志教育、专项评比奖励及慰问等丰富多彩的活动，让学生充分感受到社会及学校的关爱和温暖，激发学生学习和生活的自信，培养他们勇于面对困难，迎接挑战，自强不息的精神，努力实现每一位学生的健康快乐成长。每当学生有困难时，学校的帮助和鼓励便会悄然而至，春风化雨，润物无声，成为学生进步成长的助推器，不断地引导受助学生以感恩的心态对待学校、社会，乐观生活、努力学习、天天向上。通过"关爱助成长"项目，逐步培养学生"学会做人、学会求知、学会审美、学生创造"，让学生都积极成为一名"四会"好少年。

工程四：系家庭，同协力，促进家校共建双赢

"进步教育"理念需要得到家长的支持和配合，学校通过让家长走进校园，了解学校教育，达到良好沟通，形成教育合力。首先，学校成立家长委员会，由

每班推荐 1 名学生家长组成,每学期召开两次会议,让家长了解学校一学期里开展的活动、教育教学工作和学生管理等方面的情况。其次,每学期由校长主持召开家长代表座谈会,共商学校发展方向,解决教育中存在的问题。最后,学校通过家长会、家长听课活动、家长沙龙等途径增进家长对学生在校情况的了解,同时也帮助家长掌握相应的家教知识和技能,指导家长为孩子的成长创设良好的家庭环境,有效推动了家庭教育与学校教育的有机结合和良好互动。

◆ 德育工作篇

用"进步教育"创建特色,用"四会目标"发展个性

一、德育工作的目标和内容

近几年来,学校在办学过程中,基本形成了"崇德、崇文、求真、求实"的校风和"自律、诚信、勤奋、互助"的学风,赢得了较好的社会声誉。为了让德育工作更有成效,学校从"进步教育"入手,践行德育要求,培养"四会"好少年,打造优质特色学校。

依据校情生情实际,遵循道德教育规律,学校以"尊重个体,激发潜能,鼓励进步"为德育工作的总目标。其内涵如下:

尊重个体:即尊重学生,包容差异。关注每一个学生的个体差异和不同的需求,尊重每一个学生的兴趣爱好,发展学生的个性特长,肯定每一个学生的进步和成功,促进学生全面而有个性的发展,让每一个学生在不同方面都有自己的进步乃至成功的收获,从而更有自信。

激发潜能:即学校提供各种活动和学习机会,创设不同的舞台让学生释放潜能,激发学生参与活动的积极性和增强学习的动机及兴趣,激活蕴藏在学生身上的发展可能性,使学生积极向上,快乐进取,健康成长。

鼓励进步:即对每一次的活动和学习机会,都建立评价机制,让学生在活

动和学习后都能看到自己的进步与成长。在表扬优秀的同时,更鼓励进步,让学生在每一次活动中都体验到进步的喜悦与自信,表扬的光荣与责任,从而使学生越来越阳光快乐,逐步成为"四会"好少年。

学校坚持"热爱科学、崇尚人文,让每个孩子都进步"的办学理念,运用切实有效的教育策略和方法,围绕办学目标,细化年级德育的分层目标,进一步形成"进步教育"理念下的德育模式。

在学校德育总目标之下,细化年级德育分层目标,具体内容如下:

年级	目标要素	具 体 内 容	主要活动
六年级	养成教育	以"文明礼貌、尊敬师长、熟悉规范,自我约束"为目标,开展文明素养、遵规守纪等教育活动	新生入学教育 行为规范教育活动 少先队仪式教育活动
七年级	规范教育	以"自我规范、自我管理、自我约束、自我充实"为目标,养成较强的自控能力,开展心理品质、学习规范等教育活动	行为规范教育活动 行规主题教育课
八年级	青春教育	以"珍爱青春、充实自身、服务集体、责任担当"为目标,开展生理、心理教育活动	十四岁生日仪式 青春主题教育课 团课
九年级	理想教育	以"树立理想、认识自我、承担责任、乐观自信"为目标,开展理想教育活动	团课 毕业典礼

二、德育工作的途径与方法

(一) 丰富载体,促进内化

1. 在养成教育中培养

文明行为习惯,看起来似乎是日常小事,但却是一个有教养之人的文化修养和精神内涵的标志和表现。学校以校训、校风、学风为核心,以《中学生日常行为规范》《白鹤中学一日常规》《中学生守则》为主要依据,以班队活动为载体,以各类评选为途径,不断完善行为规范教育的方法,进行养成教育。

(1) 新生入学教育活动

每学年初,学校组织新生进行3个半天的入学教育活动。通过学生自我介绍、班级介绍、校园介绍、制定班规等进行学习规范、学法指导、环境布置等一系列的活动,让新生对学校、班主任老师、同班同学有初步的了解。在这期间学校尤为重视新生的仪容仪表,按照学校要求进行规范教育,让新生熟读并理解《白鹤中学一日常规》《中学生守则》,在此基础上制定班级公约和班规。学校从学生进入白鹤中学的第一天起就严格要求,规范行事,让学生懂得必须遵守学校的规章制度,逐步培养学生良好言行、认真做事的品德。

(2) 开展行规教育活动

行为规范养成教育是学校德育工作的基础。为了培养学生良好的品行,每学期的第一个月定为行为规范主题教育月,对学生进行行为规范的示范并落实每日行为规范检查、每周行为规范抽查评比活动,落实各类行规的小比赛,如行规手抄赛、校园文明征文赛、文明礼仪演讲赛等,还有落实行规主题教育课、行规大讨论活动等,最后进行校级的规范班级和优秀示范员的评比活动,对于一些行为优秀和进步的个人和集体,设立表扬栏,制作版面,展示其风采,引导学生养成文明的行为习惯和良好的学习习惯。

(3) 凸显学生自主管理

为了充分发挥学生的主体作用,学校成立了红领巾值周班,设立值周班班长、委员、组员。由学生干部分配好每周的检查任务,由学生对一天的校园生活进行自我管理和检查,强化校园、教室环境监督,每周评选一次星级文明班级,每两周评选一次流动红旗班级。同时,学校还组建红领巾突击队,主要对学生的红领巾、胸卡佩戴、仪容仪表等方面进行突击检查,累积总分成为流动红旗班评选的必要条件。

每个班级的大多数学生都能轮到一次检查任务,在自主管理和检查活动中,学生养成"尊重个体、善于选择、实事求是、独立思考"的思想品质。开放式的"学生自主管理",让更多的学生成为学习的主人,成为学校的主人。

2. 在主题教育活动中强化

学生的外显行为缘于内在的道德情感,因此,开展道德感教育,是提高德育有效性的重要手段。德育的艺术在于受教育者不觉得自己在受教育,正所谓德育的无痕性。学校倡导以兴趣、爱好、活动来调动学生品德自觉的积极性,通过游戏、活动、竞赛、绘画、实践、体验等形式,开展道德的情感教育,从而使各种教育主题活动的内涵得到强化。

（1）"温馨教室"创建活动

学校在每学期开学初认真制定"温馨教室"的建设方案，并以"美化、安静、文明、认真"为建设要求，开展"最受欢迎的老师""最受欢迎的同学""温馨教室创建案例""温馨教室布置"等活动，使每个班级在环境布置、人文关怀、学习秩序、文化氛围等方面形成崭新的面貌，从而促进学生的健康成长和学校的和谐发展，为创设师生有效互动的教育教学环境营造良好的氛围。

（2）"感恩教育"主题活动

感恩教育是学校传统的德育主题活动之一，在每年的4月份，学校以不同的感恩对象开展活动，如"感恩父母""感恩老师""感恩社会""感恩学校""感恩班级"等，从各个方面激发学生内心的感恩之情。另外，通过"感恩"黑板报、"感恩"手抄报、"感恩"朗诵会、"感恩"主题班会课和主题教育课等载体，充分展现学生对待人与事的感恩之情和内心感触到的那份真爱。每一次活动开展时，学校组织校领导、班主任进行观摩和评价，组织相关教师对学生的作品和比赛评奖，鼓励更多的学生通过各类活动增强感恩体验，并在日常学习和生活中进行表达，真正从内心感恩有助于自己的人与事。

（3）"仪式教育"规范活动

在德育工作中，团队能起到一定的主导性作用。在各类团队仪式教育中，学生一次次地受到熏陶和感动。如学校每年9月份进行新一届大队干部竞选活动，学生纷纷报名踊跃参加，立志要为少先队活动奉献自己的力量；每年的10月13日是学校六年级和九年级学生换戴大号红领巾和标志仪式，全体学生一起观摩换戴活动，以此激励学生"领巾大，责任大，更要学会做人"的责任和认真学习的态度；每年的10月底学校召开少代会，在规范的大会程序中，工作报告、提案报告、选举、表彰、决议等都注重仪式的示范作用。学校领导十分重视学生的提案，每一次都能认真研究并予以答复，学生真正感受到自己是学校的主人，领导对少先队的关心和支持，激励少先队员不断进取，成为优秀队员。学校的团校活动在开展过程中注重鼓励学生积极向上，超越自我，为争取加入共青团作好准备。

（4）"学校节赛"系列活动

学校每学期开展节赛系列活动，如读书节、校园科技节、艺术节、消防演练活动、广播操评比赛、校园运动会、迎新踢跳活动、以班级文化建设为主题的班队课、课本剧表演赛、班班有歌声比赛、规范生评比，自强好少年、白中好少年、"唐仲英爱心奖"学生优秀事迹宣传与版面展示等，另外结合区教育局德育科相关任务，适当开展各类红色经典电影观摩活动、影评比赛、演讲比赛等等。这些系列活动已经成为常规活动，学校都精心策划、安排、布置、评比。这些活动，不断开辟和拓展学校德育的空间，在充分调动学生参与的积极性、主动性、创造性的同时，使品德教育和进步教育一起植入学生的心灵，不仅外显在他们的言行中，而且潜移默化地塑造学生良好的人格。每一次活动都让学生在主题实践过程中得到体验和收获，进行审美和创新，培育学生逐步成为"四会"好少年。

3. 在实践活动中提升

学校将一些实践活动作为生活德育纳入必修课，并在设计活动方案的时候，切合学校实际情况，注重活动的寓教于乐、情感互动，力求让学生体验实践活动的意义，为学生表达思想情感，进行创造性、审美性活动创设有利条件。

（1）"感恩·励志"活动

每年 12 月份是学校的"感恩·励志"活动月，在这期间学校组织一批积极向上、努力进取、不断进步的好学生进行感恩励志活动。如 2016 年 12 月 20 日，学校组织了本学期日常行为表现以及学习成绩都取得了明显进步的 49 名学生，参加为期一天的"感恩·励志"活动，本次活动共分为三个篇章：伟人肩膀上的励志、象牙塔下的憧憬、荧屏中的匆匆那年，以此激励学生自强不息、努力拼搏的精神。

（2）学雷锋活动

每年 3 月 5 日，学校进行"学雷锋，争做白中好少年"主题升旗仪式、红领巾广播会，并组织获"唐仲英爱心奖"的学生和部分志愿者到白鹤敬老院开展学雷锋活动。用雷锋精神激励和影响全体学生追求新时期中学生形象，为实现为人民服务的人生境界而努力奋斗。

（3）军政、劳技训练活动

学校每学年第一学期期中组织六年级学生到区赵巷青少年实践中心开展为期 3 天的军政训练活动；在第二学期期中组织八年级学生进行为期 2 天的劳技训练活动。学校以"学会做人、学会求知、学会审美、学会创新"的"四会"为主线,学习队列训练、内务整理、常规教育、电子制作、女红手工等课程,还组织学生观看电影、召开讨论会,举办军训会操表演、十四岁青春生日会等活动,既培养学生的组织纪律观念、吃苦耐劳品质、互帮互助精神,又锻炼了他们的意志和体魄,增强了国防意识。

（4）"向日园"劳动教育活动

学校曾在八亩空地上进行多年的"向日园"种植劳动教育,后因建新楼,减少了园地面积,但仍在以往劳动教育成效的基础上,继续开展种植劳动,教育学生发扬艰苦奋斗的精神,热爱劳动和劳动人民,珍惜劳动成果,并渗透到日常的生活与学习之中。

（5）心理健康教育活动

积极开展心理健康教育活动,做好学生的个案分析。每年暑假举行为期3天的心理沙龙特色活动,组织每班3—5位学生上心理辅导课,内容有电影观摩、游戏互动、自我评价、小组合作、知识考核等一系列的心理辅导活动,使学生了解心理健康知识,调控自己的心理状态,养成良好的行为习惯,培养积极向上、开拓进取的个性品质,学会做人、学会关心他人,不断提高自身心理素质和增强自信、自立、自理的能力。

（二）爱心放送,携手共进

学校一直以"关爱学生健康成长"为主渠道,推出了"关爱助成长"慈善项目,每年开展"进步显著生""自强好少年""白中好少年"等评选活动,不但给予这些学生物质上的奖励,更重视制作展板将他们的优秀、进步事迹进行宣传示范。另外,学校还在六一、暑假、春节期间进行爱心大放送活动,通过自勉自励、爱心放送、激发潜能、鼓励进步等环节,全方位关爱在德、智、体、美、劳等方面尚有欠缺的学生,把"蓝天下的挚爱"送给最需要帮助和鼓励的学生。在此基础上,不断引导受助学生以感恩的心态对待学校与社会,快乐生活、努力学习、天天向上。

（三）家校社共育,三位一体

学校十分重视与家庭、社区之间的沟通和交流,积极探索"校内外合作共育"的有效措施,如举办安全、法制知识讲座、禁烟签名活动、禁毒宣传活动、家教指导、亲子活动等,利用社区、家庭的教育资源让学生学到更多的知识和技能,形成良好的生活与学习习惯。同时学校成立"家长委员会",主动邀请家长参与学校决策、监督工作,定期召开各年级家长会、家长开放日活动、家教知识讲座活动等,齐心协力对学生进行思想品德和学习习惯教育,为学生健康成长营造良好的共育大环境。

三、德育工作的管理与评价

坚持以德育为先,是关系到办学方向的大问题。多年来,在实际工作中还存在德育是软任务、软指标的错误认识,缺乏严格的考评和具体、规范的衡量标准,抽象的条文比较多,具体的较少。为此,学校一直在寻求适应教育发展的新的德育管理与评价体系。

(一) 加强班主任队伍建设,明确管理职责

学校德育工作在区教育局德育科、进修学院德育室领导的关心下,近几年有了很大的发展,逐步形成特色,尤其是班主任队伍建设,在区德研员卓老师的帮助和关心下,通过开展"班主任论坛""主题教育课研讨会""班主任技能赛""温馨教室创建案例评比""班会课观摩活动"等提高班主任管理育人的能力。学校也一直在完善班主任工作考核细则,从物质、精神上给班主任以政策上的倾斜,肯定班主任工作的成绩,鼓励创建班主任工作特色,调动班主任工作的积极性和主动性。学校每两周召开班主任例会,每学年初集中进行家访活动,每学期评选温馨教室、进行班主任论坛活动等,介绍德育工作经验,形成班主任工作特色。

(二) 健全管理制度,完善评价方案

德育制度体系是学校德育管理的有力保障。它既是对学校德育工作作出规定,也是对学生的道德发展和道德面貌作出规定。学校先后制定了《白鹤中学一日常规》《白鹤中学行为规范生评比细则》《白鹤中学温馨教室评比方案》《白鹤中学班主任工作考核评价细则》等管理评价方案,在实践中不断修改和完善。这些考核评价,不仅激发教师的积极性和主动性,也促进了教育环境的优化、促进了学生良好品德的形成,有力地推动了素质教育在学生管理中的全面落实。

▲ 特色德育篇

....

白鹤中学"促进学生进步"心理援助辅导方案

——学习潜能训练营活动

一、活动背景

为追求"为了每一个学生的终身发展"为核心的教育理念,并根据白鹤中学处在偏远郊区的实际情况和现实问题,学校以"探索促进学生进步心理援助辅导"为德育特色项目,把"学习动机不强,学习行为有偏差,学习接受能力弱,学习慢速、困难、后进,学业成绩和效果与班级学生的总体基准存在较大偏差,缺乏终身学习和可持续发展能力"的学生作为心理援助的重点。从而努力实现"让每一个学生都健康成长,终身发展,提升生命质量"的辅导目标。

二、特色德育——心理援助辅导项目设计方案

(一)辅导对象

1. 在学科学习上有困难,学业不良的,但有努力进步意愿的学生。

2. 各年级根据多次考试成绩及学习行为表现,由班主任配合政教处筛选出的学业成绩不良的学生 45 位。

(二)援助目标

1. 个体目标:通过团队成员之间的良性互动,增强成员自我接纳、悦纳自我的品质,同时,利用沟通的力量增强目标意识、学会时间管理,进一步培养"经努力、有进步"的信心。

2. 团体目标

(1)增进团体成员的相互了解,建立团体规范;

(2)通过团体活动、沟通、交流、比较、分享,促进自我了解,正确看待自己;

（3）在学习的过程中学会与同学、老师的良性互动；

（4）团体成员共同分享，达成共识，增强目标意识，学会时间管理，确立努力进步的决心。

（三）心理援助思路

1. 基本思路：前期摸底确定干预对象——问卷（家庭、学校方面）调查辅导对象的基本情况（家庭、学习、人际关系、行为等）——访谈（教师、学生、家长）——分析诊断辅导对象的行为表现及学业不良形成的原因——制定个体心理援助目标与计划——学校团体心理辅导——效果分析——写出个案心理辅导报告和团体心理辅导报告。

2. 辅导过程与内容

（1）确立心理援助对象；

（2）成立"促进学生进步"心理援助辅导教师团队（校长室、政教处、心理咨询室、班主任志愿者5—7人）；

（3）设计心理援助辅导方案；

（4）实施团体心理援助；

（5）后续跟踪反馈并个别辅导，巩固辅导成果。

（四）团体辅导活动具体安排

课程计划

"青少年心理潜能（学习动力、行为改变）训练营"

课程计划（3天）

时间		主要培训及活动内容	辅导老师
第一天	上午	1. 开营；　　2. 专题报告； 3. 团队建设；　4. 价值澄清等	黄卫国
			胡　俊
	下午	1. 主题片观看；　2. 培养自信等	胡　俊
第二天	上午	1. 感悟分享；　　2. 专题报告； 3. 时间意识；　　4. 学会管理等	黄小燕
	下午	1. 主题片观看；　2. 培养责任等	胡　俊
第三天	上午	1. 总结表彰；　　2. 参观考察	黄卫国
	下午	布置暑假任务（12点半结束）	黄卫国

前期准备

1. 场地布置：容纳 50 人以上的封闭教室一间，根据参加人数（包括助教）准备每人一张椅子（或凳子），以 U 型格式摆放好。

2. 宣传标语

（1）前面墙面挂上本次培训主题标语：我有——我能——我行

（2）其他地方：张贴大号的彩色纸五张（空白）。

3. 材料准备

（1）彩色 A4 纸每人 5 张，白色 A4 纸每人 5 张，彩色笔每组 2 盒。

（2）手提电脑、多媒体、音响、话筒 2—3 只。

（3）心型卡片贴纸 50 张、纸做的高帽若干顶。

（4）若干奖状。

（5）水果（每天一人一只香蕉或橘子、小西红柿等）、糖果若干、小点心（饼干、小吃等）放在点心盘里、纯净水桶 1—2 只、一次性杯子若干（每人 1—2 只）。

第一天培训计划

时　　间		内容——训练课程
开始时间	结束时间	培训主题
8：00—	8：10	学生签到
8：10	8：20	领导讲话（校长动员）
8：20	8：30	1.（主持人）热场；　2. 培训教练出场导入活动
8：30	9：00	1. 分组游戏：马兰花开； 2. 惩罚：故事接龙　备注：（助教参加）
9：00	9：30	1. 游戏：名片接龙； 2. 小组展示：名片意义　备注：（助教参加）
9：30	9：40	1. 建立团队（选队长）；　备注：（助教参加）
9：40	10：00	休息
10：00	10：30	第一次讲座：《积极的心理暗示》
10：30	10：50	小组讨论、队长记录（每人给自己一句暗示语，写在心形贴纸上，并张贴在教室彩色纸上）
10：50	11：20	大组讨论
11：20	12：00	午餐、休息

续　表

时　间		内容——训练课程
12：00	13：30	观看励志影片
13：30	13：40	小组讨论、个体交流
13：40	14：10	谈感悟、体会
14：10	14：30	小组交流
14：30	14：50	分享交流

第二天培训计划

时间		内容——训练课程
开始时间	结束时间	培训主题
8：00	8：10	学生签到
8：10	8：50	第二次讲座：《团队的重要性》
8：50	9：20	小组讨论、交流
9：20	9：40	1. 游戏：优点轰炸；　2. 小组展示：说说他（她）的优点
9：40	10：00	休息
10：00	10：40	互动讲座：时间管理
10：40	11：10	1. 进行暑期时间管理；　2. 小组展示：暑期计划展示交流
11：20	12：00	午餐、休息
12：00	13：30	观看励志影片
13：30	13：40	小组讨论、个体交流
13：40	14：10	谈感悟、体会
14：10	14：30	小组交流
14：30	14：50	分享交流

第三天培训计划

时间		内容——训练课程
开始时间	结束时间	培训主题
8：00	8：10	学生签到
8：10	8：25	汇报交流本次活动的体会
8：25	8：35	学生休息

续　表

时间		内容——训练课程
8：35	8：45	表彰奖励
8：50	11：30	参观活动
11：30	12：00	午餐
12：00	12：30	布置暑假任务,领导讲话

(五) 效果与思考

"青少年心理潜能(学习动力、行为改变)训练营之'我有,我能,我行'心理潜能培训活动"拓宽了知识领域,改善了学习方式,提升了人文素养,更让受援学生自信、乐观、积极地面对学习和生活,受到学校师生的广泛欢迎和好评。

这次心理辅导活动的设计主要是为了进一步培养学生的团队协作意识、增强集体荣誉感,同时也相信每个人都是有内在潜能的。所以,学校在内容安排上丰富多彩,有团队小组游戏活动、《团队的重要性》和《积极的心理暗示》两次心理知识讲座及观看红色电影和励志参观活动。在活动过程中,学生浸润在激发潜能、增强自信、鼓励进步的浓浓氛围中,能体验到进步的必须与快乐,增强了自信的力量;不但帮助学生提高心理健康水平,还开发他们的学习潜能,让他们重新认识自我,形成了较为正确的自我概念。

这次心理辅导活动在形式上主要采用游戏与学生互动的方式,受到学生的欢迎。通过游戏体验、名片制作、成果展示、知识讲座、电影观评、实践体验等环节,由外而内地作用于学生的心灵,再由内而外地展现出辅导的效果:激发了学生的勇气,发挥了他们的创造力,激活了他们的内在潜能,体验了他们的自我价值。这次心理辅导活动不仅利用了各种德育资源,更拓宽了德育渠道,是引导学生积极应对学习和生活困境的有益探索,学校将持之以恒。

作为教育者,特别是德育工作者,学校有责任和义务点燃学生心中的希望之火,展现理想之光。学校通过各种德育活动不仅使学生知能进步,更促进他们的身心发展、良好品德的形成以及人格的健全,使学生"学会做人、学会学习、学会审美、学会创造",从而获得全面和谐的发展,同时学校也形成了德育特色。

专家点评

　　面对力争应试高分的涌浪,能坚定地站在"以学生终身发展为本"的立场,践行"立德树人"的宗旨,凝神聚力地帮助学生夯实将来能自立自强地服务于社会的基础,是一件非凡的大事。

　　上海市青浦区白鹤中学针对学生发展的实际情况提出"进步教育"的理念,制定并实施了一系列行动方案,使"进步"这个词,从意识到行动上成为了全校师生同心共进的集结号、冲锋号。这就使学校最关键的核心资源——人,焕发出生命的活力。生命闪亮了,课堂光华了;生命活泼了,学校灿烂了;生命日日进,家庭、学校乃至整个教育生态日日新。这样,师生潜能的自我开发就会如雨后春笋,将来孩子们人生出彩的机会就会大大增多。

　　学校围绕"立德树人"丰富德育的内涵,提出培养"四会"好少年的目标要求,引导并促进了"每个学生在德、智、体、美、劳诸方面在原有的基础上都有不同程度的进步"。注意改进德育方式,拓宽德育渠道,重视发挥各学习领域的德育作用,加强少年队组织活动,发挥学校、家庭和社会的综合德育功能,提高德育的针对性和实效性。重视培养学生乐于动手、勤于实践、勇于创新和自我规范、服务集体、承担责任的意识、习惯和能力,通过多种途径,包括各类养成教育活动、主题教育活动、校内外实践活动等,促进学生形成积极的生活和学习态度、自我开发潜能和自主发展的意识、良好的学习策略和可持续发展的学习能力。十分重视教育中的情感因素,通过生活帮困、心理援助、家校共建等,发挥积极的情感对力争"进步"的促进作用,营造了良好的情感氛围和育人环境,促进了学生认知与情感、行为的和谐发展。

君子务本，本立而道生。热切期待学校继续抓住"育人"这根本，进一步厘清德育工作各方面各层面的目标与要求、内容与途径方法及评价等内涵及内在的联系，提高各类活动的课程化程度，为白鹤中学学生的终身发展奠定坚实的基础，并创造出更多的德育工作好经验。

上海市特级教师、特级校长　郑少鸣